国家级小学教育一流本科建设专业与师范教育创新工程系列教材

小学教师信息化教学技能实务教程

徐晓雄　编著

华东师范大学出版社

·上海·

图书在版编目(CIP)数据

小学教师信息化教学技能实务教程/徐晓雄编著.—上海:华东师范大学出版社,2022
国家级小学教育一流本科建设专业与师范教育创新工程系列教材
ISBN 978-7-5760-2437-1

Ⅰ.①小… Ⅱ.①徐… Ⅲ.①小学-计算机辅助教学-师范大学-教材 Ⅳ.①G434

中国版本图书馆 CIP 数据核字(2022)第 32521 号

国家级小学教育一流本科建设专业与师范教育创新工程系列教材

小学教师信息化教学技能实务教程

编　　著　徐晓雄
责任编辑　王丹丹
责任校对　郭　琳　时东明
版式设计　倪志强
封面设计　刘怡霖

出版发行　华东师范大学出版社
社　　址　上海市中山北路 3663 号　邮编 200062
网　　址　www.ecnupress.com.cn
电　　话　021-60821666　行政传真 021-62572105
客服电话　021-62865537　门市(邮购)电话 021-62869887
地　　址　上海市中山北路 3663 号华东师范大学校内先锋路口
网　　店　http://hdsdcbs.tmall.com

印 刷 者　上海龙腾印务有限公司
开　　本　787×1092　16 开
印　　张　26.75
字　　数　507 千字
版　　次　2022 年 7 月第 1 版
印　　次　2022 年 7 月第 1 次
书　　号　ISBN 978-7-5760-2437-1
定　　价　82.00 元

出 版 人　王　焰

(如发现本版图书有印订质量问题,请寄回本社客服中心调换或电话 021-62865537 联系)

获浙江省高等教育"十三五"第二批教学改革研究项目"人工智能时代师范生信息化教学能力提升策略研究"(jg20190123)资助

总　序

为全面振兴我国本科教育,建设一流本科专业人才培养体系,教育部于 2018 年 6 月召开了新时代第一次高等学校本科教育工作会议,先后出台了《关于加快建设高水平本科教育　全面提高人才培养能力的意见》(教高〔2018〕2 号)和《关于一流本科课程建设的实施意见》(教高〔2019〕8 号),把实施一流专业建设"双万计划"和一流课程建设"双万计划",作为新时代高水平本科人才培养体系建设的重要任务和重点举措。2019 年 4 月,教育部办公厅发布了《关于实施一流本科专业建设"双万计划"的通知》(教高厅函〔2019〕18 号),并于同年 12 月公布了首批国家级和省级一流本科专业建设点名单(教高厅函〔2019〕46 号)。其中,宁波大学小学教育专业、法学专业、通讯工程专业等十个本科专业成功入选我国首批国家级一流专业建设点。至 2020 年底,宁波大学已有 24 个专业获批国家级一流本科专业建设点,全校 60%以上的专业入选国家和浙江省专业建设"双万计划"。宁波大学是 2017 年入选的国家"双一流"建设高校。根据教育部对"双一流"高校要率先建成"一流专业"的要求,我校教务处于 2020 年初组织 2019 年获批的国家级和省级一流本科专业建设点制定了《宁波大学国家级和省级一流本科专业建设点 2020—2022 年建设方案》,由此开启了宁波大学本科专业人才培养体系高质量内涵建设与发展的新征程。

宁波大学小学教育专业是首批入选国家级一流本科专业建设点的专业之一。经过这些年的不懈建设与努力,该专业内涵不断丰富,办学质量持续提升,陆续成为浙江省重点建设专业、浙江省教师教育基地、浙江省"十二五""十三五"优势和特色建设专业,并于 2019 年成功入选国家级一流专业建设点和浙江省一流专业建设点。该专业国家级一流专业建设点负责人、宁波大学教师教育学院院长贺国庆教授主持制定了《小学教育国家级一流本科专业建设点 2020—2022 年建设规划方案》,把一流课程与教材建设项目作为推进国家级一流专业建设、建设高水平小学教育人才培养体系的核心内容与重要抓手。根据建设规划方案的要求,宁波大学基础教育系主任、小学教育专业负责人周勇教授牵头成立了小学教育专业一流教材建设专家组与教材编写委员会,组织制定了《国家级小学教育一流本科建设专业与师范教育创新工程系列教材》建设规划,并且联系教育出版全国领先的华东师范大学出版社承担这套教材的出版事宜。呈现在大家面前的这套十卷本小学教育系列教材,就是宁波大学小学教育专业辛勤奉献的课程教材建设成果,同时也是该专业在建设国家级一流专业的征程中迈出的坚实步伐。

作为宁波大学小学教育国家级一流专业建设成果,这套小学教育专业系列教材具有如下几个鲜明特色。

本套教材的第一个鲜明特色是:教材编写队伍荟萃了宁波大学教师教育团队的优势力量,教材编写过程实现了"领军型"教师团队建设与一流学科建设、一流专业建设、一流课程建设的一体化,为本套教材的整体编写质量奠定了坚实基础。"领军型"教师团队既决定着一流学科的建设质量,同时也决定着一流专业、一流课程与教材的建设质量。本套教材的每一位作者,既是在教师教育研究领域有所建树的研究专家与领军人物,又是在本专业执教相应教师教育课程多年、具有丰富大学教学经验、同时又谙熟基础教育实践的骨干教师。本套教材的编写过程,既是各位教师带领自己的团队,根据专业人才培养目标与课程建设的需要,把最新教师教育研究成果转化为课程教学内容的过程,也是各位教师带领自己的团队,围绕一流课程教材建设,开展教学研讨、实现教师教学发展、凝练高水平教学团队的过程,实现了教师教育学科建设、专业建设、课程建设、团队建设的一体化。因此,本套教材的编写队伍与编写过程,为确保教材整体质量奠定了坚实基础。在此,对本套教材每本教材名称及作者基本情况简介如下(最终书名可能会有变动):

◇《诗意语文案例教程》,编著者冯铁山博士、教授,语文教育研究专家。

◇《小学数学实践与科学实验》,主编邵光华博士、教授,数学教育研究专家。

◇《小学科学教学论》,著者周勇博士、教授,科学教育研究专家。

◇《小学英语教师专业发展》,主编张光陆博士、教授,英语教育研究专家。

◇《小学英语课程与教材分析》,主编陈柏华博士、教授,英语教育研究专家。

◇《小学教师信息化教学技能实务教程》,编著者徐晓雄博士、教授,教育技术研究专家。

◇《小学班主任与班级管理》,主编汪明帅博士、副教授,教师教育研究专家。

◇《小学语文统编本教材教学设计》,著者沈玲蓉副教授,语文教育研究专家。

◇《小学数学算理基础》,主编黄荣良副教授,小学数学算理研究专家。

◇《小学教育实习指导》,主编姚佩英老师,教育实践课程研究专家。

本套教材的第二个鲜明特色是:整套教材在编写思路上注重落实一流专业人才培养目标、教师专业属性和专业发展机制对人才培养的要求,具有鲜明的专业性、实践性、案例性、反思性特征。本质上,教材是课程效能的价值载体和课程实施的基本媒体,是指导师生展开教学活动、建构学习经验、实现专业人才培养目标的重要教学资源。为此,教师教育教材的编写既要落实教师专业培养目标对课程目标和课程内容的要求,同时又要落实教师专业属性与专业发展机制对教学活动和教学过程的内在要求,才能保障教师教育教材承载相应的课程效能并发挥人才培养成效。宁波大学小学教育专业作为国家级一流专业建设点,将人才培养目标定位于:主动适应国家基础教育改革、浙江义务教育优质均衡发展和率先实现教育现代化对教师专业素质的要求;培养师德修养高尚与教育情怀浓厚,综合素养全面与实践技能扎实,具有一定教学专长能力与持续发展潜力的高素质、专业化小学教师。由此观照本套教材中每一本教材,无论是《诗意语文案例教程》《小学数学实践与科学实验》《小学科学教学论》《小学英语教师专业发展》等面向教师教学内容素养的教材,还是《小学教师信息化教学技能实务教程》《小学班主任与班级管理》《小学教育实习指导》等面向教师一般教学技能素养的教材,都是针对高度支撑小学教育专业培养目标的课程,并且按照相应课程效能、课程目标、课程内容而开发出来的,从根本上保障了教材所承担的课程效能与人才培养成效,表现出非常强的"专业性"。其次,国家教育部颁布的《教师教育课程标准(试行)》指出,教师是反思性实践者,他们是在研究反思自身实践经验和改进教育教学行为过程中实现专业发展的。教师专业的这种反思实践性及其反思实践发展机制,已经为专家与新手教师比较研究的结果所证实,并已成为当前世界教师教育领域的共识,极大地影响了世界各国教师教育模式与课程教材的开发策略。为了落实这种专业属性与专业发展机制的要求,本套教材注重把小学教育教学情境中的真实性、实践性问题,先导性地植入教材创设的学习情境之中,从而激发师范生以教师主体角色身份,展开对这些实践性问题的思考与探究,有意识地培养师范生对教师专业的身份认同与教育实践智慧。这就是本套教材所具有的"实践性"。为了培养学生像教育专家那样解决这些实践问题,本套教材皆注重从优秀教师教学案例或专家指导下的联合教研案例中选择实践问题解决案例,并通过案例分析展示专家解决这些问题的思维过程,从而培养师范生的专家思维与教学专长。这就是本套教材所具有的"案例性"。为了引导学生在解决实践问题时超越自身经验,本套教材注重把多种先进理论成果引入问题解决过程,让学生从多种视角或方法进行反思,透视实践情境的复杂性并据此重构问题及其解决过程,培养师范生的实践反思能力。这就是本套教材所具有的"反思性"。从某种意义上说,专业性、实践性、案例性、反思性,正是一流教师教育教材所应具有的基本特征。

本套教材的第三个鲜明特色是:整套教材在编写内容与编写方式上致力于体现我国新时代国家级一流本科专业建设与一流本科课程(即"金课")建设对教材内容和

呈现方式的要求,具有较强的高阶性、创新性与挑战性。首先,整套教材在编写内容上体现国家级一流专业建设培养目标对课程内容的要求,注重引导师范生运用新的理论观点对教育实践问题展开深层次的探究学习,并融入对当前热点与难点问题的探讨,强调学习内容的深度与广度,培养师范生解决复杂问题的专家思维与教学专长。在教材呈现方式上,本套教材注重创新教材呈现方式与话语体系,从奠定师范生综合素养、形成实践智慧、培养教学专长和持续发展潜力所需要的教学与学习条件出发,把先进学术研究成果的“学术化”表征方式与话语体系,转化为适合学生学与教师教的“教学化”的表征方式和话语体系,既保障教材内容的前沿性、科学性与深广度,又增强教材形式与功能的针对性和实效性,从而落实高阶性、创新性、挑战性的“金课”建设要求。另外,本套教材注重配合国家级与省级线下、线上一流课程资源的建设,努力构建出融合线上视频、多媒体课件、线下教学资源于一体的新形态教材体系。

总之,这套十卷本小学教师教育教材,向我们展示了宁波大学小学教育专业在建设国家级一流专业征程中所迈出的坚实步伐与所取得的标志性成果。希望该专业以这次系列教材建设为契机,进一步加强一流课程教材建设、一流教师团队建设,进一步完善人才培养方案,加强教学改革与研究,全面提升专业内涵深度,开启全面建设国家级一流小学教育专业的新局面,为把小学教育专业尽早建成国家级一流专业取得更多、更高水平的专业建设成果。

宁波大学副校长　国家二级教授　博士生导师

2021 年 5 月

前言： 教育信息化的时代背景

　　随着信息时代的到来,各种新兴技术层出不穷,改变着人们的生活方式、工作方式和学习方式,正引发着教育的数字化、智能化的变革,因此对教师素质提出了更高的要求,其中信息化教学技能日益成为小学教师必备的核心能力。我们编写这本《小学教师信息化教学技能实务教程》就是致力于发展小学教师信息素养、数字工具利用、媒体制作等方面的能力,以使他们在教学工作中善用技术促进教学的有效发生。具体来讲,在真实的教学活动中常见的实务技能主要包括:教学资源的搜索与获取、教学素材的加工与处理、教学素材的整合与表达、信息化教学设计、基于技术的教学评价,如下图所示。

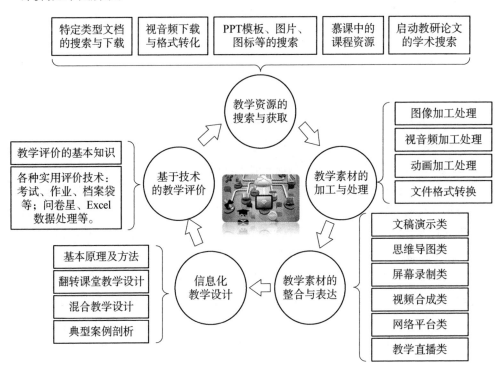

作为一名小学教师,首要的实务技能是教学资源的搜索与获取,那么如何才能高效、精准地找到想要的教学资源,这取决于你的信息素养以及对相关技术手段的熟练综合运用。这里我们主要介绍特定类型文档的搜索与下载,视音频资源的搜索、下载与文件格式转化,PPT 模板、图片、图标等素材的搜索与下载,慕课平台中的课程资源以及开放教育资源、教研论文的学术检索,等等。

当你找到了合适的教学资源,还要学会运用恰当的工具对素材进行加工与处理,以便为教学所用。当然,如果你能够使用软件工具进行原创式的教学创作,那就更加完美了。这里的加工处理技术主要包括:图像加工处理、视音频加工处理、动画加工处理等。

接下来,我们需要将加工好的各种教学素材整合起来,以不同的方式构建与表达,这就是教学素材的整合与表达,主要包括:文稿演示类、思维导图类、屏幕录制类、视频合成类、网络平台类、教学直播类。

信息化教学设计要求教师不仅应懂得一般的教学设计基本原理与方法,尤其需要掌握当前新型的信息化的教学方法,比如微课程教学法、翻转课堂教学法、混合教学法等,以便将信息技术与学科知识进行深度融合以及实现智能化的教学。

学会并熟练掌握教学评价技术也是教学实务技能中的重要一环,它是依据教学目标,对教学内容、教学进展、教学结果进行观察、记录、测量,以便对教学效果作出鉴定、价值判断并据此进行教学改进,评价技术主要包括考试、作业、档案袋等。通过问卷星、Excel 等工具可以提高评价的工作效率。

总之,小学教师的专业发展离不开时代发展的大背景,"互联网＋""人工智能"背景下的教师发展,应积极转变观念,充分利用互联网创设自己的教学空间,积极探索、参与网络虚拟教研活动,尽快从个体学习走向团队学习,让教师个体大脑连接教师群体智慧,并积极拥抱人工智能给教学创新带来的机遇与挑战。

本书是由作者在多年来从事高校师范生"现代教育技术"课程教学与实践的反思和总结的基础上策划、设计、撰写与统稿而来,同时也凝聚了许多专家、教师、研究生同学的智慧。周勇教授参与了本书策划工作,一些老师和学生参与了本书部分章节的撰写与交流、探讨工作,具体如下:陈燕燕老师、王慧老师、王海燕老师、邢方老师、戴洪珠老师、黄冬明老师,2018 级硕士研究生张闻闻、仲书缘、李欣欣、李霞,2017 级硕士研究生杨立凡、齐旭阳、张梦诗等,特此感谢!

同时本书也得到了浙江省高等教育"十三五"第二批教学改革研究项目"人工智能时代师范生信息化教学能力提升策略研究"(课题编号:jg20190123)的资助,因此本书也是该项课题的成果之一。

本书在撰写的过程中参考、引用了国内外文献以及网站资源,其中主要来源已在参考文献中列出,若有遗漏,敬请谅解! 在此谨对资料及案例作者表示由衷的感谢! 同时由于信息技术发展之迅猛、教育变革之快速,加之自身学术水平、实践能力有限, 书中难免存在纰漏和不当之处,欢迎读者指正!

徐晓雄

2021 年 10 月于悦士庭

目　录

第1章 信息素养

作为一名数字化时代的小学教师,首先必备的能力便是在浩瀚的信息海洋中迅速而又高效地搜索,并获取优质的教学资源,以备开展有效的教学及教研工作。其中实务技能主要包括:特定类型文档的搜索与下载,比如 PPT、DOC、XLS 等文档;主流网站视音频的下载与文件格式转化;PPT 模板、图片、图标等素材的搜索与下载;慕课平台中的课程资源;如何开启教研文献检索等工作。

1.1 概述

1.1.1 信息素养的概念及内涵

信息素养(Information Literacy),最早是由美国信息产业协会主席保罗·车可斯基(Paul Zurkowski)于 1974 年提出来的。他把信息素养定义为"利用大量的信息工具及主要信息源使问题得到解答的技术和技能",后来又将其解释为"人们在解答问题时利用信息的技术和技能"。1989 年,美国图书馆协会和美国教育传播与技术协会提交了一份《关于信息素养的总结报告》,提出有信息素养的人必须能够认识到何时需要信息,能够评价和使用所要的信息,有效地利用所需的信息,有信息素养的人最终是指那些懂得如何学习的人,懂得如何学习是因为他们知道如何组织知识、如何找到信息,以及如何利用信息。[①] 其内涵主要包括:信息意识、信息知识、信息能力和信息伦理四个层面。

信息意识是人们在信息活动中产生的认识、观念和需求的总和。它是人们获取知识的前提,决定着人们捕捉、判断和利用信息的敏锐程度。课堂教学要不要做出基于信息技术的教学创新,是由教师的教学行为所决定的,而是否采取相应的教学行动,则由教师对信息技术所持有的态度所决定的。那么这个态度又是由什么引起的呢? 笔者认为此间信息意识起到了相当大的作用,也就是说,具有良好信息意识的教师,能敏锐捕捉到新兴信息技术对教学的价值以及其带来的机遇。

信息知识是指与信息有关的理论知识和方法,主要包括有关信息的基本知识、软/硬件的基本知识、信息技术的价值及其发展趋势等。信息能力主要包括信息工具的使用、识别和获取信息、加工和处理信息,以及创造和传递信息的能力。据相关调查显示,目前部分教师的信息知识水平不容乐观,有关信息的基本知识、基本的信息化教学技能尚显缺乏,信息化教学设计与实施并未呈现常态化,信息技术带来的显著教学效果也未显现。

信息伦理是指获取、整合加工、交流信息过程中必须遵循的道德规范,主要包括信息安全和信息道德两方面。当前绝大部分教师在信息安全方面具有较强的防范意识,但是在信息道德方面有待提高,尤其是在尊重他人劳动成果和保护知识产权上有所缺失。

由此看来,信息素养高的教师一定是一位教育技术"达人",他的教学行为具备哪

---

① 张倩苇. 信息素养与信息素养教育[J]. 电化教育研究,2001(02):9—14.

些明显的特征？劳拉·贝茨(Laura Bates)曾经在其撰写的一篇名为《技术精明教师的 10 个特征》(10 Signs You're A Tech Savvy Teacher)的博文中给出了技术精明教师形象的精彩描述,焦建利教授对其进行了译介和点评[①],这 10 大特征生动地刻画了具备良好信息素养的教师的形象。概括起来讲,大体可归为以下三大显著特征:其一,善于构建自己的学习空间。通过纸质书、电子书、在线资源及社交工具、在线教师社群等全媒体"通道",随时掌握最新的相关资讯、技术和资源等,以尽快了解新知并积累经验。同时保持不间断地发表博客,形成"阅读—思考—行动—发表—反思"良好的信息行为循环圈。其二,注重引领学生积极参与数字化学习过程。鼓励学生基于在线的方式创造各类项目并发布相应作品,从新闻文章、故事再到漫画等,利用适合的工具进行虚拟实地考察,让学生充分感知到信息技术设备的便利性、使用安全性和作为学习工具的价值,以进一步激发学生的学习兴趣。其三,勇于信息化教学创新。不满于传统的、惯用的教学演示方式,不断尝试和采用新技术、新工具,以使教学展示更加精彩;积极将新兴教学法引入课堂,力图将传统教室转变为学生喜爱的"游乐场";利用各类工具与平台进行开放教学,展开跨地区的教师协作活动等,同时注重网络安全对教学的重要性。

1.1.2　加强信息素养的必要性

当前社会正处于 IT(信息)时代向 DT(数据)时代、AI(人工智能)时代快速发展的时期,各种新兴技术不断涌现,移动互联网、虚拟/增强现实、大数据技术、3D 打印、人工智能技术……给教育领域带来了前所未有的机遇与挑战。然而技术的进步,并未像人们想象的那样为教育带来显著的改观,正如苹果公司创始人乔布斯生前提出的疑问:"为什么计算机改变了几乎所有领域,却唯独对学校教育的影响小得令人吃惊?"这是一个困扰教育者的重大现实难题。回答"乔布斯之问",需以系统观检视教学系统结构及其各要素,以便寻求破解之道。

教师、学生、教学内容、教学媒体四要素构成了教学系统的基本结构,由"高科技"作为教学媒体构建起来的数字化、智能化的学习环境,需要传输与建构新形态的教学内容,它正由印刷纸质向数字化、可视化、动态化、虚拟化、智能化……并以完全不同于传统课堂讲授的方式进行教学结构与流程的重塑和再造,譬如微课教学、翻转课堂、线上线下混合式教学等方法已经不同于传统课堂的授课模式,作为教学主体的教师和学生是否能够适应、匹配或者驾驭这一新型教学系统,则成为其系统能否成功运

---

① 焦建利. 技术精明教师的 10 个特征[EB/OL]. (2018 - 08 - 01)[2021 - 09 - 06]. http://www.jiaojianli. com/7320. html.

行的关键所在。其中作为主导教学过程的教师更是该系统的"重中之重"。笔者认为只有具备良好信息素养的教师，才能引领着学生积极构建和参与这一新系统的运行，真正实现信息技术与教育教学的深度融合。

信息素养的提升将有助于教师专业发展。一般来讲，教师从新手到熟练型再到专家型教师需要经历漫长的发展历程。越是有经验的专家型教师，越是善于捕捉新生事物，为自我发展与完善提供良机。伯雷特（Bereiter）和斯卡达玛丽亚（Scardamalia）通过研究写作和解决问题的讨论，认为专家通常选择以成长机会"最大化"的方式处理任务，在"能力极限边缘工作"。[①] 这也是常人看到专家型教师处理教学事务与众不同的地方，他们往往能够不断地将自己的潜能发挥极致，超越自己和创造未来。对于普通教师来讲，超出他们能力范围的问题和新生事物，他们往往表现出认识上的狭隘性和行动上的局限性。他们的发展不仅要有内在的需求、动机和学习力，也依赖于外部环境的"滋养"。优质的教育资源、卓越教师云集的地方，可供普通教师学习的教学经验和优秀案例相对丰富，尤其是卓越教师的"传、帮、带"和示范作用非常有利于一般教师的专业发展。相反，单纯依靠知识和教学经验的常年累积而发展起来的教师，其成长速度相对会缓慢些。

信息素养高的教师，即使是新手教师也可以通过互联网及社交媒体，构建适合自我发展的数字化学习空间，联通"信息海洋"的管道，尤其是通过参与国内外教师实践共同体的活动，体验教师参与的协作文化，由此拓宽视野并从中借鉴卓越教师的教学经验和优秀案例。目前国际性教师社群都有自己的社交网站，比如课堂 2.0（Classroom20.com）[②]、教师社区（Pedagoo.org）[③]；国内有国家教育资源公共服务平台[④]等，这里汇集着最优秀教师分享的最新教学经验和案例。另外，近些年来，随着慕课的盛行和普及，使得信息素养高的教师能够及时捕捉到全球最优质的教学资源，可以足不出户聆听同行、专家、大师的讲解和启发。

总之，加强教师信息素养的培养，有助于信息技术与教学深度融合的推进，有利于教师通过跨地区的教师群体和教研活动以及向同行、专家、大师请教，增长教学智慧、修炼学养，因此全方位提高教师的信息素养并实现内涵式发展已势在必行。

---

① 顾非石.信息素养：当代教师专业化的必备素质[J].课程.教材.教法,2004(05)：75—77.
② Classroom 2.0 是一个免费的、社区支持的网络,致力于成为教师数字对话的社群网络,在此你可以寻找特殊兴趣团体或创建自己的团体。其官方网站：https://www.classroom20.com。
③ Pedagoo 是一个不断壮大的教师社区,他们协作支持、鼓励和分享创新与有效的教学方法,旨在通过积极和专业地分享其实践来改善年轻人的教学,其官方网站：http://www.pedagoo.org。
④ 国家教育资源公共服务平台提供了"社区"功能,教师可根据自己的兴趣、专业申请加入,其官方网站：https://sns.eduyun.cn/index.php? r = sns/square。

1.1.3　提升信息素养的途径

如何尽快提高教师的信息素养,使教师成为"精明的技术达人",学校的主管领导、培训专家、教师等相关人员,可以依据信息素养的理论描述、规定和教师技术"达人"形象,对照本地区教师信息化教学能力发展的现状,寻找差距和解决方案。我们认为可从学校和教师两个层面入手。

首先,学校层面要把教师的持续发展作为优先事项加以高度重视。在充分考虑学校的预算、基础设施情况的前提下,加强教学设备的更新和投资,为教师跟上信息技术的步伐提供高质量的培训工作,建议培训为教师提供更多实务操作的机会。① 这样可以减少教师面对信息技术设备的压力,进一步提高教师的信息技能。最好是寻找经验丰富、信息技术水平较高的教师进行示范,分享经验并与同伴教师多多交流,例如网络和数字化生活与学习、移动终端使用的规则、网络安全常识、在线的伦理和礼仪、数字公民身份、人工智能教育应用等知识与技能。

其次,要提高学校采购的技术和设备的利用率,不要让它成为教学表演的"秀场"和"陈列品",而是科技与教学深度融合的实践场域。同时需要配备称职的技术人员,以辅助教师及时进行故障排除和设备设施的维修与维护等,让教师感到技术的有用性和易用性。美国学者戴维斯(Davis)早在 1985 年就提出过一个有影响力的技术接受模型(Technology Acceptance Model,简称 TAM),他认为有两个主要的因素决定用户是否采用新技术:其一是感知的有用性;其二便是感知的易用性。② 事实上,很多教师就是因为技术使用上的障碍和困难,最终放弃新技术在教学中的使用,回归原始的教学状态。

教师自身应尽快建立起自觉的技术意识,加强信息素养的修炼,编织利于自我发展的数字化学习空间,以社交网络、在线平台、移动工具等交流手段为途径,积极参与面向教师专业发展的教师社区,展开教师间的协作交流活动,组成本地和跨地区的教师网络联盟,实践学习共同体的理念、目标与活动。一旦真正参与到了学习共同体之中,教师的自我发展将进入良性发展通道,就可以充分借助网络技术手段实现信息、知识、经验、成果的分享与知识内化,进而不断提升教师专业发展。

同时,建议教师,尤其是青年教师要积极参与各级各类信息化教学技能大赛以及在线课程建设和实施活动等,因为参与过程本身就是一个信息素养及专业能力提升

---

① Xu A-X, Chen G-S. A Study on the Effects of Teachers' Information Literacy on Information Technology Integrated Instruction and Teaching Effectiveness. [J]. Eurasia Journal of Mathematics Science & Technology Education,2016,12(2):335-346.

② Davis F D. A technology acceptance model for empirically testing new end-user information systems: Theory and results [D]. Cambridge:Massachusetts Institute of Technology,1985.

的过程。备课需要教师具备一定的信息搜索、加工和整理的能力,制作课件需要教师能够掌握必要的技术工具,授课需要教师掌握必要的课堂演示的技巧与方法,评价需要教师掌握必要的信息化课程教学的评测方法。通过参加大赛还能结识更多志趣相投的朋友,以实现同侪互助、相互促进。

总之,信息时代数字化浪潮席卷全球,信息素养已被视为现代公民的基本素养。作为一线教育工作者,只有具备良好的信息素养,才能将信息技术有效融入教学之中,保障教学质量,提高教学效能。同时教师也需要进一步掌握有关知识管理、教师实践社群、虚拟教育社区的各种理论、技巧和方法等,以更好地促进教师专业发展。

■ **研习任务**

◇ 请阐述信息素养的概念及内涵。

◇ 请分享你在生活、学习、工作中搜索信息解决问题的经历及想法。

■ **网络学习资源**

◇ Big6 模式是 1988 年美国的迈克·艾森伯格(Mike Eisenberg)和鲍勃·伯克维茨(Bob Berkowitz)两位学者首次提出的网络主题探究模式,详情参见官网:https://thebig6.org。

1.2 文档的精准搜索与获取

教师的实务性工作,主要包括备课、写教案、准备讲稿、查询教研文献等,都需要搜索大量与之相关的教学资讯,除了教材和参考书,互联网是当前获取资源的重要来源。然而,我们经常会面临这样的尴尬局面,就是花费了大量时间,搜索了很多无关的信息,正像理查德·索尔·沃尔曼(Richard Saul Wurman)在其撰写的《信息饥渴:信息选取、表达与透析》一书中所言:"现在我们因为拥有了更多的信息而同时就拥有了更多的机会,但问题却是,在这些信息中有 90% 是毫无意义、不可理解的。"[①]解决这个问题的有效办法首先是熟练掌握信息检索的有关技巧与方法。

1.2.1 特定类型文档的搜索

通常我们想了解一些事情,会将关键词输入到百度搜索框中,一般都会获得上万条信息,其中大量的信息其实是无关紧要的,浏览这些信息会浪费我们很多时间。此时,我们需要明确的是搜索什么类型的文件,PPT、Word 还是 Excel 表格等。一般来讲,教师备课之时,希望可以看到其他同行的备课教案,那一定是 PPT 或 Word 文档。

---

① Wurman R S. 信息饥渴:信息选取、表达与透析[M]. 李银胜,等,译. 北京:电子工业出版社,2001.

这其实是特定类型文件的搜索技巧,方法如下:

第一步:打开一个搜索引擎主页,比如百度、必应(Bing)等。

第二步:在搜索框内输入需要检索的关键词,并在其之后输入"filetype:文档格式",就可以检索到相应格式的文档。例如,搜索小学语文微课的 PPT,就可以这样输入"小学语文微课 filetype:ppt"。搜索一下,结果如图 1-1 所示。这样就会只出现 PPT 文件。

图 1-1 特定类型文件搜索

第三步:同理,如果需要搜索其他格式的文档,只要在冒号后替换相应文件扩展名即可,比如 doc、xls 等。

注意:文件格式(或文件类型)是指电脑为了存储信息而使用的对信息的特殊编码方式,是用于识别内部储存的资料。每一种文件格式通常会有一种或多种扩展名可以用来识别,以下是几种常用的文件格式:

TXT:是微软在操作系统上附带的一种文本格式,也可以用 Word、WPS 等软件编辑。

DOC:Word 的文件格式,自 Word 2007 之后为 docx。

PPT:Microsoft Office PowerPoint,是微软公司的演示文稿软件。用户可以在投影仪或者计算机上进行演示,也可以将演示文稿打印出来,自 PPT 2007 之后为 pptx。

PDF:是英文 Portable Document Format 的简称,译为"便携式文档格式",是由 Adobe 公司发布的一种文件格式。阅读工具为 Adobe Reader、PDF 阅读器、福昕 PDF 阅读器等。

CAJ：是中国学术期刊全文数据库英文缩写(China Academic Journals)，也是中国学术期刊全文数据库中文件的一种格式，这类文件需用 CAJ 全文浏览器来阅读。阅读器 Cajviewer 支持多种文献格式的浏览，比如 caj、nh、kdh、teb、pdf 等格式。

HTML：超文本标记语言(Hyper Text Markup Language)定义了网页内容的含义和结构，是网页文件格式，一般的浏览器均可打开此类文件。

ISO：作为文件后缀名，称为虚拟光盘文件。此种格式通常用 WinRAR 3.0 以上版本解压使用或者 Daemon 等第三方虚拟光驱工具打开使用。

1.2.2　提高搜索精准度

那么如何提高信息搜索的精准度呢？有效的方法之一便是缩小搜索范围，即添加精准的关键词，比如"微课"空格之后再输入"标准"，这样就可以搜索到有关微课标准方面的信息。也就是说，搜索的精准度取决于关键词组合的运用，越是明确，搜索到的内容就越贴近想要的信息，如图 1-2 所示。

图 1-2　添加关键词

方法二：加英文双引号也可以提高搜索结果的精准度，例如：输入"数字化学习"，这样就会将其视为一个词组进行检索，如图 1-3 所示。

方法三：在指定网站内进行相关内容的搜索。例如：在百度搜索框中输入"微课 site：cnweike.cn"，就可实现在中国微课网(cnweike.cn)中搜索有关微课的信息，如图 1-4 所示。以上我们只是抛砖引玉，介绍了几种搜索方法，更多技巧和方法，可浏览百度搜索帮助中心学习：http://d.baidu.com/search/skill.html。

图 1 - 3 添加英文双引号

图 1 - 4 站内搜索

1.2.3 搜索微信上的资源

微信是目前互联网用户最喜爱的工具之一,大量的信息交换是通过微信实现的,因此在微信上流动着大量的信息,其中不乏教学资源。很多搜索工具很容易帮助我们从微信中找到有用的信息,其中搜狗工具比较擅长搜索到微信上的信息。

使用搜狗浏览器(https://www.sogou.com)可以方便地搜索来自微信的相关文章和微信公众号。例如：在搜狗搜索框中输入"小学数学"，点击搜文章，即可搜索到很多有关小学教学方面的文章；如果你点击搜公众号，即可搜到有关小学数学方面的公众号，然后你就可以对感兴趣的微信公众号加以关注，如图1-5所示。

图1-5　"搜狗—微信"

此外，现在有很多可以应用于学科教学的微信小程序，那么如何找到这些微信小程序呢？你可以通过以下步骤找到它们：

第一步：在微信的首页面顶端，有一个搜索条，在搜索条里输入：小程序示例，然后出现"小程序示例"图标。

第二步：图标是黑色斜写的英文字母"S"，点开它。看到打开的页面时，你就已经激活了小程序。不需要再做任何额外的操作。

第三步：退出上面这个页面，点开你的微信页面上的"发现"。最下面就出现了小程序的入口。

第四步：点击小程序，在搜索小程序框里，输入你感兴趣的关键词，例如"小学数学"，就会出现许多有关数学的小程序，如图1-6所示。

此外，打开微信首页聊天窗口，点击最顶部的搜索入口，可以看到6种类型的内容分类搜索入口，如图1-7所示。点击其中的一种类型，比如"文章"，然后输入相应的关键词，比如"小学数学"，可以搜索很多有关小学数学的文章。当然也可以通过这样的方法，搜索到朋友圈、公众号、音乐、表情等信息。

图 1-6 微信小程序

图 1-7 微信搜索类型

其实微信群也有其搜索技巧。教师的教研活动经常会组建微信群,但翻看和查阅群聊记录是一个挺费时费力的事情,如何快速查找到想要看到的内容,省时省力高效阅读是个关键。点击聊天群右上方的"…",进入聊天信息设置界面,找到"查找聊天内容",点击它进入"快速搜索聊天内容",如图 1-8 所示,分别可以按照群成员、日期、图片及视频、文件、链接、音乐、小程序等七个类别进行精准搜索。当然在微信群聊话题开始的时候,为了方便以后快速检索,也可以输入一个特殊的符号和关键词,相当于设置一个搜索标记,方便日后快速查找。

图 1 - 8 快速搜索聊天内容

此外,使用"金山文档"小程序还能利用手机快速制作演示文稿,具体操作如下:

第一步:打开微信,点击"发现—小程序",以便打开小程序窗口。

第二步:在小程序搜索窗口,输入"金山文档",点击加号"＋"。

第三步:点击"演示",选择新建空白演示,也可选一个模板,添加文本、调整布局、保存、分享,如图 1 - 9 所示。还可以通过微信分享给其他人进行协同编辑。

图 1 - 9 金山文档

1.2.4 快速搜索本地文件

大家经常在电脑中存放很多文件,保存在不同的文件夹下,但长时间不用,很可能会忘记某些文件存放在何处。不过没关系,只要你大概记住文件名或者文件夹中

的几个字或字母,即可利用一款名叫 everything 的工具,迅速帮你找到该文件所在的位置。具体方法如下:

第一步:首先登录 everything 的官方网站(https://www.voidtools.com/zh-cn),点击首页中的"下载",就会列出各个版本的软件,如图 1-10 所示。

第二步:根据电脑的配置,下载并安装 everything 程序,x86 代表 32 位操作系统,x64 代表 64 位操作系统。

第三步:比如你希望找到文件名为"RegInfo"的存储位置,即可运行 everything,并在搜索框内输入"RegInfo",随即可找到相应文件的存储位置。在该文件上单击右键,选择"打开路径",即可进入该文件所在的文件夹,如图 1-10 所示。

图 1-10　everything 的官网及使用方法

1.2.5　PDF 文档转为可编辑状态

当需要将 PDF、图片等内容中的文字、数据等信息进行再编辑时,通常可以通过文字识别软件进行识别,这里为大家推荐使用 ABBYY FineReader 软件(https://www.abbyy.cn/finereader),这款软件文字识别率较高,可以将 PDF、图片等文件转化成可以编辑的 Word、PPT、Excel 等文件。具体方法如下:

第一步:登录 ABBYY FineReader 软件官方网站,下载试用版并运行它。

第二步:点击菜单栏中的"文件—打开 PDF 文件或图片(O)",例如我们打开了一个含有数据表格的图片文件,它会自动识别图片中的文字、数据,并转换为可编辑的状态,如图 1-11 所示。

第三步:图 1-11 的左上方为原始图片,右方为识别后可编辑的状态,高亮部分可能识别有误,需手动进行更改。图的下方是可编辑区域,在这里可对照原始数据进行修改编辑。

第四步:修改完成,单击右方可编辑区域的任何地方,按下 Ctrl + A 全选,再按

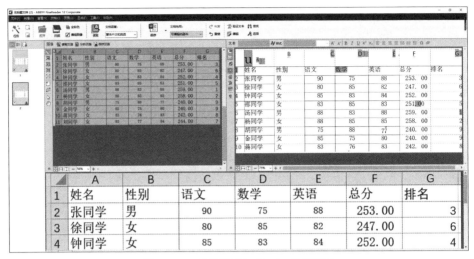

图 1 - 11　ABBYY FineReader 的编辑区

Ctrl + C 进行复制,然后在打开的 Word 或 Excel 表格中单击,按下 Ctrl + V 进行粘贴,即可获得可编辑状态的信息。

　　当然还可以将识别获取的文件,通过适当修改之后,单击"文件—将文档存为"或"文件—将文档发送至"的方式,将原始文件转换为 Word、Excel、PPT 等文件,如图 1 - 12 所示。

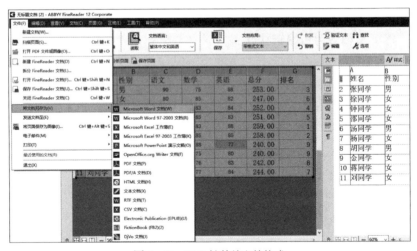

图 1 - 12　PDF 转其他文件格式

　　你也可以使用一款名为"口袋扫描仪"的 APP 进行文字识别并获取信息。当然首先需要使用手机或平板电脑下载并运行"口袋扫描仪"APP,然后对准需要识别的文档进行拍照,拍照时要等红框覆盖文本,然后保持设备静止 2 秒钟以上,以便自动扫描文档,之后点击下方的"文字识别",将呈现识别结果。

然后你可以对识别结果进行校对,再通过微信、QQ、邮件的方式将识别的文本导出,导出的文件包括 TXT 和 Word 两种。

■ 研习任务

◇ 搜索与你学科相关的文档并下载到本地机。

◇ 搜索与你学科相关的微信文章、公众号。

◇ 使用 everything 搜索你电脑中的某个文件。

1.3 各类素材的搜索与获取

教师在备课时,经常需要事先准备很多素材,包括用于课堂演示的 PPT 模板、教学需用的图片和视音频等,互联网上的海量信息可供教师检索使用。

1.3.1 搜索演示文稿模板

PPT 是由微软公司推出的一款图形演示文稿软件,全称为"PowerPoint",通常简称 PPT。目前它已成为教师制作教学演示文稿最常用的工具,如何使自己的 PPT 出彩,对于教师可是一个难题。通常比较有效的方法就是找到合适自己的精美 PPT 模板并加以利用,这是事半功倍的好方法。具体方法如下:

第一步:打开 PPT 软件,点击"文件—新建",可以看到软件会显示很多内置的模板,选择你喜欢的一款打开使用即可。

第二步:在 office. com 模板搜索框中,输入想要搜索的关键词,例如输入"教育""培训"等,进行联机的模板搜索,如图 1-13 所示。

第三步:也可以打开你的微信,在搜索框中输入"PPT 模板",会出现很多有关 PPT 模板的信息,可通过关注其微信公众号进行下载,需要注意的是有些下载可能需要付费,如图 1-14 所示。

另外还有很多专业模板网站供你下载使用,列表如下:

◇ 微软的官方模板网站:www. officeplus. cn,这里有的素材可免费下载使用。

◇ 51PPT 模板网:www. 51pptmoban. com/ppt,这里有大量精美的模板。

◇ PPT 商店:www. pptstore. net,有海量 PPT 模板和 Keynote 模板下载,同时网站还提供 PPT 培训以及原创 PPT 设计制作等服务。

◇ 叮当设计网:www. dingdangsheji. com,这里提供了大量精美模板供你下载使用。

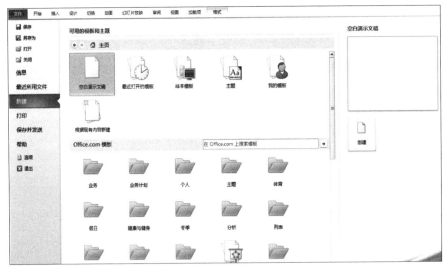

图 1-13 office.com 模板搜索框

图 1-14 微信中的 PPT 模板

◇ 优品 PPT 模板网：www.ypppt.com,是一家专注于分享高质量的免费 PPT

模板下载的网站。

　　◇ 第一 PPT 网：www. 1ppt. com，这里提供了大量精美模板供你下载使用。

1.3.2　搜索清晰的图片、图标等素材

　　制作教学课件时，一幅精美的图片会引起学生莫大的兴趣，因此使用适合的高清图片非常重要，下列方法可以帮助你找到很多清晰的图片。假如你现在有一幅"模糊"的图片，就可以使用百度的以"图"搜"图"方式找到其清晰版，操作步骤如下：

　　第一步：打开百度搜索主页，点击搜索框右边的照相机标志，百度就会按图片搜索。

　　第二步：将本地机上的"模糊"图片的文件上传，百度就会找到很多相似的图片，找到一个大尺寸、分辨率高的图片下载保存，如图 1 - 15 所示。

图 1 - 15　以图搜图

　　第三步：如需更多的高清图片，可登录百度图片（https：//image. baidu. com），在其搜索框中输入"猫高清"，可找到大量高清的猫图片。当然你也可到专门的图片网站去搜索精美图片并下载使用，如国外的网站有：www. pexels. com、www. pixabay. com 等；国内的有全景网、花瓣网、千图网、500px 网、昵图网、K 千库网、图司机、可画等，有些网站不仅有大量的优质图片，还有音乐和视频等素材。

　　若是教学中需要图标，到哪里去找呢？ 可以到"iconfont-阿里巴巴矢量图标库"去寻找，其官方网址是：www. iconfont. cn。登录网站后，在搜索图标窗口输入要搜索的关键词，比如"数学"，就会呈现出各种工具和符号，如图 1 - 16 所示。若需要下载相应的图标，需要进行注册，然后以用户的方式登录即可。

　　你还可以下载使用 iSlide 插件，它是一款基于 PPT 的插件工具，包含了大量的设计辅助功能以及在线资源库，其官方网址：www. islide. cc。下载并安装这个插件之后，再次启动 PPT 的时候，iSlide 会嵌入菜单栏之中，这里包含了大量的插图库、图片库、图表库等素材资源，如图 1 - 17 所示。

　　同类功能还有 PPT 美化大师，其官方网站：meihua. docer. com。下载并安装

PPT 美化大师插件,再次启动 PPT 时,"美化大师"就会嵌入菜单栏中,这里也有丰富的图片、形状、画册等在线素材供你使用,如图 1-18 所示。

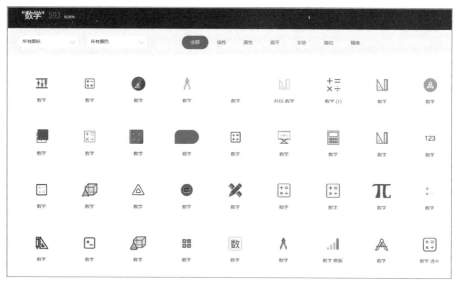

图 1-16 阿里巴巴矢量图标库

图 1-17 iSlide 插件

图 1-18 PPT 美化大师

  除了从互联网上直接下载图片,还可以通过其他手段直接获取图片,比如屏幕截图、数码照相机、手机、扫描仪等。

  方法一:键盘法

  屏幕截图是最常使用的一种直接获取图片的方法,通过按键盘上的 PrtSc 键 (Print Screen),电脑会将当前屏幕显示的内容以截图的方式存至缓存,然后打开任何一款文本、演示文稿、图片处理软件,比如 Word、PPT、Window 系统自带的"画图"

工具或 Photoshop 图片处理软件,选择新建文件,之后选择"粘贴",即可将刚才的屏幕截图放在这里,接下来就可以做进一步的图片处理工作啦!

方法二:QQ 截图法

使用 QQ 截图也很方便,相信大家都很熟悉:首先在电脑上打开要抓取的页面,然后打开一个 QQ 聊天群,点击那个"小剪刀"形状的截屏工具,然后在需要截屏的区域拖动鼠标即可完成截图操作。此时如果你想进行长屏幕的截图,就需要点击"长截图",之后单击鼠标,再向下滚动鼠标,最后点击完成,结束长截图的操作,如图 1 - 19 所示。

图 1 - 19　QQ 长截图

方法三:专门工具法

这里给大家介绍一款专门用于抓图的软件 SnagIt,它可以对功能区进行精准抓取,尤其是对于滚动屏幕的截图最有效。操作步骤如下:

第一步:下载和安装 SnagIt 软件,其官方网址:www. techsmith. com/screen-capture. html。

第二步:运行该软件,点击"capture"(捕获),可抓取屏幕上的菜单栏、导航栏,按下鼠标并拖动选择任意区域。

第三步:点击向下的箭头"capture vertical scrolling area"(捕获垂直滚动区域),即可捕获向下滚屏图,当再次点击的时候,即完成截图任务。你就可以在 SnagIt 中对截图做初步的处理工作,如图 1 - 20 所示。

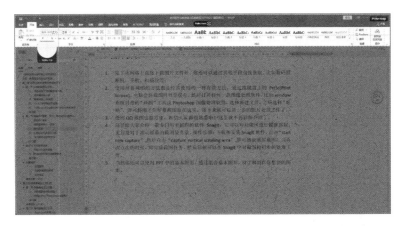

图 1 - 20　SnagIt 垂直滚动截图

1.3.3　视音频的下载与文件格式转换

教师授课时,经常需要演示一些视音频资料,当你找到网上的合适资源时,如何下载使用呢? 当前有很多主流网站都支持视音频的下载,但是需要相应安装它的客户端,如果你的电脑安装很多这样的客户端,电脑运行速度会越来越慢,因此建议安装一个硕鼠或维棠 FLV 视频、稞麦综合视频站下载器(xmlbar)等,可以帮助你下载到主流网站的视音频。

方法一:安装硕鼠 FLV 视频下载器

第一步,登录硕鼠官网,https://www.flvcd.com,如图 1 - 21 所示。点击"软件下载",下载并安装硕鼠 FLV 视频下载器。目前该网站支持 84 个视频/音乐网站的解析下载,如:搜狐视频、网易视频等。

第二步,浏览你要下载的视音频网站,比如网易公开课中的"TED"讲座,复制其网址,如图 1 - 22 所示。

第三步,打开硕鼠 FLV 视频下载器,将视频网址粘贴到地址框并按开始。然后

图 1 - 21 硕鼠 FLV 视频下载器

图 1 - 22 视音频网址

用右键"目标另存为"或用硕鼠来快速下载到本地机上,如图 1 - 23 所示。

方法二:安装维棠 FLV 视频下载器

第一步,登录维棠官网,http://www.vidown.cn,如图 1 - 24 所示。点击"软件下载",下载并安装维棠 FLV 视频下载器。目前该网站支持 188 个网站的视频下载,如网易视频、超星学术视频等。

第二步:打开维棠,单击"下载—新建",弹出新任务对话框,将要下载的视频网址粘贴在此,点击立即下载,如图 1 - 25 所示。

教师下载的文件,有时会遇到这样的问题,就是插入到 PPT 中不能正常播放,这是因为 PPT 不支持这个文件格式。此时需要使用格式转换工具,比如格式工厂、狸窝视频转换器等进行文件格式转化,一般情况下视频文件转化为 WMV、AVI 等格

图 1 - 23　下载到本地机

图 1 - 24　维棠 FLV 视频下载器

式,音频文件转为 MP3、WAV 等格式就可以正常播放。方法如下:

第一步,登录格式工厂官网,http://www.pcgeshi.com,如图 1 - 26 所示。下载并安装"格式工厂"软件。

第二步,运行格式工厂,点击要转化成的文件格式,例如 WMV、AVI 等。

第三步,点击添加文件,确定;进入转换页面,点击"文件",再点击"开始",开始文件的格式转换,如图 1 - 27 所示。

更多的视频素材可到专业平台去寻找,比如:

◇ TED 是指技术(Technology)、娱乐(Entertainment)、设计(Design)的英语首字母缩写,是美国的一家私有非营利机构,该机构以它组织的 TED 大会著称,这个会

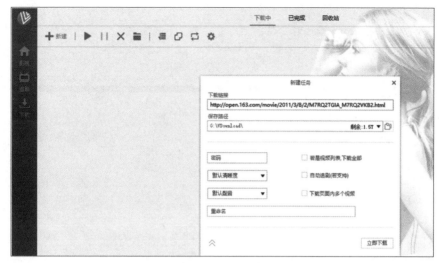

图 1-25 下载界面

图 1-26 格式工厂下载区

议的宗旨是"传播一切值得传播的创意",其官方网址：https://www.ted.com。进入 TED 网站,在搜索框中输入你关心的话题,即可搜索到相关的演讲视频,如图 1-28 所示。

相似的平台有：

◇ 一席(https://yixi.tv)是剧场式的现场演讲,结合网络视频进行传播;网易公开课(https://open.163.com)里有大量的各学科的教育视频资源;新浪公开课(http://open.sina.com.cn)里有最受欢迎的公开课。

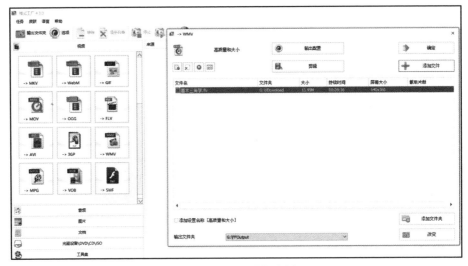

图 1 - 27　文件格式转换界面

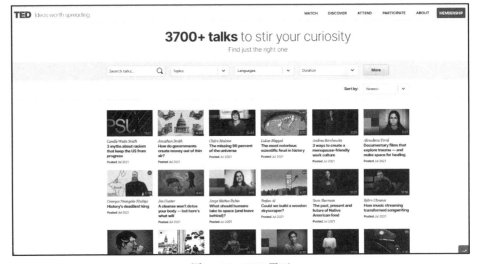

图 1 - 28　TED界面

◇ YOUKU教育视频(https://edu.youku.com):这里有大量的教育视频资源。

另外,谈到视频资源,不能不提及深受年轻人喜爱的B站,全称"哔哩哔哩"网站(英文名称:bilibili,简称B站),原本是视频弹幕网,其官方网站:https://www.bilibili.com。随着互联网的迅猛发展,B站除了有大量的娱乐视频,目前也涉及各领域的学习资源,设有知识、科技、课堂、直播等板块,你可以在这里搜索到很多教学视频。还有西瓜视频,其官方网站:https://www.ixigua.com,除了有大量的娱乐视频,目前也涉及各领域的学习资源,在其搜索框中输入你要搜索的关键词,也会找到相应的内容。

更多的视音频素材可到专业平台去寻找,比如:

◇ 喜马拉雅:这里有很多有声的电子书供你选择,其中的"少儿教育"频道,有很多游戏化的音频素材,涵盖小学语文、数学、英语、自然科学、艺术、能力素养等学科,其官网:https://www.ximalaya.com,如图1-29所示。

图1-29 "喜马拉雅"界面

相似的平台有:

◇ 蜻蜓FM(https://www.qingting.fm)、荔枝FM(http://www.lizhi.fm),这里也有教育类频道,同时也可上传你的讲课音频,展现你的讲解才华。

1.3.4 常用软件及学科工具的获取方法

作为一名教师,通常需要找一些常用的软件工具,当然也包括学科工具,那么我们到哪里去找呢?建议大家最好到软件工具的官方网站去下载试用版本,也可以在百度搜索框中输入"软件名+下载"搜索下载地址。下面我们介绍几个知名的下载网站,或许在这里你可以找到更多有用的工具下载并安装使用,但安装时推荐自定义安装,以避免自行安装时捆绑安装其他软件。

方法一:360软件管家

第一步,登录360官网首页,https://www.360.cn,如图1-30所示,下载并安装360软件管家。

图1-30 360官方网站界面

第二步,运行"软件管家",可打开软件管家界面,这里提供了视频软件、聊天工具、浏览器、办公软件、音乐软件、图形图像等各类软件工具的下载。

第三步,点击其中一类,比如图形图像,右侧会列出软件的排行榜,你可根据用户评分排名进行一键安装,也可以将要找的软件名称输入到搜索框,比如"Python"软件,如图1-31所示。

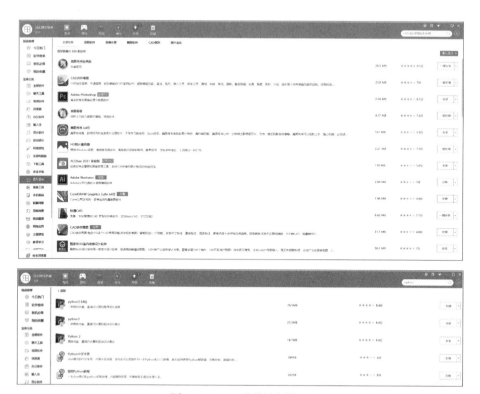

图1-31 360软件管家界面

此外,在 360 软件管家中还有一个"教育学习"专栏,这里提供了很多与教育学习相关的软件平台,比如希沃白板、101 教育 PPT、作业帮直播课、腾讯课堂、猿辅导、学而思网校直播课堂、CCtalk 在线互动学习平台、Classin 在线教室等,还提供了外语工具、幼儿教育、电子教育、考试练习等大量资源。

方法二:Hao123 下载

第一步,登录 Hao123 官网,http://www.skycn.net,如图 1 – 32 所示。与 360 软件管家相类似,Hao123 也是按照软件类型进行划分,包括视频软件、聊天工具、音乐软件、教育学习等,你可根据教学需要下载相应软件。

图 1 – 32 Hao123 官网界面

第二步,在软件搜索框中输入软件名称,比如"Photoshop",点击右边的软件搜索,即可呈现软件搜索结果,如图 1 – 33 所示。

第三步,点击"软件教程",进入"教程专区推荐",可以获得很多软件教程。同时这里还提供了常用软件和下载排行榜,供用户选择使用。

方法三:太平洋电脑网的下载中心

第一步,登录太平洋电脑网,https://dl.pconline.com.cn,如图 1 – 34 所示。这是电脑爱好者非常喜爱的一个网站,包含了大量有关硬件的介绍,也提供了很多软件下载。其中有电脑软件、安卓应用、苹果应用、微信小程序、VR 资源等资源。

第二步,浏览左侧"软件分类",它按照软件功能进行分类,包括网络工具、应用工具、影音工具、系统工具、图形图片、安卓应用等。

第三步,在搜索框中输入软件名称,比如"几何画板",即可搜索到几何画板各种

图 1 - 33　搜索软件界面

图 1 - 34　太平洋电脑网界面

版本的软件,如图 1 - 35 所示。

　　同时网站首页底部还提供了大量友情链接,比如多特软件站、华军软件园、QQ下载站等,可谓是将国内软件下载网站"一网联通",如图 1 - 36 所示,让教师搜索到合适的通用软件和学科工具变得简单容易!

　　方法四:联想软件商店

　　第一步,登录联想软件商店,https://lestore. lenovo. com,如图 1 - 37 所示。这也是一个综合类的软件下载的好去处。

图 1 - 35 软件搜索界面

图 1 - 36 软件下载友情链接

图 1 - 37 联想软件商店界面

第二步,点击首页中的"软件",软件将以分类的形式呈现并供用户下载使用,包括聊天社交、输入法、浏览器、下载工具、视频直播、音乐软件、图片图形、安全防护、解压刻录、系统工具、驱动工具、办公教育、编程软件、剪辑工具等大量实用工具。你可以按照类别查找需要的软件并下载。

第三步,在首页的搜索框中输入你要找的软件名,比如"几何画板",然后点击搜索,联想软件商店就会为你呈现相关的软件,如"几何画板""geogebra"等,如图1-38所示。

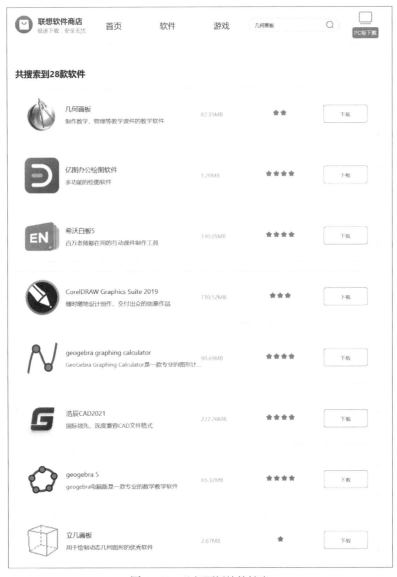

图 1 - 38 几何画板软件搜索

另外,当我们找到了相应的软件工具,还需要找到相应的教程进行自学,通常我们可以使用"软件名+"教程、指南、使用指南、使用手册、从入门到精通、技巧、jiqiao等关键词进行多次检索,当然学会使用搜索语法与技巧,相信你一定会找到更合适的教程。比如在百度搜索框中输入"几何画板 inurl：jiqiao",因为在 URL 链接中,通常会有汉语拼音的"jiqiao"来标注这个页面是技巧帮助性页面,①而在搜索中加入"inurl："语法,就是要找到那些包含"jiqiao"的页面,如图 1-39 所示。

图 1-39 包含"技巧"的搜索

1.3.5 学会利用开放在线课程资源

近些年来,风靡全球的大规模开放在线课程(Massive Open Online Courses,以下简称"慕课")给教育领域带来了前所未有的冲击和影响,促使教育机构开放了它们的知识库,一定程度上改变了教育资源被垄断的局面,使得这些宝贵的教育资源得以分享。

作为一名教师,应该学会充分利用这些优质的开放教育资源,寻求自我的专业发展。当前国内外很多名校都推出了自己的在线免费开放课程,你可从中选择感兴趣的主题、与你专业近似的课程开始在线学习,明确你要达成的目标,寻求良好的学习伙伴,建立学习网络,以求开展基于互联网的在线教研活动。以下为你推荐几款课程平台。

---

① 百度搜索技巧：http://d.baidu.com/search/skill.html。

■ 国外慕课平台

自 2012 年慕课兴起以来,其建设与运维主体大多集中于世界顶尖大学及其以大学联合为基础的教育公司之间,比如斯坦福大学的塞巴斯蒂安·特隆(Sebastian Thrun)教授创建的在线教育公司 Udacity、达芙妮·科勒(Daphne Koller)与吴恩达(Andrew Ng)教授创办的 Coursera 平台(意为"课程的时代")、麻省理工学院与哈佛大学联手创建的 edX 平台,以及享有盛誉的英国公开大学创建的 FutureLearn 平台等。[①] 以下是它们的官方网址,你可以注册并登录,并从中选择一门自己感兴趣或与你专业近似的课程开始在线学习。

◇ 在线教育公司 Udacity 官网:https://www.udacity.com。

◇ Coursera 平台官网:https://www.coursera.org。

◇ edX 平台官网:https://www.edx.org。

◇ FutureLearn 平台官网:https://www.futurelearn.com。

■ 国外开放教育资源

◇ ESL Kids Stuff 是一个专门提供主题教学资源的网站,包括主题教案、主题教学活动,每个教案的教学流程都包含很多课堂活动,每一个活动都明确地指向教学目标,同时注重运用视觉化、音乐、肢体等多种方式调动孩子学习,是"寓教于乐"非常好的体现。在网站上方点击"Teaching Resources",就可以在出现的下拉菜单中找到与主题教学活动相关的内容了,这里的教学活动都是由一线老师提供的,分为教室游戏、字母游戏、闪卡游戏、歌曲游戏这四大类别,游戏数量高达几百个。其官方网站:https://www.eslkidstuff.com。

◇ Free Kids Books 是一个免费的绘本资源网站,在这里可以下载很多的绘本,而且绘本资源基本都标明了分类。其官方网站:https://freekidsbooks.org。

◇ Education.com 是一个学习图书馆,有着超级丰富的教学资源,包括各类教学实用的工作表、游戏、课程计划、活动、练习、歌曲、故事等。可以按照分类进行查找,比如年级、科目、主题等,只需要注册、登录网站,即可下载很多资源。其官方网站:https://www.education.com。

◇ Weareteachers 网站上的资源大多是由教师自己上传的课程活动,非常有创意且实用,给老师们的作业设计能带来很多灵感,比如使用你手头已有的材料进行简单的科学实验。其官方网站:https://www.weareteachers.com。

■ 国内慕课平台

在我国,目前部分 985、211 等院校也纷纷加盟慕课平台建设,各高校以及基础教

---

① 徐晓雄,桑新民.地方本科院校慕课建设的困境与出路[J].教育发展研究,2016(09):39—43.

育领域也迅速推出自己的优质慕课,同时着力打造本土慕课联盟,如清华大学的"学堂在线"、上海交通大学的"好大学在线"、北京大学与阿里巴巴联合推出的"华文慕课"、网易与高教社携手推出的"中国大学 MOOC",等等。[①] 以下是它们的官网,同样建议你注册并登录,从中选择一门自己感兴趣或与你专业近似的课程开始在线学习。

◇ 学堂在线官网:http://www.xuetangx.com。
◇ 华文慕课平台:http://www.chinesemooc.org。
◇ 中国大学 MOOC 平台:https://www.icourse163.org。

此外还有国家教育资源公共服务平台:https://www.eduyun.cn,这里有着丰富的基础教育课程资源,比如"一师一优课、一课一名师"的教学资源。

■ **研习任务**

◇ 搜索三个精美 PPT 模板,下载并与他人分享。
◇ 搜索三张精美高清图片,下载并与他人分享。
◇ 下载一段与你的学科相关的视音频插入到 PPT 中,并能顺利播放。
◇ 下载一款与你的学科相关的软件工具并与他人分享。
◇ 从国内外慕课平台中选择与你的专业近似或感兴趣的课程进行学习并简述学习体验。

1.4 开启教研之路

一名教师不能仅仅止步于教书匠,还应善于关注和解决现实世界中的教学问题,并积极将其转为教研问题。解决教学问题最初的方法是向有经验的教师、同行请教,还有一条途径就是向互联网求教,并尝试以科学的研究方法解决真实问题,进而开启他的教研之路。

当教师有疑难问题之时,经常会通过百度查询以求答案。事实上,目前还有很多问答社区,可为你提供参考答案,比如:百度知道、知乎、爱问共享资料、豆瓣等平台。

1.4.1 百度知道

百度知道是全球领先的中文问答互动平台,每天为数亿网民答疑解惑。当然提出一个好的问题,有助于你快速获得答案,比如明确问题是什么、你想得到什么帮助、你遇到的具体情况以及问题是何时出现的,等等。它的官方网址:https://zhidao.baidu.com,如图 1-40 所示。比如你非常关心这个问题,"小学数学基础差怎么办",

---

① 徐晓雄,桑新民.地方本科院校慕课建设的困境与出路[J].教育发展研究,2016(09):39—43.

这时就可以将这个问题输入搜索框中,然后点击右边的"搜索答案"或"我要提问",百度知道将通过人工智能技术实现智能检索和智能推荐,让用户的每个疑问都能够快速获得有效解答。你也可以通过点击"我来回答",回答其他网友的问题,为百度知道问题社区贡献你的智慧和学识。

图 1-40 百度知道

1.4.2 知乎

知乎是中文互联网高质量的问答社区和创作者聚集的原创内容平台,其宗旨是让人们更好地分享知识、经验和见解,找到自己的解答。你可以在手机上下载一个"知乎"APP,同样在搜索框中输入"小学数学基础差怎么办",知乎也会搜索出很多网友的答案。回到知乎首页,点击右上角的"+",可进入"提个问题""回答问题"界面,如图 1-41 所示。

1.4.3 爱问共享资料

爱问共享资料是爱问自主研发的资料共享平台,包含了千万网友上传的多种格式的文档,同时也提供了海量的免费下载资料,内容涉及教育资源、专业资料、IT 资料、娱乐生活、经济管理、办公文书、游戏资料等,其网址是 http://ishare.iask.sina.com.cn,这里有一个教育资源专区可供教师查询,如图 1-42 所示。

1.4.4 豆瓣

"豆瓣"一个提供图书、电影、音乐唱片的推荐、评论和价格比较以及城市独特的文化生活的平台,其官网:https://www.douban.com。对于教师而言,"豆瓣读书"

图 1-41　知乎问答

"豆瓣小组"比较有价值,"豆瓣读书"记录了用户读过、想读和正在读的书的评分、标签及个人附注和评论,相当于我们实现生活的书友、笔友的社会关系,是一种社会化学习,如图 1-43 所示。

　　还有一个就是"豆瓣小组",它是网友根据大家共同的兴趣和话题组成的小组,网友可以在小组中进行交流、讨论,点击首页中的"小组",进入"豆瓣小组"页面,可搜索你感兴趣的小组并加入其中进行交流和探讨。比如搜索"小学语文",就会出现与此相关的小组,如图 1-44 所示,当然你也可以自行创建"豆瓣小组",实现共同学习的目的。

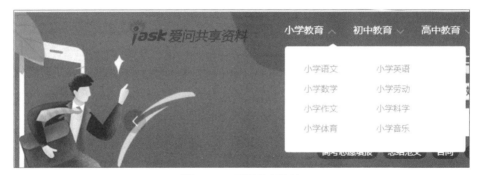

图 1 - 42　爱问共享资料

图 1 - 43　豆瓣读书

图 1 - 44　豆瓣小组

另外,通过"鸠摩搜索",你也可以找到很多意想不到的教学资源,赶快试试吧!其网址:https://www.jiumodiary.com。

1.5 学术搜索

教研工作的初始阶段就是文献检索,要找到适合的相关文献。此时你需要掌握必要的文献检索方法,文献检索是通过各类搜索引擎以及国内外文献数据库与平台获取文献的过程,目前有很多搜索引擎都有学术搜索的功能,比如 Google 学术搜索、百度学术搜索、必应学术搜索等。

1.5.1 百度学术

打开"百度学术",https://xueshu.baidu.com,如图 1–45 所示。它是百度旗下的一个学术资源搜索平台,首页界面包括论文查重、学术分析、期刊频道、学者主页、开题分析、文献互助功能。

图 1–45 百度学术

当你开始关注教学中的某个领域、主题或问题之时,一定迫切地想知道关于这个领域已有的学术成果。此时不妨点击"开题分析",进入"开题分析"的界面,在标题框中输入"人工智能",点击下方搜索,即可以该领域的定义、知识图谱以及经典论文、最新发表、综述论文、学位论文的搜索结果予以呈现,如图 1–46 所示。相信通过对这些有代表性的论文进行研读,你会对这个领域有一个快速的了解和把握。

图 1‑46 开题分析

　　需要注意的是关键词组合越准确,你搜索到的文献相关度就越高。当找到的相应文献需要阅读和引用时,点击该文献,进入该文的信息页面,需要引用该文献时,单击"引用",即可获取文献引用的标准格式,再点击右边的"复制",将标准的引文格式粘贴到 Word 文档中,以便你写文章时能准确地标注该参考文献的格式,如图 1‑47 所示。

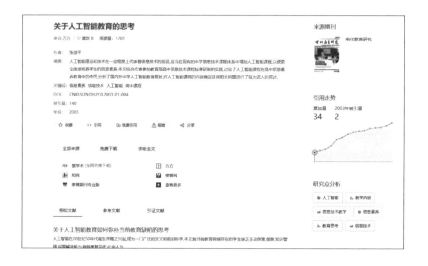

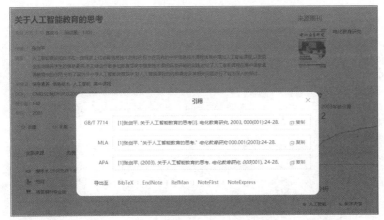

图 1-47 获取文献引用的标准格式

点击百度学术首页搜索框中的"高级搜索",设置更多的搜索条件,以便搜索的文献更加精准,如图 1-48 所示。

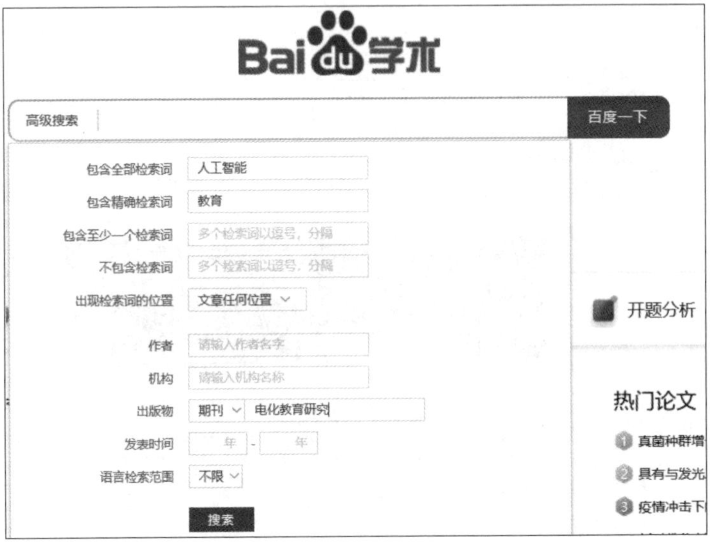

![Baidu学术高级搜索界面]

图 1-48 高级搜索

1.5.2 必应搜索

微软必应搜索是一款国际领先的搜索引擎,它提供了网页、图片、视频、学术、词典、翻译、地图等全球信息搜索服务,其官方网址: https://cn. bing. com,如图 1-49 所示。

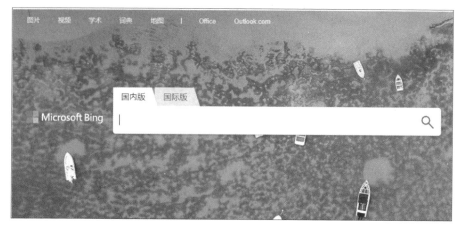

图 1 - 49 必应搜索界面

点击"国际版",在搜索框中输入要查询的英文关键词,比如"Artificial intelligence in education",就会呈现大量的相关英文文献、图片、视频等,如图 1 - 50 所示。

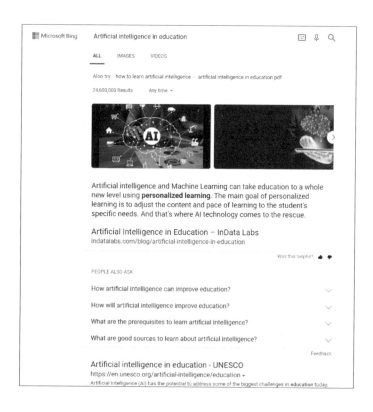

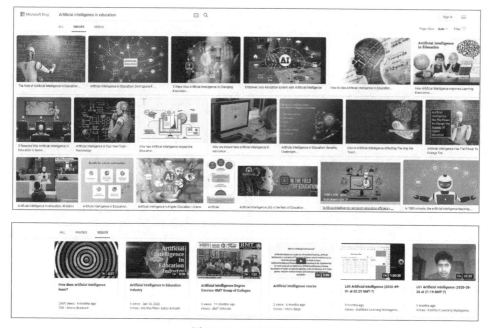

图 1-50 必应国际版

此时,你可能会有疑问,我怎样才能知道这个英文关键词的正确表达呢? 当然你可以通过翻译的方法获得,但那可能不够全面。我们通过必应提供的"词典"功能可以帮助你获取准确的英文表达,相当于为你提供了英文的关键词,以方便开启英文文献的检索之门。比如希望知道"数字化学习"的英文表达,此时就可以点击"词典",词典会给出英文翻译及释义"E-learning、Digital Learning、Rapid E-Learning",你就可以根据这些英文检索词进一步搜索更多的英文文献。单击"学术",就会为你呈现有关"数字化学习"的文献,如图 1-51 所示。

1.5.3 文献数据库与平台

■ 国内文献数据库

目前国内知名的文献数据库有中国知网、维普网、万方数据、超星等。相比而言,中国知网 CNKI 收录的期刊最全,包括中国期刊全文数据库、中国优秀博硕士学位论文全文数据库、中国重要会议论文全文数据库、中国重要报纸全文数据库等。超星则侧重于综合性图书资料的提供。下面我们仅以中国知网(https://www.cnki.net)为例进行简要概述。

首先需要登录中国知网网站首页,然后在搜索框中输入你关心的检索词,可以使用主题、关键词、篇名、作者等各种信息,比如输入"人工智能教育",点击右侧搜索,知

图 1-51　必应的"学术与字典"功能

网将在学术期刊、学位论文、会议、报纸、图书等各种数据库中为你检索相关信息,如图 1-52 所示。

图 1-52　中国知网的搜索

检索结果显示:学术期刊有 3 579 篇、学位论文 216 篇、会议 92 篇、图书 5 部等,默认情况下以论文发表时间降序列出,单击"被引"会以被引次数降序列出,通过这两项的切换显示你可以看到有关"人工智能教育"的最新发表和被引次数多的文献,你可以据此进行文献的初步筛选和查阅。一般被引次数是衡量一篇文献的重要指标,同时发表在核心期刊上的论文相对质量高些。比如中文教育类核心期刊,来源类别为中国社会科学引文检索(CSSCI)、北京大学中文核心期刊(北大核心)等。

　　点击左侧的"导出与分析",它包括"导出文献"和"可视化分析",导出文献可以实现你选中文献的标准引用格式;可视化分析可对已选文献或全部检索到的文献进行可视化分析,比如我们这里选择"全部检索结果分析",它就会为你呈现总体趋势分析图、主题/次主题分布图、文献来源分布图、学科分布图、作者分布图、机构分布图、基金分布图、文献类型分布图等。比如通过总体趋势分析,可初步判断有关"人工智能教育"方面的文献从 2016 年开始升温,并且发文量逐年剧增,热度不减,说明人工智能教育是当前教育领域的一个热点课题,如图 1-53 所示。

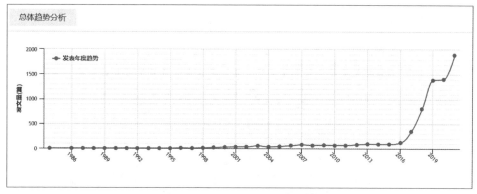

图 1-53　总体趋势分析

　　接下来,我们可能关心"人工智能教育"领域都在关注哪些具体的主题,此时可以查看主题/次主题分布图,如图 1-54 所示,除"人工智能"之外,主题还包括机器人/机器人教育、教学改革、中小学、智慧教育、新工科、大数据、未来教育、创客教育、计算思维、编程教育、学习者、智能教育、问题求解、深度学习、深度融合、机器学习、人才培养、高职教育等。

　　再比如,希望了解这些文献大都发表在哪些期刊之上,就可以通过查看"文献分布"图获悉,如图 1-55 所示。这样就可以从具体的期刊入手,有针对性地查阅相关文献。

　　回到知网首页,点击搜索框右侧的"出版物检索",在出版来源导航中输入期刊名称,比如"中国电化教育",即可实现对这个期刊的文献检索与浏览,如图 1-56 所示。

　　针对目前网络上充斥着大量论文发表以及期刊的虚假信息,特别提醒大家要找

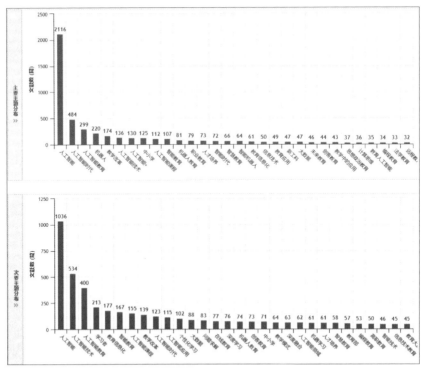

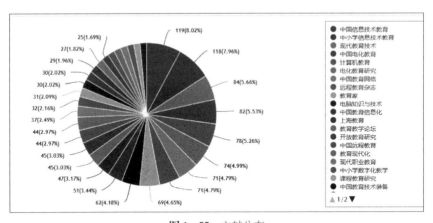

图 1-54　文献主题

图 1-55　文献分布

到合法期刊,获取正确的投稿地址。我们接上面的操作,点击"中国电化教育",进入这个期刊的文献列表,然后点击"原版目录页下载",实际上打开了这个期刊的原版目录页,上面有主管主办单位、在线投稿地址、联系方式等重要信息,如图 1-57 所示。

图1-56 出版物检索

注意"原版目录页"下载文件格式是 kdh,如果你打不开这个文件,还需要安装一个 Cajviewer 阅读器,它是一个文献阅读器,支持多种文献格式,如 caj、nh、kdh、teb、pdf 等。

邮 发 代 号：2-107

国 外 发 行：中国国际图书贸易总公司

中国国际书店(北京2820信箱)

国 外 代 号：Bm400

广告许可证：京西市监广登宇20170105号

本 刊 地 址：北京复兴门内大街160号

电教大楼013信箱

电　　　话：(010)66490925

传　　　真：(010)66490964

邮 政 编 码：100031

在 线 投 稿：http://www.webcet.cn

国 际 网 站：http://www.webcet.cn

图1-57　原版目录页

再次回到知网首页,点击搜索框右侧的"高级检索",进入其界面,设置多个条件,可实现较为精准的文献检索。比如"主题＝人工智能",点击下方的"学术期刊",也就是只搜索期刊论文,选择"北大核心""CSSCI",点击"检索",会找到发表在核心期刊上的一些重要论文,如图1-58所示。

图1-58　核心期刊的文献搜索

除了上述商业文献数据库,还有一些开放的网络平台,供你查询文献:

◇ 国家哲学社会科学文献中心:http://www.ncpssd.org,这里可以下载社科类的文献。

◇ 全国图书馆参考咨询联盟:http://www.ucdrs.superlib.net,这里推荐很多图书、教材和论文的基本信息,包括作者、主题词、内容提要等。

◇ 台湾博硕论文知识加值系统:http://ndltd.ncl.edu.tw,这里有很多优质的硕博论文供你参考学习。

■ **国外文献数据库**

当你对国内的相关文献有了足够了解和把握之后,你一定还希望再看看国外文献的基本情况,以便洞悉同类研究的国际水平,这时就需要通过查阅国外文献数据库及平台来获得。当前国外比较著名的商业文献数据库有:

◇ Elsevier ScienceDirect(爱思唯尔)是荷兰一家全球著名的学术期刊出版商,每年出版大量的学术图书和期刊,大部分期刊被 SCI、SSCI、EI 收录,是世界上公认的高品位学术期刊。其官方网址:https://www.sciencedirect.com。

◇ SpringerLink(施普林格)是全球最大的在线科学、技术和医学领域学术资源平台,其官方网址:https://link.springer.com。

◇ IEL(IEEE/IET Electronic Library)是电气电子工程师协会 IEEE 和国际工程技术协会 IET 的全文库,其官方网址:https://ieeexplore.ieee.org/Xplore/home.jsp。

◇ Web of Science 是世界上有影响的多学科的学术文献文摘索引数据库,其官方网址:https://www.webofscience.com/wos/alldb/basic-search。

打开任何一个数据库,将你关注的主题、关键词等信息输入其搜索框中,即可查询文献信息。但遗憾的是由于上述数据库都是商业数据库,并不是免费获取,因此你只能获取部分信息,比如论文题目和摘要等信息,因此需要再给大家介绍一些免费开放的文献数据库与平台。

◇ ERIC 教育资源信息中心(ERIC-Education Resources Information Center,网站:http://www.eric.ed.gov),它是美国教育部资助的最大的教育资源数据库,其中包括大量各种文档以及教育研究与实践方面的论文摘要、教育相关的期刊文献的题录和文摘,部分资源可查找到全文。进入首页,在搜索框中输入关键词,比如"artificial intelligence",就会搜到大量与人工智能有关的英文文献,如图 1-59 所示。

◇ 微软学术搜索(Microsoft Academic Search)是由微软公司研发的一款免费学术搜索引擎,其官方网址:https://academic.microsoft.com。进入微软学术,在搜索框中输入要搜索的主题、作者、期刊等信息,比如"digital learning",就会为你搜到大

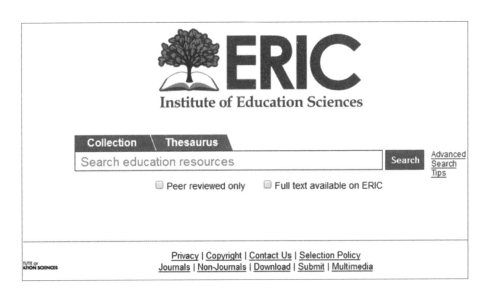

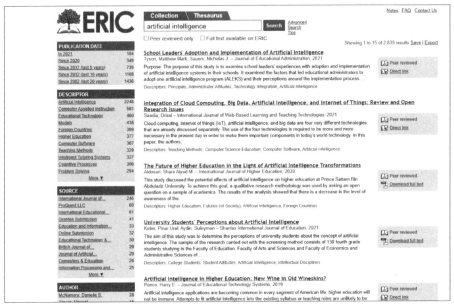

图 1 - 59 ERIC 教育资源信息中心

量相关文献,如图 1 - 60 所示。

◇ Open Access Library(开放存取资源图书馆)是一个全新的英文学术期刊论文搜索引擎,无需注册即可免费下载英文学术论文全文,其官方网站: http://www.oalib.com,如图 1 - 61 所示。

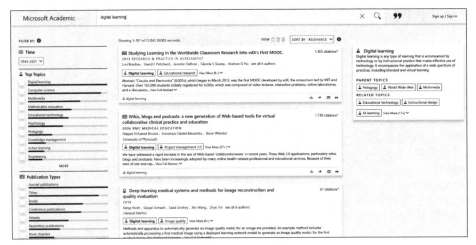

图 1 - 60　微软学术搜索

图 1 - 61　开放存取资源图书馆

◇ Library Genesis,有超过 300 万个文档,包括科学文章、小说、漫画、杂志等各类文献,输入关键词,浏览相关文献,有部分文献可免费下载,其官网网址:http://libgen. li,可以替代的网址:libgen. gs 等,如图 1 - 62 所示。

◇ 开放存取期刊目录(Directory of Open Access Journal,简称 DOAJ)是由瑞典的隆德大学图书馆(Lund University Libraries)设立于 2003 年的开放存取期刊一站式平台,可查看开放存取期刊,同时还可以查询部分期刊的文章,其官方网址:https://doaj. org,如图 1 - 63 所示。

图 1 - 62 Library Genesis

图 1 - 63 开放存取期刊目录

◇ Part of Z-Library project 是一款免费的英文电子书搜索引擎,号称世界最大的电子图书库,其网址是 https://b-ok. org,在搜索框中输入关键词,比如"education artificial intelligence",就会列出搜索到的电子书和文章,如图 1 - 64 所示,而且大部分是可以免费下载观看的。

■ **研习任务**

◇ 提出一个你在教学中遇到的真实问题,并通过问答社区搜索尝试解决。

◇ 搜索一篇与你的学科相关的论文,并列出正确引用格式。

图 1 - 64 Z-Library

◇ 检索与你的学科相关的教研论文并下载阅读,中、英文各一篇。

第2章　媒体素材的加工与处理

教师在获取了大量的教学素材之后,还需要学会使用适当的软件工具,对其进行加工处理乃至根据自己的教学创意进行设计与制作。图片处理可以使用 PPT 中的图片处理功能以及专业的图像处理软件,如美图秀秀、Adobe Photoshop 等;音频素材加工处理可以使用: PPT 中的音频处理功能、Audacity、Goldwave、Adobe Audition 等;视频素材加工处理可以使用 PPT 中的视频处理功能、EV 录屏/剪辑软件、各类手机视频剪辑 APP、Adobe Premiere 等;教学动画加工可以使用 PPT 中的动画处理功能、万彩动画大师、Easy Sketch Pro 等工具。

2.1　基础知识

2.1.1　图像处理基础

■ 图像类型

　　一般来讲,图像可以归为两种类型,即位图和矢量图:

　　◇ 位图: 也叫点阵图片、像素图,是由称作像素的单个点组成的。常用的文件格式有 JPG(一般为照片的存储格式)、BMP(无压缩)、GIF(简单的动画格式)等,无限放大后会失真。因为它是以像素点(1pixel)为单位,通过组合与排列这些像素点构成的图片,所以它的清晰度与其所包含的像素点的多少、密度等有直接关系,就是我们常说的分辨率。因此像素图放大时,图片会变得模糊。处理像素图的工具有: Windows 自带的画图工具、美图秀秀、Adobe Photoshop 等软件。

　　◇ 矢量图: 也称为面向对象的图片或绘图图片,在数学上定义为一系列由线连接的点。矢量文件中的图形元素称为对象。每个对象都是一个自成一体的实体,它具有颜色、形状、轮廓、大小和屏幕位置等属性。矢量图以几何图形居多,图形可以无限放大,不变色、不模糊。常用于图案、标志、视觉识别系统、文字等设计。常用软件有: PPT、CorelDraw、Illustrator、Freehand、XARA、CAD 等软件。

■ 分辨率和色彩模式

　　◇ 分辨率,又称解析度、解像度,可以细分为显示分辨率、图片分辨率、打印分辨率和扫描分辨率等。分辨率是度量位图图片内数据量多少的一个参数,通常表示成每英寸像素(Pixel per inch, ppi)和每英寸点(Dot per inch, dpi)。包含的数据越多,说明图形文件的长度就越大,也能表现更丰富的细节。其中显示分辨率(屏幕分辨率)是屏幕图片的精密度,是指显示器所能显示的像素有多少,显示器可显示的像素越多,画面就越精细。一般情况下,设置成 72 像素/英寸,就可以了;图的分辨率越高,所包含的像素就越多,图片就越清晰,印刷的质量也就越好。一般如果用于输出打印,需要设置为 300 像素/英寸,当然也会增加文件占用的存储空间。

◇ 色彩模式,是将某种颜色表现为数字形式的模型。通常包括以下几种模式:RGB 模式、CMYK 模式、HSB 模式、Lab 颜色模式、位图模式、灰度模式、索引颜色模式、双色调模式等。

一般情况下,用于屏幕演示时,设置为 RGB 颜色模式,它是指红(R)、绿(G)、蓝(B)这三种颜色频率的不同强度组合,也称为三基色原理;如果是用于打印输出,需要设置为 CMYK 颜色模式,它是一种印刷模式,其中四个字母分别指青(Cyan)、洋红(Magenta)、黄(Yellow)、黑(Black),在印刷中代表四种颜色的油墨。

其他的颜色模式,比如 HSB 颜色模式是基于人对颜色的心理感受的一种颜色模式,其中三个字母分别指色相(Hue)、饱和度(Saturation)和亮度(Brightness);Lab 颜色是由 RGB 三基色转换而来的,它是由 RGB 模式转换为 HSB 模式和 CMYK 模式的桥梁。该颜色模式由一个发光率(Luminance)和两个颜色(a,b)轴组成。

位图模式用两种颜色(黑和白)来表示图片中的像素,也称之为黑白图片;灰度模式可以使用多达 256 级灰度来表现图片,每个像素有一个 0(黑色)到 255(白色)之间的亮度值。

索引颜色模式是网上和动画中常用的图片模式,当彩色图片转换为索引颜色的图片后,包含近 256 种颜色;双色调模式采用 2—4 种彩色油墨混合其色阶来创建双色调(2 种颜色)、三色调(3 种颜色)和四色调(4 种颜色)图片。

■ **图像文件格式**

图像通常利用数码相机、扫描仪、智能手机等设备进行采集,以图像文件格式存储。常见文件类型有:BMP、JPG、TIFF、GIF、PCX、TGA、EXIF、FPX、SVG、PSD、CDR、PCD、DXF、UFO、EPS、AI、RAW 等,下面我们就常用的文件格式作一简单介绍。

◇ BMP 格式:是一种与设备无关的图片文件格式,它是 Windows 系统推荐使用的一种标准图片格式。应用 BMP 格式的最典型程序是 Windows 的画笔。BMP 文件几乎不压缩,占用磁盘空间较大,它的颜色存储格式有 1 位、4 位、8 位及 24 位,该格式是当今应用比较广泛的一种格式。它适用于对图片要求较高的应用,例如广告、印刷等。

◇ GIF 格式:这种格式常用于网络传输,存储格式由 1 位到 8 位,不能存储超过 256 种颜色的图片。但是它的 GIF89 格式能存储成背景透明化的形式,并且可以将数张图存成一个文件,形成动画效果。

◇ JPEG(或 JPG)格式。这种格式是最大压缩比图片存储格式,在保存图片时能够将人眼无法分辨的资料删除,以节省存储空间,但是这些被删除的资料无法在解压时还原,所以 JPEG 文件并不适合放大观看,输出成印刷品时品质也会受到影响。这种类型的压缩文件,称为"失真压缩"或"有损压缩",但由于它可以用最少的磁盘空间得到较好的图片质量,因此在 Internet 上,它已成为主流的图片格式。

◇ WMF 格式。这种格式是一种矢量图形文件,用来处理比较简单的图片,WMF 使用图形描述命令,是 Windows 本身用来显示的图片格式。

◇ PSD 和 PDD 格式。它是图片处理软件 Photoshop 的专用格式,可以保存图片的层、通道等信息,但使用这两种格式存储的文件较大。

◇ TIFF 格式。TIFF 格式具有图形格式复杂、存储信息多的特点。3DS、3DMAXS 中的大量贴图就是 TIFF 格式的。TIFF 最大色深为 32 bit,可以采用 LZW 无损压缩方案存储,因此特别适用于印刷出版。

◇ PNG 格式。PNG 格式是一种新兴的网络图形格式,它结合了 GIF 和 JPEG 的优点,具有存储形式丰富的特点。PNG 最大色深为 48 bit,采用无损压缩方案存储。著名的 Macromedia 公司的 Fireworks 的默认格式就是 PNG。

◇ PCX 格式。PCX 格式是经过压缩的格式,占用磁盘空间较少,并且具有压缩全彩色的能力。

◇ SVG 格式。SVG 格式是一种矢量图形格式,具有放大、保留文字状态、显示独立性、超级颜色控制、交互性等功能。

2.1.2 音频处理基础

音频处理中有几个基本概念,包括声波、声源、声音等。其中声波是指出各种声源机械振动或气流扰动引起周围的弹性媒质发生波动;声源是指产生声波的物体,如人的声带、乐器等;而声音则是人耳能够听到的声音的范围,在 20—20 000 Hz 之间。通常人们日常说话时的语音频率在 300—3 000 Hz,小于 20 Hz 叫做次声波、大于 20 000 Hz 的叫做超声波。

声音的基本特征包括音调、音色和响度。其中音调是由发生物体的振动频率决定的,频率越大,音调越高,反之音调越低。音色则取决于声音频谱的结构,高次谐波越丰富,音色越明亮悦耳并具有穿透力。比如:音叉、双簧、长笛、吉他等乐器发出的音色就不同。响度是人耳对声音强弱的感觉程度,取决于振幅和声压。人耳距离声源越近,响度越大。

声音的质量由级别、信噪比、主观度量所决定。其中级别按声音频率范围分为五级,频率范围越宽、采样精度越高,声音的质量越高,见表 2-1 所示。信噪比是指有用信号与噪音信号的强度(分贝)之比。信噪比越高,音频质量越好。主观度量则是大多数人对声音质量的感觉。

表 2 - 1　音声质量的参数

质量	频率范围	采样频率(kHz)	采样精度(bits)	声道数	数据率(KB/s)
电话	200—3 400 Hz	8	8	单声道	8
AM	100—5 500 Hz	11.025	8	单声道	11.0
FM	20—11 000 Hz	22.050	16	立体声	88.2
CD - DA	5—20 000 Hz	44.1	16	立体声	176.4
DVD	0—96 000 Hz	192	24	6 声道	1 200

音频的种类大致可分为语音信号、非语音信号、不规则音频信号等。

◇ 语音：是语言物质的载体，是社会交际的符号，它包含了丰富的语言内涵，是人类进行信息交流所特有的形式。

◇ 非语音信号：主要包括音乐和音效，比如自然界中各种声音效果，如掌声和雷声等。

◇ 不规则音频信号：不包含任何信息的声音，如噪声等。

◇ 多媒体教学课件中的音频信号，主要包括语音、音乐、音效等。

我们通常利用录音机、录音笔、智能手机等设备采集音频信息，常见文件类型有：MP3、WAV、RA 等。

◇ MP3 文件：是 MPEG 音频的 LayerIII 的简称，有损压缩，压缩比达 12∶1。

◇ WAV 文件：标准 Windows 声音文件，是波形文件的一种存储格式，文件大。

◇ RA 文件：Real Media 音频部分，采用流式传输，适合在线聆听。

◇ WMA 文件：微软推出的流式音频格式。

◇ AC3 文件：又叫杜比数码环绕立体声，提供 5 个全频域声道和 1 个超低音声道，称为 5.1 声道，一般作为 DVD 的伴音。

◇ AIFF 文件：Apple 公司开发，被 Macintosh 平台及其应用程序所支持。

◇ FLAC 文件：无损压缩，源码开放，支持所有操作系统平台。

◇ AMR 文件：移动通信中广泛使用的语音标准，用于保存手机录音。

◇ CDA 文件：唱片采用的格式，一种波形文件。

2.1.3　视频处理基础

视频也是教学演示中不可或缺的元素，那么什么是视频呢？所谓视频就是指随时间动态变化的一组图片，一般由连续拍摄的一系列静止图片组成。实际上是利用了人眼的视觉暂留现象，该现象 1824 年由英国伦敦大学教授彼得·马克·罗杰特(Peter Mark Roget)在其研究报告《移动物体的视觉暂留现象》中最先提出，即人眼在观察景物时，光信号传入大脑神经，需经过一段短暂的时间，光的作用结束后，视觉形象并不立即消失，这种残留的视觉形象被称为"后像"，视觉的这一现象则被称为"视觉暂留"。物体在快速运动时，当人眼所看到的影像消失后，人眼仍能继续保留其影像0.1—0.4秒，因而视频看起来就好像连续移动的画面。

早期的视频信号是连续变化的模拟电信号，通常存储在录像带上，视频信号的传输距离受限制、信号容易受到干扰失真。随着计算机科技的迅猛发展，目前已是数字视频信号，是数字化的图片序列，存储介质通常是磁盘、光盘等，通过有线和无线的方式，无传播距离限制、不易受干扰，复制视频也没有任何损失。

通常视频的编辑方式有两种，一种是线性编辑，即按视频录制的时间顺序进行编辑的方式。传统的模拟视频都是记录在录像带上，使用时经常需要在录像带上进行反复的搜索，并在另一个录像带中重新进行组合或插入编辑。编辑过程中需要一些专门的设备，如录像机、放像机、监视器、调音台、特技发生器和字幕机等。

目前比较流行的做法是非线性编辑，它是利用计算机技术实现素材的任意剪辑和加工处理，无需专门的设备即可制作出各种数字剪辑和特效。

我们通过摄像机、电影机、智能手机、数码相机等设备采集视频信息，常见文件类型有：MP4、MPG、RM、ASF、WMV、AVI、MOV、FLV等。

◇ AVI(Audio Video Interleaved)由Microsoft公司开发，允许视频和音频交错在一起同步播放。该格式的视频是大多数视频处理软件都能够支持的格式，但是生成AVI文件所采用的编码方法并不一定相同，而且文件容量比较大。

◇ ASF(Advanced Streaming Format)是微软推出的流式视频文件，包含音频、视频、图片以及控制命令脚本的数据格式，以网络数据包的形式传输，实现流式多媒体内容的发布。

◇ WMV(Windows Media Video)是微软媒体框架的一部分，包含视频和音频两部分，与同样质量的其他视频格式相比，具有体积小、传输快的优势，比较适合在网上边下载边观看。

◇ MPEG(Motion Picture Experts Group，运动图片专家组)公布的MPEG - 4：它以视听媒体对象为基本单元，采用基于内容的压缩编码，以实现数字视音频、图形合成及交互式多媒体的集成，主要应用于移动视频和网络视频。H.264是国际标准化组织和国际电信联盟共同提出的继MPEG - 4之后的新一代数字视频压缩格式。H.264在具有高压缩比的同时还拥有高质量流畅的图片，在网络传输过程中所需要的带宽更少，也更加经济。

◇ MOV(Movie Digital Video Technology)是Apple公司开发的一种视频和音频文件格式，存储数字媒体类型。默认播放器是QuickTime Player for Macintosh。

◇ RM和RMVB，其中RM格式是Real Networks公司开发的一种流媒体视频格式,可根据网络数据传输的不同速率制定不同的压缩比率,主要包含 Real Audio、Real Video 和 Real Flash 三部分,采用固定码率 CBR(Constant Bitrate)进行编码;RMVB 是从 RM 发展而来,VB(Variable Bitrate)就是可变比特率或动态码率,它降低了静态画面下的比特率,能够在低码率下获得更好的画面质量。

◇ FLV(Flash Video)是随着 Flash MX 的推出而逐步在网络上流行的一种视频格式,FLV 文件小,1 分钟清晰的 FLV 视频大约只有 1MB 左右,那么一部 100 分钟的视频作品大约 100MB。

◇ F4V:是 Adobe 公司推出的支持 H.264 编码的高清晰视频,与 FLV 相比,F4V 在同等体积的前提下,能够实现更高的分辨率,并支持更高的比特率,码率最高可达 50Mbps。

当前国际流行的两种制式主要为 NTSC 制式和 PAL 制式。

◇ NTSC 制式,1952 年由美国制定,30fps(Frames Per Second),fps 是每秒传输的帧数,多流行于美国、加拿大、日本、韩国等国家;

◇ PAL 制式,1962 年由德国制定,25fps,多流行于德国、英国、中国、澳大利亚等国家。

◇ 另外,电视的扫描方式有两种:逐行扫描和隔行扫描。逐行扫描是指电子束从左上角一行接一行地扫到右下角,扫一遍就显示一幅完整的图片。隔行扫描是指每帧画面需要扫描两次,一次奇数场、一次偶数场。隔行扫描的总行数必须是奇数。第一场结束于最后一行的一半,第二场回到显示屏顶部的中央,这样就可以保证相邻两场恰好嵌在一起组成完整的一幅图片。

拍摄的景别可分为远景、全景、中景、近景、特写五种。

◇ 远景:视距最远的景别,宽广,辽阔,多以俯拍,突出表现环境。

◇ 全景:事物的全体、全貌,主角最好占整个画面 1/3 以上,能看清主角与运动状态。

◇ 中景:若以人为例,膝盖以上的活动、描述动作等状态。

◇ 近景:人物头部至腰之间(上衣),能表达表情等细节。

◇ 特写:由肩至头部,浅景深,能表达心理状态。

拍摄角度是指镜头与对象的角度关系,通常包括俯拍、仰拍、水平拍、隔物拍摄四种。

◇ 俯拍:指镜头处于被摄体视平线以上,又称为"俯视拍摄"。采用高机位拍摄时,远处景物在画面中的位置较高,近处景物较低,远、近景中的物体在同一平面中展开,层次分明。

◇ 仰拍:指镜头处于被摄体视平线以下,也称作"仰角拍摄"。低机位拍摄的画面效果显得宽广、高远,是突出前景主体强有力的表现手段。

◇ 水平拍:指镜头所处的视平线与拍摄对象在同一水平线上。日常摄影中运用得最多,特别是新闻拍摄,但拍摄时比肩低一些,会获得较好的视觉效果。

◇ 隔物拍摄:隔着物体进行人物拍摄,让画面有立体感。

一般情况下,拍摄灯光布置有四种方式。

◇ 方式1:主灯开全光,从人物的左侧前方打开,辅助灯开1/2光或更小,从右侧前方打开,这样拍摄出来的人物脸部层次丰富。

◇ 方式2:主灯开全光,从人的左侧背后打开,辅助灯开1/2光或更小,在人物的右侧前方打开,这样人物的轮廓光明显且立体感较强。

◇ 方式3:主灯开全光,从人物的左侧前方打开,辅助灯开1/2光或更小,从右侧前方打开,轮廓灯从人物的右侧背后打开,这样拍摄出来的人物层次丰富,立体感强。

◇ 方式4:主灯从人物正面稍偏左侧打开1/2,两盏轮廓灯分别从人物稍后位置全光打开。这样拍摄的效果轮廓明显,适合用于后期抠像使用。

有关拍摄录像的注意事项:

◇ 请不要用把手震动、摇动或抖动摄像机,强烈的晃动会使录制的视频不稳定。

◇ 当安装有三脚架时,切勿用把手抬起摄像机,而应握持三脚架。

◇ 在温度变化大的地方使用摄像机,可能会形成结露,请用柔软的干布擦干。

◇ 不要将镜头或寻像器对向太阳,不要把镜头直接正对激光束,避免损坏摄像机内部部件。

◇ 不使用摄像机时,请安装好镜头盖保护镜头。

◇ 摄像机的接口不用时,装上保护罩。

2.1.4 动画概念及软件种类

相对于静态形式的教学资源而言,动态效果可能更利于引起视觉注意,然而动画教学资源的设计并不只是简单的为了"热闹",也不应该是技术炫酷。理性地运用技术,合理地开发动画教学资源,使知识点的表征更趋生动、趣味性,需要思考动作本身对于辅助知识可视化的意义和价值。那些看似简单的、模板化的动画方式若能细细推敲、精心设计,将能为知识点提供合乎逻辑的动态可视化表征。有关制作教学动画,大体经历以下步骤:

第一步:选定教学主题

建议选择学科知识中的重点、难点和抽象的、晦涩的或者需要展示过程的知识点作为开发教学动画的依据,因为这样有利于将繁复抽象的内容变得生动有趣,也便于学生反复观看学习。

第二步：编写教学动画脚本

这一步是将教学内容故事化、游戏化，并将故事发展进度详细规划与撰写出来，有点类似电影剧本，它是拍摄电影的依据，因此教学动画脚本的撰写最好能细致到每个画面、声音以及所持续的时间。

第三步：设计每个场景及元素

这里需讲究构图、配音、镜头语言以及转场方式等，是把脚本转变成一个一个可动态演示的场景。

第四步：制作媒体素材

接下来需要制作各场景所需要的图片、声音及各类元素。当然也可以使用软件本身所带的各种素材。

第五步：最后利用动画制作软件进行后期合成并最终输出为可执行的文件

目前市场上有很多动画制作软件为教学动画的设计与制作提供支持。例如，FLASH 软件是一款二维矢量动画软件，包含丰富的视频、声音、图形和动画。使用它可以快速设计简单的动画，若同时使用 Adobe ActionScript 3.0，还可以开发出高级的交互式项目。三维动画软件(如 3DSMAX、C4D、Unity 3D 等)提供了三维虚拟现实类教学动画的功能支持。

当然，除了专业的动画软件，PPT 的动画制作功能也很强大，熟练掌握其技巧，也能做出符合教学需求的教学动画。

此外还有更多灵巧实用的动画插件或小工具软件可供教学设计使用，例如"口袋动画"是一个基于 PPT 的动画插件，主要简化了 PPT 动画设计过程，完善 PPT 动画相关功能，为广大喜欢 PPT 动画设计者提供更多的功能支持，植入在 PPT 菜单中的口袋动画使用方便，点击便可观看动态效果。又如，万彩动画大师也是一款 MG (Motion Graphics，动态图形或者图形动画)动画制作软件，易上手，也可以做出专业的效果，非常适用于教师制作教学动画等。另外，"优芽"网是一款在线微动画制作软件，提供了丰富的场景和角色动作效果，即点即用，配合科大讯飞的配音，使动画微电影制作变得容易实现。

■ 研习任务

◇ 简述图像的基本类型以及常用图像处理软件有哪些。

◇ 请说出人耳能够听到的声音频率范围以及常用音频处理软件有哪些。

◇ 简述拍摄的景别、角度以及常用视频处理软件有哪些。

◇ 简述制作教学动画的基本步骤。

◇ 口袋动画地址：http://www.papocket.com。

◇ 优芽互动电影地址：https://movie-nin.yoya.com。

2.2 图片加工初处理

2.2.1 图片裁剪与形状

我们从互联网获得的图片素材有时并不能直接用到教学之中，需要对其尺寸、形状、比例进行再加工，这就需要应用到图片处理中的裁剪功能，方法如下：

第一步：运行 PPT 软件，建议使用 2010 版以上，点击菜单栏中的"插入—图片"，将需要处理的图片插入到 PPT 当前页中。

第二步：在"格式"的菜单栏右侧的地方，点击"裁剪"，此时图片四周就会出现"黑线"，拖动这些"黑线"到你需要的范围，将鼠标移至空白处，点击鼠标左键，完成最基本的图片裁剪工作，如图 2-1 所示。当然也可以通过改变其高度、宽度，而改变图片大小。若菜单栏中未出现"格式"菜单，请用鼠标右击图片。

图 2-1 图片裁剪

第三步：假若你希望用某种形状对图片进行裁剪，右击图片，然后单击"格式"，再单击"裁剪工具"向下的小箭头，选择"裁剪为形状"，比如选择"心形"，即完成心形状裁剪工作，如果希望图片是按照比例裁剪，还可以单击"纵横比"，方形 1∶1，纵向 2∶3 等，横向 3∶2 等，比如选择 1∶1，最终效果如图 2-2 所示。

图 2-2　形状裁剪

2.2.2　图片对齐与选择

一般情况下,人们比较喜欢看整齐一致的画面,因此让图片对齐就显得十分重要。当幻灯片页面上图片比较多的时候,需要精确对象放置的位置,就需要使用"对齐"功能,可以全部选中需要对齐的图片,然后点击"对齐",分别选择"顶端对齐"和"横向分布",如图 2-3 所示。

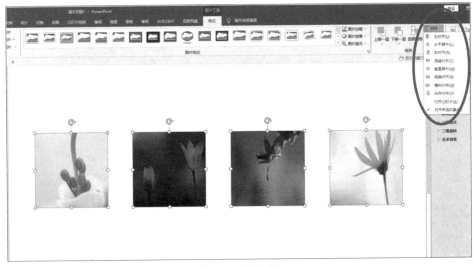

图 2-3　图片对齐

也可打开参考线,通过对齐参考线的方式对齐。点击"视图",勾选"标尺""网格线""参考线",按住 Ctrl 键,拖动参考线即可建立一条新的参考线。拖至幻灯片之外,即可删除这条线,如图 2-4 所示。

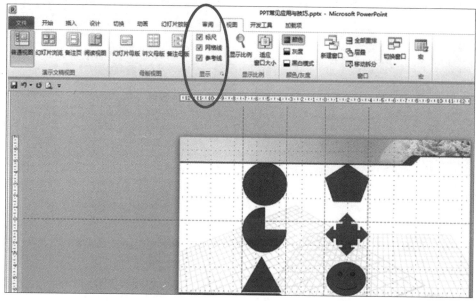

图 2-4 对齐参考线

对于文字段落的对齐方式有:"左对齐""居中对齐""右对齐""两端对齐""分散对齐",分别选择"左对齐"和"两端对齐"进行比较,发现左对齐的右边段落对得不是很整齐,因此这种情况下建议使用"两端对齐",如图 2-5 所示。

对于文字段落的对齐方式有:"左对齐"、"居中对齐"、"右对齐"、"两端对齐"、"分散对齐",建议使用"两端对齐"。对于图片、图标、形状等,点击"开始-排列-对齐,选择一种对齐方式,如图所示。对于文字段落的对齐方式有:"左对齐"、"居中对齐"、"右对齐"、"两端对齐"、"分散对齐",建议使用"两端对齐",点击"开始-排列-对齐,选择一种对齐方式,如图所示。对于文字段落的对齐方式有:"左对齐"、"居中对齐"、"右对齐"、"两端对齐"、"分散对齐",建议使用"两端对齐"。对于图片、图标、形状等,点击"开始-排列-对齐,选择一种对齐方式,如图所示。	对于文字段落的对齐方式有:"左对齐"、"居中对齐"、"右对齐"、"两端对齐"、"分散对齐",建议使用"两端对齐"。对于图片、图标、形状等,点击"开始-排列-对齐,选择一种对齐方式,如图所示。对于文字段落的对齐方式有:"左对齐"、"居中对齐"、"右对齐"、"两端对齐"、"分散对齐",建议使用"两端对齐"。对于图片、图标、形状等,点击"开始-排列-对齐,选择一种对齐方式,如图所示。对于文字段落的对齐方式有:"左对齐"、"居中对齐"、"右对齐"、"两端对齐"、"分散对齐",建议使用"两端对齐"。对于图片、图标、形状等,点击"开始-排列-对齐,选择一种对齐方式,如图所示。

图 2-5 "左对齐"(左)和"两端对齐"(右)

2.2.3 图片的柔化与美化

有时我们在 PPT 页面中插入的图片让人觉得边缘很生硬、不美观,希望对图片进行柔化效果处理,让图片看起来是融入背景之中。这时候,就需要使用到 PPT 中的图片样式功能。比如我们在背景中插入一幅大猩猩的图片,然后单击图片,再单击菜单栏中的"格式",选择"图片效果"中的"柔化边缘",可选择预设的效果,也可自行设置柔化边缘的大小(0—100磅)。对照效果如图2-6所示。

图2-6 柔化边缘对照效果图

当然还可以进行图片边框的设置,包括边框的粗细、虚线、颜色等;图片效果,包括阴影、映像、发光、柔化边缘、棱台、三维旋转等;以及各种类型的图片样式,你可试验效果。

一般来讲,大多数教师并不都具有美术和设计素养,但又想使自己用于教学的图片美观并有些艺术效果,这时就需要用到"格式"中的"艺术效果"功能。点击图片,然后再点击它的菜单栏最左侧的"艺术效果",这里包含很多艺术效果,比如铅笔素描、线条图、影印等各种艺术样式。比如选择"铅笔素描",如果效果没有令你满意,可进一步调整该艺术效果选项中的参数,原图与效果图对照,如图2-7所示。

图2-7 原图与效果图对照

你还可以通过"颜色"调整图片的颜色饱和度、色调、重新着色等,通过"校正"调整图片的"锐化/柔化""亮度/对比度"等效果。

2.2.4 去除图片背景

有时我们需要图片的主体部分,不需要背景,其实就是"抠图"的用法。当主体对象和背景颜色相差很大时,可以使用"格式"中的设置透明色来完成。比如插入一幅背景色为纯色的图片,单击图片,然后单击"格式",单击"颜色",选择"设置透明色",然后在图片的背景色处单击,效果如图2-8所示。

图2-8 去除图片背景

如果主体对象与背景色相差不大,就需要通过"格式"中的"删除背景"的方法才能实现。单击"格式",然后单击"背景删除",粉色区域是要被删除的区域,你可以通过"标记要保留的区域""标记要删除的区域""删除标记""保留更改"等方式,删除不需要的背景,若依然有生硬的边缘,可做一下图片柔化的效果,如图2-9所示。

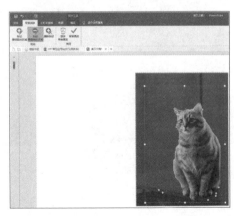

图2-9 添加或删除标记

2.2.5 巧取图片颜色

颜色搭配对于一般教师而言也是一件较为困难的事情,当我们看到一张图片

上的颜色,非常喜欢并想应用到自己的页面设计中,怎么使用这个颜色呢? 方法如下:

首先利用 QQ 截图,将鼠标放到颜色处,即显示此处的颜色值 RGB,记下这个值,如图 2-10 所示,这里的 RGB 值为(252,192,11)。

图 2-10　拾取 RGB 值

然后在填充颜色时,使用"其他颜色",将刚刚记下来的 RGB 值输入到这里,点击确定,如图 2-11 所示,即完成取色过程。

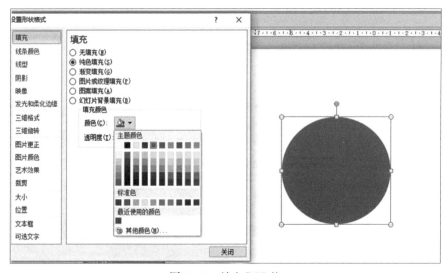

图 2-11　输入 RGB 值

当然,如果你使用的是 Microsoft PowerPoint 2013 以上版本,新增了取色器,使用它更加方便获取颜色值了。同时建议页面设计时,注意背景浅颜色,字体深颜色,看起来会舒服一些,相反可能会很刺眼,如图 2 - 12 所示。

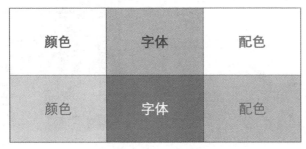

图 2 - 12　色彩搭配

另外,给大家推荐一个配色网站,为你提供相应的配色方案: https://www. webdesignrankings. com/resources/lolcolors。

2.3　图片处理再加工

有时我们搜索到的图片不能表现具体的细节,也不符合教学要求,这时候就需要使用 PPT 中的绘图工具以及对其顶点进行编辑,从而完成图片的绘制。

2.3.1　形状工具

简单的图形,我们可以使用 PPT 中的"绘图"功能来完成。比如绘制一个计算器,我们来分析一下计算器的形状,其实就是由几个圆角的矩形和圆形组成。

第一步:选择菜单中的"插入—形状—矩形:圆角",在页面中拖放一个比较大的圆角矩形。单击右键,选择"设置形状格式",将其颜色填充为浅黑色。

第二步:再插入两个圆角矩形,将其颜色填充为浅灰色,适当缩小这个矩形,一个让其充当计算器的"显示条",并且可以再输入一个"0"字;另一个可以充当空格键。

第三步:再插入几个圆形,拖动鼠标的时候,按住 Shift 键就会拖出一个圆形,否则就是一个椭圆。最终效果如图 2 - 13 所示。

很多图片看似很复杂,其实大部分都是由基本图形组合而成,只要我们细心观察事物,并善于将其分解为基本图形构件,绘图就不是那么难了。那么假如我们的图形中有不规则的地方,该怎么办?

这时就需要用到图形的顶点编辑功能了。比如我们需要画一棵树,首先选择"插

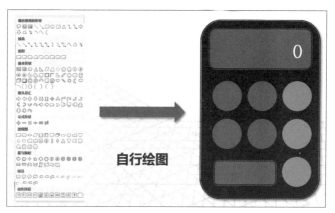

图 2 - 13　自绘计算器

入一形状—云形",然后将其填充为绿色;然后再插入一个矩形,当作树干,这个树干肯定不规则。右键单击树干,选择"编辑顶点",此时矩形的四个顶点变为实心黑点,将下方的两个点向外拖,让树干底座大些。点击其中一个小黑点,此时它的两侧出现了两个句柄,调整两个句柄可以调整树干的曲度。

　　如果顶点不够,还可以增加顶点。右键单击树干,选择编辑顶点,将鼠标放置需要添加顶点的位置,鼠标变为一个"瞄准镜",再次单击右键,选择"添加顶点",然后拖动两边的句柄进行图形调整。最终效果如图 2 - 14 所示。

图 2 - 14　绘制一棵树

　　顶点有三种类型,平滑顶点、直线点、角部顶点,如图 2 - 15 所示,可以通过顶点右键单击进行转换,区别在于平滑顶点两侧句柄对称一致变化,直线点对称但可不一致变化,角部顶点一侧变化,另一侧不受影响。

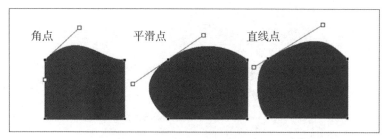

图 2 - 15 三种顶点类型

2.3.2 巧用母版

经常想要在 PPT 讲演稿中呈现一些固定元素,比如学校校徽或有特殊意义的符号,使用 PPT 中的母版可以帮助我们快速实现这一目的。

第一步:点击"视图—幻灯片母版",进入幻灯片母版设计状态之中。

第二步:点击母版第一页,将学校的校徽或有特殊意义的符号插入到这里,并摆放好位置,然后关闭母版视图,这样每页幻灯片上就都出现了学校的 Logo 或有特殊意义的符号,如图 2 - 16 所示。

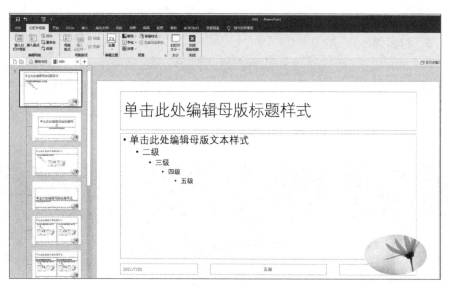

图 2 - 16 母版

一般情况下,母版第一页上的内容会影响所有幻灯片。但是如果你想设计一个特别的页面,可以在下面的子版式中设计,然后关闭母版视图。当你需要这个版式起作用的时候,选择"开始—版式",选择相应的版式即可,如图 2 - 17 所示。

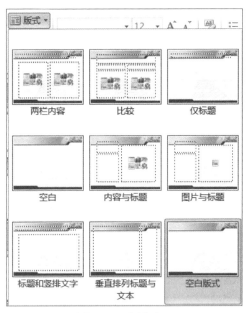

图 2-17　版式类型

2.3.3　封面制作

讲稿通常需要一个简洁整齐的页面作封面,没有构图和设计基础的教师通常会选择 PPT 模板的首页做封面。如果希望自己设计一个封面,其实也很简单,就是利用 PPT 中的插入表格的功能。这个案例运用了 PPT 中的表格功能,是将文字、图片有机结合的一种制作方式。预期效果如图 2-18 所示。

图 2-18　封面制作

具体操作如下：

第一步：单击"插入—表格"，比如6×6的表格

第二步：对表头进行设计

拖动鼠标选中第一行，单击"设计—底纹"，选中一种颜色填充底纹；然后单击右键选择"合并单元格"（像在 Excel 中的操作一样）。然后单击，输入相应的文字，比如"信息化教学技能训练"。然后选择"笔样式：实线""笔粗细：3 磅""笔颜色：白色"（注意先设置好笔触样式，再选择边框设置，才会起作用）。之后设置边框，选择下框线显示。

第三步：对标题进行设计

拖动鼠标选中第 2—3 行，单击右键选择"合并单元格"。点击"设计—底纹"，选择一种颜色填充底纹；单击单元格，输入"网络教学资源的搜索与获取"并居中显示。

第四步：插入配图

选择 4—5 行左边开始的两个单元格，单击右键选择"合并单元格"。在此单元格中单击右键，选择"设置形状格式—填充—图片或纹理填充"，单击"插入"，将你准备好的图片插入至单元格中，这里可以将学校的校徽、标志建筑物、人物等，填充到单元格里。

第五步：对表尾进行设计

分别选择 4—6 行单元格进行合并，然后填充底纹颜色，输入姓名、单位、联系方式等有关信息，最终效果如图 2-18 所示。

此外，当页面中的对象很多时，可以利用 SmartArt 实现快速构图，这里提供了很多精美的构图，使得内容显得很整齐和规范。具体操作如下：

第一步：在每个标题处回车，使其内容成为下一个段落。如标题"1)捕捉信息"，它的内容"新建文件……"处于它的下一行。

第二步：将光标置于段落内容开头处，然后点击"段落"中的"提高列表级别（增大缩进级别）"，以建立段落层次，如图 2-19 所示。

第三步：单击"段落"中的"转换为 SmartArt"，从中选择一种样式，即可完成文字构图的工作，如图 2-19 所示。

2.3.4　海报制作

学校宣传栏中的各种海报，其实使用 PPT 的绘制功能就可以帮助你完成一张海报的制作，下面我们以制作一张光荣榜的宣传海报为例讲解一下具体操作。

第一步：设置页面大小

假如设计的海报，不仅是用于电子演示，还要打印输出。那么首先需要根据打印

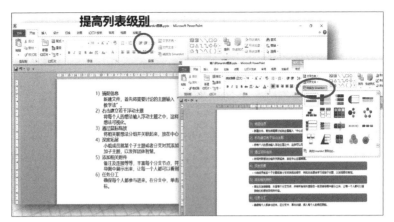

图 2 - 19   提高列表级别

尺寸要求设置页面的大小。选择"设计—幻灯片大小",默认状态下是标准(4∶3),但有时这种页面设计的 PPT 讲稿在宽显示屏上不能正常显示,两边会出现宽宽的黑色竖条,这就是 PPT 的页面设置比例的问题。这里我们推荐使用 16∶9,以实现宽银幕效果。当然你也可以选择标准的 A3、A4 以及自定义,或者根据具体要求设置页面尺寸,如图 2 - 20 所示。

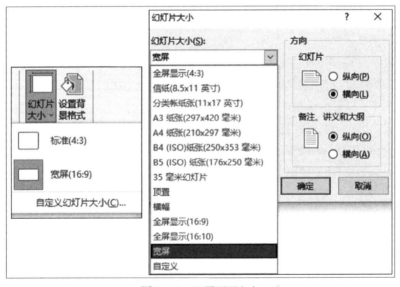

图 2 - 20   设置页面大小

第二步:创建云朵

选择"插入—形状—基本形状—云形",然后在页面上方拖动鼠标拖出几个云形图形,摆放好位置,看起来像云朵一样。右键单击云形图形,选择设置形状格式,建议将其颜色填充为橙色,显得喜庆。如图 2 - 21 所示。当然你可以使用"椭圆形"或者按住 Shift 拖动椭圆形,即圆形,进行形状组合,最后按下 Ctrl + G 将几个形状群组为一个云状图形。为了增加其效果,可以单击云状图形,选择"格式—形状效果—阴影"等。

图 2 - 21　创建云朵

第三步: 创建一枚勋章

选择"插入—形状—星与旗帜—星形: 十六角",按住 Shift 拖动鼠标,拉出一个正十六角星,上下拖动星形内的小黄点,可以改变角的曲度。调整好后,可以填充颜色了。右键单击星形,选择"设置形状格式",将黄色作为填充色,线条设置为橙色。

下面做一个底座,选择"插入—形状—星与旗帜—带形: 上凸",按住鼠标拉出一个带状形状的图形,将其颜色填充为黄色、线条设置为橙色。做好后,将其放置在刚刚做好的星形下方。然后拖动鼠标,将上面的星形和下面的底座全部选中,按 Ctrl + G,将其群组为一个图形。

此时可以将人物照片放入星形之中了,选择"插入—图片",将你要放入的人物照片插入当前页面中。单击照片,选择"格式—裁剪—纵横比—方形: 1 : 1",将人物头像选为方形,然后再选择"格式—裁剪—裁剪为形状—椭圆",此时将以圆形裁剪照片,将裁剪好的图片放置星形内。同理,可以复制多个勋章并将要表彰的人物照片放置其中,同时为了让人物勋章呈现光亮的效果,可以单击勋章,选择"格式—形状效果—映像—紧密映像: 接触",让人物看起来更有效果。如图 2 - 22 所示。

第四步: 创建星空背景

选择"插入—形状—矩形",拖动鼠标拉出一个与页面大小相当的矩形。右键单击矩形,选择"设置形状格式",继续选择"图案填充—点线: 90%",设置其背景色为

图 2 - 22 制作勋章

深蓝、前景色为白色。然后单击右键,选择"置于底层一置于底层"。

最后在背景上添加几颗小星星,点缀背景。选择"插入一形状一星与旗帜一星形:四角",插入几颗小星星,将其颜色填充为橙色、无线条,形状效果为发光。这样我们就做好了星空背景,如图 2 - 23 所示。

图 2 - 23 星空背景

第五步:完成最终效果图

最终作品,还需要增加一些装饰,比如底部是绿草地,上边有风云榜字样等。我们可以从网络上下载有关图片，然后插入一张绿草地的图片，使用裁剪工具对其进行适当裁剪。单击草地图片，选择"格式—颜色—设置透明色"，点击背景色，将其设置为透明色，这样只能看到绿草地，然后单击绿草地，选择"图片效果—柔化边缘"，使绿草地融入背景之中。

再插入一个"风云榜"图片，同样单击图片，选择"格式—颜色—设置透明色"，点击背景色，将其设置为透明色，只剩下风云框。最后选择"插入—艺术字"，选择一种字体样式，输入"风云榜"字样，并将其放入风云框内，最终效果如图 2-24 所示。

图 2-24 效果图

第六步：打印输出海报

下面我们将制作好的海报打印输出，选择"文件—另存为"，将保存的文件类型选择为 JPEG 格式，点击保存，选择"仅当前幻灯片"，如图 2-25 所示。这样就可以将当前页的海报输出为一个扩展名为". jpeg"的图片文件，这个文件可用于打印输出。

图 2-25 仅当前幻灯片

当我们需要将多张 PPT 讲稿打印出来,以便听课并作笔记之用时,可以选择"打印一整页幻灯片",然后对"页面设置""讲义方向""幻灯片方向""每页幻灯片数量(1—9)"等进行相应设置。选择"讲义"中的幻灯片张数,比如选择"3 张幻灯片",最后选择打印即可,如图 2-26 所示。

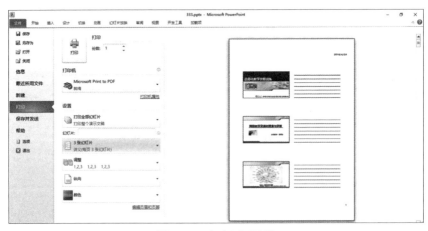

图 2-26　打印页面设置

2.4　美图秀秀

美图秀秀(https://pc.meitu.com)是一款目前流行的图片处理工具,它为用户提供了电脑版、网页版、手机版等终端的版本,简单易用、功能强大。单击首页"下载中心",进入下载页面,如图 2-27 所示。这里为用户提供了多款美图秀秀图片处理工具的不同版本,包括美图秀秀 6.0、美图秀秀 4.0(经典版)等,我们以美图秀秀 4.0 (经典版)为例简述其用法。

图 2 - 27　美图秀秀及下载中心

第一步:下载并安装美图秀秀 4.0(经典版),运行该软件,进入首页,如图 2 - 28 所示,这里包括美化图片、人像美容、拼图、批量处理四个板块。

图 2 - 28　美图秀秀四板块

第二步:点击"美化图片",进入图片美化界面,如图 2 - 29 所示。你可轻松实现对图片的亮度、对比度、色彩饱和度、清晰度的操作。

第三步:界面左侧的各种画笔使图片处理的各种技巧变得轻松方便,比如涂鸦笔、消除笔、抠图笔、局部马赛克、局部彩色笔、局部变色笔。

第四步:界面右侧上方的功能键,可轻松实现改变图片尺寸、裁剪、旋转等操作,特别提供了 1 寸证件照、2 寸证件照、二代身份证、护照、国家公务员考试、注册会计师考试等各种标准照尺寸的剪裁处理,非常实用方便,如图 2 - 30 所示。

第五步:界面右侧特效处理功能强大,提供热门特效、基础特效、LOMO 特效、

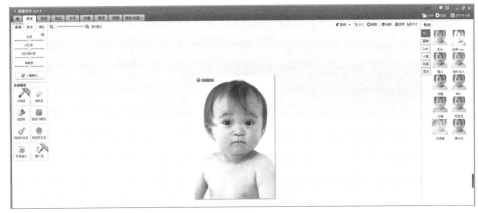

图 2 - 29 美化图片

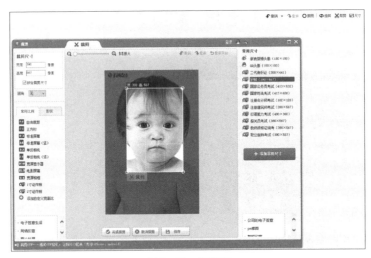

图 2 - 30 标准照

人像特效、时尚特效、艺术特效等,通过这些特效处理你可以轻松打造时尚美图。

第六步:单击菜单栏中的"美容",可对图片进行瘦脸瘦身、皮肤美白、祛痘祛斑、磨皮、腮红笔、眼睛放大、眼部饰品、睫毛膏、眼睛变色、消除黑眼圈、唇形、消除红眼、染发、美容饰品等美颜处理。

第七步:单击菜单栏中的"饰品",可对图片进行"静态饰品""动态饰品"的添加操作。

第八步:单击菜单栏中的"文字",可对图片增加"漫画文字""动画闪字""文字模板"等各种特效文字。

第九步:单击菜单栏中的"边框",可对图片增加"简单边框""轻松边框""文字边框""撕边边框""炫彩边框""纹理边框""动画边框"等各类特效边框。

第十步：点击菜单栏中的"拼图"，可对多个图片进行自由拼图、模板拼图、海报拼图、图片拼接等操作，如图2-31所示，依次为模板拼图、海报拼图、图片拼接的效果图。

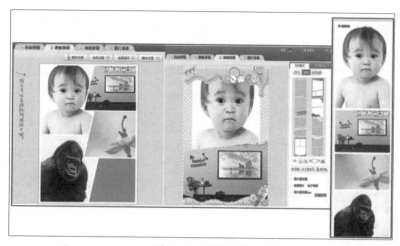

图2-31 拼图效果

第十一步：单击菜单栏中的"更多功能"，包括九格切图、摇头娃娃、闪图等功能，如图2-32所示，依次为九格切图、摇头娃娃(动态)的效果图。

图2-32 九格切图及动图

第十二步：对处理加工好的图片进行保存与分享，单击菜单栏右侧的保存与分享，可以将图片以扩展名为 JPG、BMP、PNG 格式保存到本地机或分享至 QQ 空间、新浪微博等社交媒体。

2.5 Adobe Photoshop

Adobe Photoshop,简称"PS",是由美国 Adobe 公司开发的一款专业图片处理软件,如果你希望深入学习图片处理的技巧,实现按照自己的创意,自由创作,那么就有必要掌握 PS 软件的基本用法。下面我们以 Adobe Photoshop CS6 版为例,通过图片合成的四个案例的制作,概述其基本用法。

■ 案例 1:"猩猩"知我心

第一步: 运行 PS,新建文件

打开并运行 PS 软件,进入 PS 界面,如图 2-33 所示。界面顶部是菜单栏,主要包括文件、编辑、图像、图层、文字、选择、滤镜、视频、窗口等功能;左侧是工具栏,主要包括选择工具、移动工具、渐变工具、钢笔工具、设置前景色/设置背景色等工具;右侧包括调色板、图层、通道、路径等面板。

图 2-33 PS 界面

下面我们新建一个文件。选择"文件—新建",设置图片的宽度和高度,比如: 宽6 英寸、高度 8 英寸,分辨率为 72 像素/英寸,色彩模式为 RGB 的新文件。如图 2-34 所示。

第二步: 打开一张图片并选择对象

PS 的一个重要功能就是图片的合成,而且准确选择要合成的对象更为重要。选

新建			X
名称(N):	xxx		确定
预设(P):	自定	⌄	取消
大小(I):		⌄	存储预设(S)...
宽度(W):	6	英寸 ⌄	删除预设(D)...
高度(H):	8	英寸 ⌄	
分辨率(R):	72	像素/英寸 ⌄	
颜色模式(M):	RGB 颜色 ⌄	8 位 ⌄	
背景内容(C):	白色	⌄	图像大小:
⌄ 高级			729.0K

图2‑34 新建文件

择"文件—打开"以打开本地机中的一张大猩猩的图片,单击工具箱中的"磁性套索工具"(或者按字母 L)。单击大猩猩轮廓上的任何一点,然后沿着轮廓移动,选择线会像磁铁一样自动吸附在轮廓上。若选择线不能很好地吸附在轮廓线上,你可再次单击鼠标,打一个点,然后继续沿着轮廓移动,当移动到起始处时,鼠标将出现一个句号。此时,单击鼠标,出现"蚂蚁线",即选择区域。如果想重新选择区域,按"ESC"退出选择,重新再选。如图 2 ‑ 35 所示。

图2‑35 选择对象

细心的同学一定会发现,这样选择的大猩猩的区域可能并不精确,因为它和背景颜色很接近,那么我们怎样再精确选择区域呢?

第三步:精确选择区域

若对象选择区域还不够精准,可单击工具面板最下方的"以快速蒙版模式编辑(Q)"或按字母"Q",进入选择区域的编辑模式。此时未被选择的区域将以红色显示,如图 2 - 36 所示。

图 2 - 36 快速蒙版模式

单击工具箱中的"画笔工具(B)",或者按字母"B"键使用画笔工具,以前景色为白色进行区域涂抹,将擦除其红色;以前景色为黑色进行区域涂抹,将添加红色。这是一个细致的工作,画的红色区域越准确,选择区域越精确。绘制好后,单击字母"Q"键,回到选择状态。

第四步:图片合成

拖动大猩猩文件窗口,使得它与你第一步刚刚创建的文件窗口同时可见,单击"工具箱"中的移动工具,将选中的大猩猩拖放至新文件之中。此时若图像较大或较小,可以按下 Ctrl + T 键进行变形操作,按 Shift 拖动鼠标进行比例缩放,直到大小合适为止。

下面我们再打开一张风景图。选择"文件—打开",按 Ctrl + A 全部选中图片,按 Ctrl + C 复制图片,然后单击需要图片合成的那个文件窗口,按下 Ctrl + V,将风景图拷贝至此。此时我们会发现增加了一个新的图层。但是我们看不到大猩猩了,这是因为上面的图层将下面的图层盖上了,如图 2 - 37 所示。拖动大猩猩图层至风景图层之上,使大猩猩可见,但是效果并不好,还是显得很生硬。

图 2 - 37　图层

第五步：图层蒙版

增加图层蒙版并使用渐变效果,将两张图融合会显得自然一些。在图层面板最下方,单击"添加图层蒙版",再单击工具箱中的"渐变工具(G)",或按字母 G 键,然后按住鼠标并向上或右上方拖动,让大猩猩渐渐地融合入背景图中,如图 2 - 38 所示。

若想加上文字,可单击工具箱中的"横排文字工具(T)"或按字母 T 键,然后选择字体、大小、颜色等之后,输入"金刚"二字。

注意：这里涉及两个重要概念,即图层和蒙版,也是用 PS 进行图片合成时经常使用的技巧。一幅优美的图画可以通过创建多个图层并合成而来,同时又可对每个图层内容进行单独编辑,而上下图层的融合经常通过创建蒙版并配合使用渐变工具来完成,也可以对蒙版层进行画笔编辑,描黑部分显露出下层图的内容,描白部分显示同层内容。

■ **案例 2：美丽的花园**

图片合成是 PS 一项重要的基本功能,本案例是以合成作为核心任务,帮助你掌握合成的基本步骤,熟悉图片合成所需要关注的操作技术[①],案例使用的图片来自互联网,特此感谢。

---

① 案例参考中国教程网：www. jcwcn. com。

图 2 - 38　添加图层蒙版

第一步：图片导入与排布

首先,将四张素材图片导入 PS,并通过选择"窗口—排列—双联垂直",将当前需要编辑的图片 1 和图片 2,以左右并列视窗方式同屏排列。拖动视窗边界调整视窗大小,用放大镜调整图片视图大小,以方便操作为准,如图 2 - 39 所示。

图 2 - 39　图片导入与排布

第二步：图片合成与修边

以图片1作为大背景，将图片2整幅画面全部合成到图片1中。点击工具箱中的移动工具，对图片2按住鼠标左键并拖动鼠标至图片1，松开鼠标后图片2将合成在图片1中，成为图层1。移动这个图层1，使其与背景层画面的左顶角对齐，此时图片合成的位置较为合理，但由于边界过于清晰，合成效果不理想。选择橡皮工具，适当调大橡皮工具(如"70")，硬度调整为"0"，然后沿着边界进行擦除。因为橡皮硬度为0，所以橡皮擦除掉的画面会有边界逐渐透明的过渡效果，使两个图层画面的交界处融合得更加自然，如图2-40所示。

图2-40 图片合成与修边

第三步：选区合成与羽化

本步骤是将图片4中的台阶区域画面合成至图片1中。首先，将图片4拖至原图片2位置，使图片1和图片4并列视窗呈现。以图片4为当前图片，选择套索工具为当前工具，设置套索工具的羽化值为"30"，用套索工具将台阶及周边需要的画面载入到选区中。因为设定了羽化值，选区的边界是逐渐透明的状态，所以图片的边界感会被弱化，用移动工具将选区内的画面拖动到图片1中，形成图层2。以图层2为当前图层，按Ctrl+T对图层2画面进行自由变换，调整图层2在画面中的位置、大小，适当调整角度。选择橡皮工具，调整硬度为"0"，对图层2多余画面进行擦除，注意与背景画面的衔接效果，如图2-41所示。

第四步：制作水中倒影

我们复制图层1，用以制作房子的倒影。以图层1为当前图层，在图层面板对图

图 2 - 41 选区合成与羽化

层 1 点击右键,选择"复制图层"操作,形成"图层 1 拷贝"图层。以图层 1 拷贝为当前图层,按 Ctrl + T 执行自由变换,在自由变换窗口点击右键,选择"垂直翻转"翻转画面,形成倒影角度。点击图层面板中的"正常"的三角下拉按钮,在下拉菜单中选择"正片叠底",改变房子的倒影与背景图层的图层组合模式,形成倒影效果。调整图层 1 和图层 1 拷贝的图层顺序,并适当调整倒影的位置,使房子实体与倒影的层次关系更合理,如图 2 - 42 所示。

图 2 - 42 水中倒影

接下来制作石阶的倒影,复制石阶所在的图层 2,形成图层 2 拷贝。对图层 2 拷贝进行垂直翻转,并适当调整位置与图层顺序。制作倒影,除了选择适合的图层组合模式,还可以通过调整图层不透明度的方式来实现。以图层 2 拷贝图层为当前图层,在图层面板的不透明度调整框中,调整数据让图层画面透明,使台阶在水下隐约可见,形成倒影效果。

第五步:丰富画面元素

为了使合成画面更生活化,我们将图片 3 中的鸭子合成至水面上。以图片 4 作为当前图片,运用套索工具,添加"30"左右的羽化值,把四只鸭子载入选区。用移动工具将选区画面拖至图片 1,形成图层 3。对图片 1 执行"窗口—排列—将所有内容合成到选项卡中",使图片 1 作为单独视窗呈现。按 Ctrl + T 执行自由变换,调整鸭子画面的大小和位置。由于鸭子原图水面和背景层中水面存在较大差异,我们需要去除鸭子图层的水面部分。如果需要删除的画面是较大范围的接近色,可以采用魔术橡皮擦工具,而需要删除的水面部分就属于这类颜色特征。以图层 3 为当前图层,选择橡皮工具组中的魔术橡皮擦工具,在水面区域内单击鼠标,那么鼠标所对应位置的颜色将会被作为删除色,可以看到大面积的水域已经被删除了,如图 2 - 43 所示。

图 2 - 43 水面上添加鸭子

继续在余下的水面区域单击鼠标,直至水面基本删除,此时还有少许的水域画面残留,可以采用普通的橡皮擦工具进行擦除。针对鸭子头部需要保留清晰的轮廓边界,可以将橡皮工具的硬度调整为"100",这样可以取消柔边效果,保证鸭子轮廓线的清晰完整,如图 2 - 44 所示。

图 2 - 44 图片合成最终效果

接下来为鸭子添加水中倒影,可以尝试步骤四中的两种方法,结合画面效果选择适合的方式。因为鸭子并不是在同一水平面,需要分别制作倒影,或者统一制作倒影后,通过选区加移动工具的方式将每个鸭子的倒影放置到合适位置,如图 2 - 44 所示。

注意:当合成画面之间不希望有清晰的边界感时,可以通过为选区增设羽化值或调低橡皮擦工具硬度等方式添加柔和的过渡效果。在制作水中倒影效果时,可以通过选择适合图层组合模式或者图层透明度的方式进行。另外,魔术橡皮擦工具是以颜色作为选取操作对象的依据,当单击鼠标时,鼠标光标位置所对应的颜色就会被删除。针对背景色较为接近的图片,可以借助魔术橡皮擦工具进行背景色删除。

■ 案例 3:蓝天、白云与绿地

颜色调整是图片处理的一项基本要求,有时因为图片拍摄时的效果不够理想,有时因为合成图片间的颜色差异问题,有时因为运用图片所需传达信息的要求,我们常常需要进行图片的颜色调整。Photoshop 调整颜色的方法有很多,我们借助一张风景图,来介绍两种颜色调整方法。

如图 2 - 45 所示,这张照片包括蓝天、白云和绿地,但是整体色彩层次不够鲜明。我们希望让图片中的蓝天更蓝、绿地更绿,采用什么方法比较好呢?

方法一:图层叠加法

首先,将原图导入 PS,并创建一个新图层,生成图层 1,在图层 1 中填充颜色。油

图 2 - 45 蓝天、白云与绿地

漆桶工具可以填充单一颜色,而本案例中需要的是渐变色,可以在油漆桶工具组中选择"渐变工具",如图 2 - 46 所示。

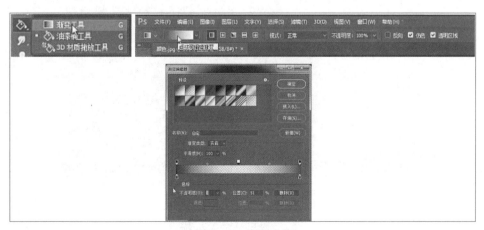

图 2 - 46 渐变工具

此时在工具属性栏中的渐变编辑预览框中,可以看到自动生成了一个由当前的前景色到背景色的渐变。点击这个编辑框,可以打开"渐变编辑器",点击左下方滑块,在拾色器中选择蓝颜色,参考颜色值 RGB 分别为 21、46、233;右测下方滑块选择为绿色,参考颜色值 RGB 分别为 15、109、15。渐变编辑器中的下方滑块用以调整更换颜色,而上方滑块则用以调整颜色的不透明度。在上方的左右两个滑块中间单击鼠标,可以增加一个上方滑块,设置滑块对应的不透明度数值。初始值为"100",代表完全不透明,当数值为 0 时是完全透明的,完全透明的区域不会对原图对应区域的颜色产生影响。那么,这时的颜色是由蓝色到逐渐透明,再由透明到绿色的逐渐变化,如图 2 - 46 所示。

因为图片中段为白云,不需要作出颜色调整,或者不需要有较大的颜色改变,所以渐变色的中间段设置为完全透明(不透明度为 0)或部分透明(不透明度为 0—100 之间),设定好颜色,点击"确定"按钮,关闭渐变编辑器。

以图层 1 为当前图层,以渐变工具为当前工具,在画面上端单击鼠标并向下拖动,拖动至画面下端,跟随鼠标会生成一根直线,代表渐变颜色的填充方向。为保证渐变颜色的填充可以与画面保持水平,要让拖动鼠标生成的直线为垂直线,因此在拖动鼠标过程中可以按住"Shift"按钮。松开鼠标后,在图层 1 形成了一个上蓝下绿、中间透明的颜色块,实施效果如图 2 - 47 所示。

图 2 - 47 使用渐变工具的效果

目前,图层 1 和背景图层只是常规的正常组合模式,单击"正常"三角下拉菜单,选择图层组合模式为"叠加",此时已经将渐变颜色赋予给了背景图。在渐变编辑器中,除了可以通过滑块改变颜色和不透明度,还可以通过拖动滑块位置,改变颜色或透明的覆盖范围,使最终画面产生不一样的颜色效果,如图 2 - 48 所示。

图 2 - 48　图层组合模式为"叠加"的效果

方法二: 曲线调整法

案例中的图片需要调整的颜色为蓝色和绿色,作为 RGB 的基本颜色,也可以借助"曲线"来进行调整。将素材图导入 PS,先将需要调整的区域载入到选区,选择套索工具,设置羽化值为"20",在绿地区域用鼠标拖动框选,生成选区。选择"图像—调整—曲线"命令,打开"曲线"窗口,点击其中"通道"对应的 RGB 下拉菜单,选择"绿"通道。在绿通道调整框中直线的中段位置,单击鼠标并上下拖动鼠标,当直线被拖动为抛物线时,绿色会产生深浅亮暗变化,结合实际效果确定最终曲线角度,如图 2 - 49 所示。再对蓝天部分用带有羽化效果的套索工具绘制出选区,打开曲线调整窗口,在"蓝"通道拖动曲线,视预览效果选择合适的曲线角度。

注意: 在 PS 曲线的 RGB 综合通道中,拖动曲线成抛物线时,向上的拖动会使画面更明亮,向上幅度过大会产生曝光过度的视觉效果;向下拖动则画面相对变暗,向下幅度过大时画面可能大范围呈现黑色。当将曲线拖拉成上高下底的 S 型曲线时,会明显地增加画面的色彩层次感。PS 曲线对于图片的色彩层次调整具有重要作用,尝试运用 RGB 综合通道的三种曲线模式,即向上抛物线、向下抛物线、S 型曲线,如图 2 - 50 所示,可以优化大多数图片的视觉观感。

图 2 - 49 曲线调整法

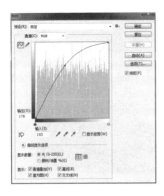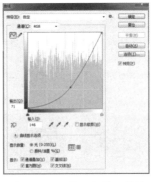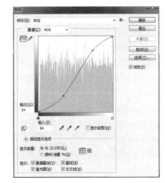

图 2 - 50 图像—调整—曲线

■ **案例 4：神奇"变脸"术**

这是一个综合案例,通过这个案例可以对图片合成与颜色调整有更进一步的了解,除了基础操作,还包含对于参考线、蒙版、着色、去色、修图等操作的应用。这个案例的要求是将女孩的头像合成至另一张图片中,并将颜色进行统一化调整,实现"变脸"的手法,效果如图 2 - 51 所示,这个案例的图片来自互联网,特此感谢。具体操作步骤如下。

第一步：添加参考线

首先将两张原素材导入 PS,并通过"窗口—排列—双联垂直",将两张图片以左右并列视窗方式呈现。合成操作前先观察两幅图片的显示百分比,若女孩图片的百分比为 25%,说明这张图片的分辨率比较高,对比另一张合成背景的 66.7%明显较大,合成后可能会产生覆盖背景图层画面的现象。为了不因覆盖影响后续操作,也为了更准确地调整合成图片的大小和位置,我们为左一的合成背景图片添加辅助参考线。

图 2-51 "变脸"效果图

以左一图片为当前图片,点选"视图—标尺",在当前图片的上方和左侧生成标尺。将鼠标放置在上方标尺中,单击鼠标并向下拖动,会产生水平方向的参考线,在背景图中人物头顶位置松开鼠标,参考线将固定于此处。用同样的方法,再拖出一条水平参考线,置于背景图下巴处,相当于为背景图人物头部的上下边界处分别放置一条水平线。如果从左侧标尺拖动鼠标,将拉出垂直方向的参考线,可以根据实际操作需要,选择在不同方向放置几根参考线,辅助调整新合成图像的位置和大小,如图 2-52 所示。

图 2-52 添加参考线

第二步：人脸合成

将女孩图片作为当前图片，对于在合成前不确定合成图像的实际区域的情况，可以将选区做大，在实际合成处理的过程中再做判定。运用套索工具，绘制一个较大的选区，确保可能需要的画面都在选区内。运用移动工具，将选区画面移动至背景图片上，形成图层 1，这时已经验证合成图像的确全覆盖在背景图上。按"Ctrl + T"执行自由变化，按住 Shift 键，等比例缩小女孩图像大小，使女孩的头顶和下巴接近参考线位置。在自由变换状态下，单击鼠标右键，选择菜单中的水平翻转，再适当调整旋转角度，让女孩头偏转的角度更合理，如图 2 - 53 所示。调整好大小和角度，在自由变换框中双击鼠标，完成自由变换操作。

图 2 - 53   人脸合成

第三步：添加图层蒙版

初步合成后，需要对多余的画面进行擦除，但是由于需要边擦除边判断画面的去留，会有将部分已擦除画面还原的情况。如果此时采用历史记录返回操作，返回步骤可能导致不希望还原的画面也一并返回，因此我们建议启用可以随时删除，也能够随意返回的蒙版功能。

以图层 1 为当前图层，点击图层面板下方的"蒙版"按钮，为图层 1 添加图层蒙版。此时，前景色为白色，背景色为黑色，选用橡皮擦工具，可以擦除图层 1 的画面；当需要将已擦除画面还原时，只要切换前景色和背景色，使前景色为黑色，背景色为白色，此时用橡皮擦工具在画面中拖按鼠标，所经过之处已擦除画面即刻还原回来。利用图层蒙版和橡皮擦工具，建议橡皮擦工具硬度为"0"，并根据个人观感，对女孩图像做适当的擦除和保留，同时也通过自由变化适当调整头像大小与位置，使其与背景图的合成效果更为理想，如图 2 - 54 所示。

图 2 - 54 添加图层蒙版

第四步：图像着色调整

目前，我们的头像合成的位置与大小均已满足需要，但女孩图像属于灰度图，与背景图颜色相差较大，我们需要进行颜色调整。通过"图像—调整"可以在菜单中看到很多与色彩相关的选项，该如何选择呢？

作为灰度图，本身是没有颜色的，所以不单单是改变颜色的问题，而是应该添加颜色。添加什么颜色是属于色彩的色相问题，我们可以选择"色相/饱和度"这一选项。我们此时会发现菜单中，包括"色相/饱和度"在内的大多数选项均为不可用状态，原因在于我们之前的操作是针对蒙版进行的，要调整图像本身的画面，需要针对图层 1 的图像而非蒙版。用鼠标点选图层 1 的图像缩微图，切换至图像，如图 2 - 55 所示。

图 2 - 55 图像着色调整

再次点选"图像—调整—色相/饱和度",此时选项已被激活,弹出"色相/饱和度"窗口。如果需要调整改变颜色,可以直接拖动窗口中的色彩滑块对当前颜色进行修改,但当前需要调整的画面并没有颜色,因此应该赋予其颜色而不是改变,务必先勾选窗口中的"着色"选框,再进行滑块的拖动调整,推荐色相值为"26",饱和度值为"65",调整后效果如图 2-56 所示。调整颜色后,如果还想对图层 1 的画面做出删除与还原的操作,切记在图层面板中将图层 1 的当前状态从图像切换到蒙版。

图 2-56　图像—调整—色相/饱和度

第五步:画面修补完善

可能图像上还有不是很满意的地方,比如女孩的头发和背景头像的头发还是存在差异,为此可以运用修图工具,进行画面的完善。比如,运用仿制图章工具,对女孩头发的发尾定义图章,在新建图层上进行图章应用,延长女孩头发使其覆盖背景图上的头发,当然,也可以采用不同的修图设计,如图 2-57 所示效果。

图 2-57　画面修补

另外,针对本案例由灰度到彩色的着色调整,还有一种相反的色彩需求情况,是从彩色到黑白灰的色彩要求,我们可以通过"图像—调整—黑白(或去色)"来做无色处理。当选择为"黑白"时,可以调出"黑白"窗口,对具体的黑白层次做更细致的设置。通过拖动不同的颜色调整滑块,会对原图中相应的颜色成分带来影响。比如图片中红色与黄色的成分较多,如果拖动红色(黄色)滑块向左,会使红色(黄色)较多的区域更暗甚至为黑色;而向右拖动则使红色(黄色)区域更亮甚至为白色。对于画面缺少的颜色,比如绿色,拖动对应的绿色滑块几乎没有明显的变化。

总之,PS软件的图像处理功能非常强大,这里由于篇幅所限,只是抛砖引玉。当然啦,要想掌握PS的更多技巧和方法,还需要更多的创意、想法和练习!

■ **研习任务**

◇ 根据教材的案例进行练习制作,鼓励创意创新的习作。

◇ 使用美图秀秀制作三幅图片。

◇ 自行创意,并使用Adobe Photoshop合成图片。

2.6 音频素材的加工处理

一段配乐诗朗诵、一段声画同步的播放为教学增色不少。其中音频处理也是教学素材加工的一个技术环节。当前比较流行的工具有:PPT中的音频处理功能、Audacity、GoldWave、Adobe Audition(Au)等各类音频处理软件,它们通过改变音量大小、音色、声调、混音、录制、音量增益、音频截取、节奏快慢调节、声音淡入淡出等处理达到音频素材加工处理的目的。下面我们就PPT中的音频处理功能、Audacity和Adobe Audition(Au)的使用方法进行概述。

2.6.1 PPT中的音频处理

有时我们并不需要对音频进行特别复杂的加工处理,只是简单的剪辑工作和音量大小的调整,就可以直接使用PPT中的音频处理功能。

第一步:导入音频素材

新建PPT文件,选择"插入—音频"导入一段音频素材,比如"大约在冬季.mp3",选择音频图标,单击"播放"进入音频编辑功能板块。如图2-58所示。

第二步:剪辑音频

选择"剪辑音频"打开剪辑音频对话框,绿色滑块表示起始点,红色滑块表示结束点,移动这两个滑块的位置任意裁剪音频,并配合播放键按钮进行预览,也可以在"开始时间""结束时间"分别输入起始时间,如图2-59所示。

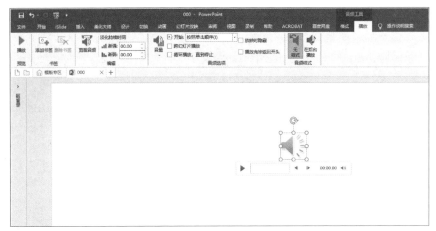

图 2 - 58　导入音频

图 2 - 59　剪辑音频

设置"渐强(或淡入):10;渐弱(或淡出):10"预览声音效果,发现声音音量由轻至重缓慢过度,再由重渐轻到结束,这是声音的淡入淡出效果。

第三步:设置音频选项

选择"音量",可将音频设置为低、中等、高、静音;选择"开始",分别有"按照单击顺序、自动、单击",若想进入该画面时声音响起,可以选择"自动";若选择"跨幻灯片播放",则表示连续播放幻灯片时,声音同步播放;若播放幻灯片时,不出现声音小喇叭,则可以选择"放映时隐藏"。

第四步:使用音频书签

单击声音小喇叭图标,点击播放按钮开始播放音频,在音频的要点处暂停,然后点击"添加书签",观察音频播放条上出现的小黄点,提示已为该音频节点添加书签。

预览该页面,可观察播放进度条上已添加的书签,方便使用者随时点击该书签直接跳转到声音节点上,书签可根据需要添加多个,也可删除书签,如图 2 - 60 所示。

图 2 - 60 音频书签

下面我们利用音乐书签配合 PPT 中的触发器功能进行定位播放。首先进行页面绘制,插入"Question1""Question2""Question3"文本框以及相应的文字及图片,如图 2 - 61 所示。

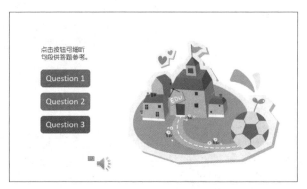

图 2 - 61 页面绘制

随后插入音频文件,选择音频文件进入"播放"菜单,勾选"放映时隐藏"选项,这样为了美观起见,预览播放时不出现音频播放器,如图 2 - 62 所示。

回到编辑页面,选择音频播放条,点击播放按钮播放听力片段,仔细听片段在与"Question1"相关的句段开始处停止,在"播放"菜单下,点击"书签"按钮,为"句段 1"添加标签。如图 2 - 63 所示。

图 2 - 62　勾选"放映时隐藏"

图 2 - 63　添加标签

继续为"句段 2""句段 3"添加标签,指定播放起始点。将出现三个圆点表示三个标签。在音频播放条上选择第一个书签,在动画菜单下选择"搜寻"动作,接着点击"触发—圆角矩形 4",使"Question1"按钮与书签搜寻动作关联。预览页面,当点击"Question1"按钮时声音跳转到"句段 1",用于提示问题的解答。如图 2 - 64 所示。

图 2 - 64　"搜寻—触发"关联

继续选择"Question2"和"Question3"添加"搜寻"动作,并设置"触发—圆角矩形"选择相应的编号,这样页面上的音频可在点击按钮时跳转到相应的句段。最终效果如图 2 - 65 所示。

2.6.2　Audacity 的使用方法

Audacity 是一款跨平台、免费开源、容易使用的多轨道声音编辑器,用户可到它的官方网站(https://audacity.onl)下载并安装。

■ **Audacity 软件界面**

打开软件界面,左上角是大家熟悉的播放工具面板,如图 2 - 66 所示。它们依次是:暂停键、播放键、停止键、跳至开始位置键、跳至结束位置键、录音键。

图 2 - 65　最终效果

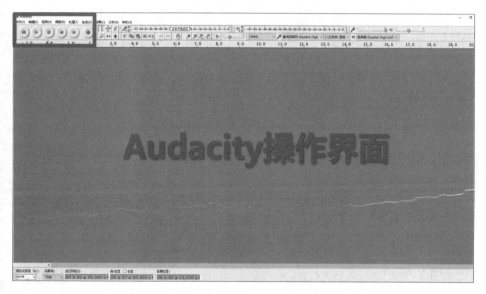

图 2 - 66　Audacity 软件界面

面板右侧是对声音进行编辑的工具,如图 2 - 67 所示。使用选择工具选中音频素材的区间,可以剪切、复制和移动;使用缩放工具时,单击鼠标左键,放大时码区间,单击鼠标右键,缩小时码区间;移动工具可以使音频素材移动;使用包络工具可以在波形上打关键帧,以整体改变音量大小,打多个关键帧可以局部改变音量大小;绘制工具将波形图放大到能看清采样点,就可以对其进行绘制;多功能工具集选择、包络、缩放、绘制于一体。

面板再右侧依然是编辑音频的一些常用工具,如图 2 - 68 所示,它们依次是:剪切(Ctrl + X)即剪切选中的某一段音频;复制(Ctrl + C)是复制选中的某一段音频;粘

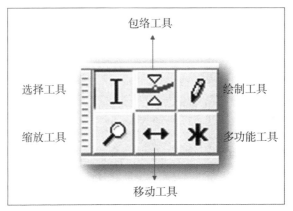

包络工具

选择工具　　　　　　　　　　　绘制工具

缩放工具　　　　　　　　　　　多功能工具

移动工具

图 2 - 67 音频编辑工具

贴(Ctrl + V)即粘贴选中的某一段音频;修剪音频是删除选中的音频之外的音频;静音音频是将选中的音频变为静音;撤销(Ctrl + Z)即撤销上一次的操作;重做是重复上一次的操作;同步锁定轨道则是对多个轨道的素材而言,移动素材的时候,一起同步移动;放大、缩小工具是对所有轨道而言,以方便编辑;适应选区就是针对选中的片段适应时码范围;适应工程是针对整个音频素材而言的适应范围。

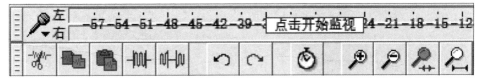

图 2 - 68 音频编辑工具

打开一个音频文件,比如"大约在冬季. mp3",单击音轨左侧向下的小箭头,打开下拉菜单。它包括了对这个轨道上的音频进行处理的各种操作:Name 是对音轨更名;音轨上移、音轨下移;波形和波形(db)呈现音频波形;声谱图以及声谱图(指数式)以频谱的方式呈现音频;左声道、右声道将播放各自声道的声音;翻转立体声两个轨道;分离立体声音轨可以将立体声分离为左声道和右声道;Split Stereo to Mono 则是将立体声分离为单声道;Format 是设定采样格式 16 位、24 位,还是 32 位;Rate 是设定采样率,一般设定为 44.1KHz 就可以啦! 如图 2 - 69 所示。

其中声道分离是经常用到的一个操作,在左侧音频信息面板上边,点击音频名称旁边的下拉按钮,选择"分离立体声音轨"。这时音频会分割成上下两部分,有黄边框的是当前选中的声道,此时左侧标签上显示了是左声道还是右声道;点击音轨左边标

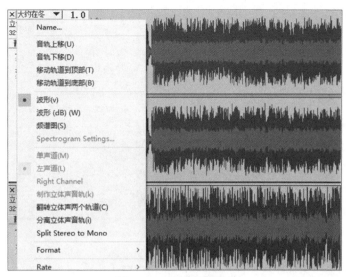

图 2 - 69　音轨编辑面板

签上的"×"按钮删除一个声道,然后点菜单"文件—导出",即可导出单声道的音频,
如图 2 - 70 所示。

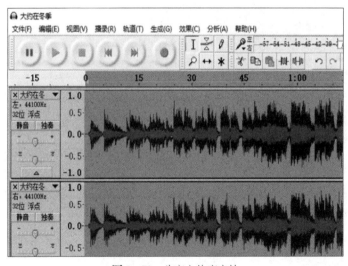

图 2 - 70　分离立体声音轨

■ **录制音频**

选择菜单栏中的"文件—新建",如果你电脑的麦克风正常,此时点击"录音"按
钮,开始发声,录音即将开始。单击"停止"按钮,停止录音。比如你现在要制作一段

诗朗诵,就可以这样操作,朗诵结束时,单击停止键,录制的声音波形就会呈现在轨道上,如图2-71所示。菜单"文件"下还包括打开一个音频文件、导入一个或多个音频文件、导出合成好的音频文件等操作。

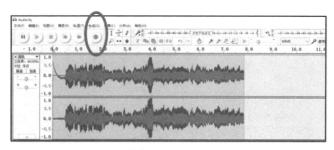

图2-71 录音

此时,如果你需要制作一段配乐诗朗诵,只需要再导入一个背景音乐。选择"文件—导入—音频",选择本地机上的音频文件,软件将其自动添加到下面的轨道上,如图2-72所示。点击"播放"按钮,试听一下配乐诗朗诵的效果,但可能效果并不理想,比如朗诵录音有噪音,背景乐声音或大或小,需要进一步加工处理。

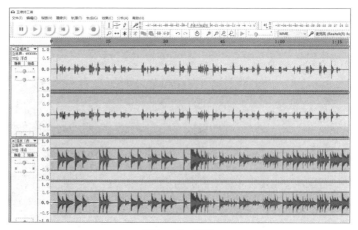

图2-72 配乐

■ 降噪处理

对声音进行降噪处理是音频处理中最常见的一种方法。用鼠标拖动选中声音中的一段杂音,选择菜单"效果—噪声"命令,在弹出来的对话框中,点击"取得噪声特征"命令,对话框消失;然后选择菜单"编辑—选择—全部"命令,再选择菜单"效果—噪声"命令,在弹出来的对话框中,点击"确定"。若还有噪音,可以继续重复以上步骤,如图 2 - 73 所示。

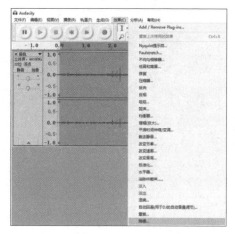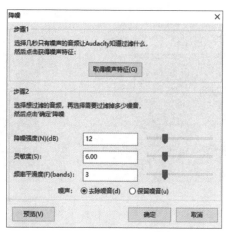

图 2 - 73　降噪处理

■ **调整音量和降调**

导入的背景音乐可能音量较大,需要调整音量大小。选择菜单"特效—增幅"命令,打开音量调节对话框,在弹出来的对话框中,将音量滑块向右拖动,增大音量。反之,减小音量。可以点左下角"预览"按钮试听一下,然后点确定,如果确定是灰色的,打勾"允许破音"即可,如图 2 - 74 所示。

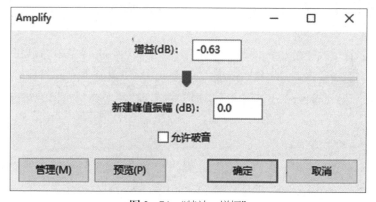

图 2 - 74　"特效—增幅"

声音的降调处理,拖动鼠标选中需要改变音高的部分,选择菜单"效果—改变音高",在弹出来的对话框中,假如将右边音调改为"D",然后点"确定"按钮,再播放音乐,单调已经降低了。通过这个操作,可以实现使声音的音调变高、变低,男声变女声、童声等效果,如图 2 - 75 所示。

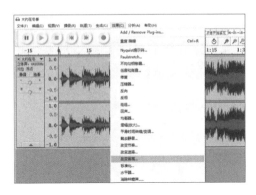

图 2 - 75 变调处理

■ 综合案例:提取伴奏音乐

下面我们通过从一首歌曲中提取伴奏音乐的操作综合应用一下这个软件。

第一步:导入一首歌曲

首先选择菜单"文件—导入—音频",导入一首立体声音乐,比如"大约在冬季.mp3"。

第二步:分离立体声音轨

点击音轨左侧上方的小三角,在打开的面板中选择"分离立体声音轨",对其进行分离之后,立体声变为"左声道""右声道"两个独立的音轨。

第三步:反相处理

在右声道面板空白处单击鼠标,以选中这一轨,然后选择菜单"效果—反相",这个效果的作用就是将声音的相位反相,以达到两个声道由于相位相反,叠加后呈现歌声消除的效果。此时我们只要把"左声道""右声道"都变为单声道就可以实现上述效果。

第四步:变为单声道

同样单击轨道左边上方的小三角,在弹出的菜单中选"单声道",把它们都变成单声道,播放一下效果吧,听是不是消除了歌曲中的原唱,只剩下伴奏音乐啦!

第五步:优化音效

为了获得更好的音效,再次导入同样的音频文件,在刚刚导入文件的面板空白处单击,以便全部选择这个立体声轨道。选择菜单中的"效果—增幅(放大)",将增益(放大倍数)调低 10dB 左右,也就是先缩小它,以防止后面要进行放大而造成失真。

然后再点击"效果/均衡器",将100 Hz的左边和5 000 Hz的右边调高10 dB左右,中间部分降到最低,这个范围比人声的300—3 000 Hz要宽一些,为的是达到更大幅度的消除效果,如图2-76所示。

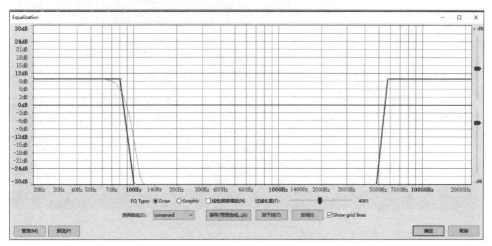

图2-76 "效果/均衡器"

注意:人耳能够听到的声音范围是20—20 000 Hz。人们日常说话时的语音频率在300—3 000 Hz;小于20 Hz的声音叫做次声波、大于20 000 Hz的声音叫做超声波。

2.6.3 Adobe Audition 的使用方法

Adobe Audition(简称Au,原名Cool Edit Pro)是由Adobe公司开发的一个专业音频编辑和混合环境。它为专业人员设计,提供先进的音频混合、编辑、控制和效果处理等功能。下面我们以Adobe Audition 2020版进行简要介绍。

■ **Audition 2020 的操作界面**

首先需要下载并安装Adobe Audition 2020,启动Au软件,初始界面如图2-77所示,包括菜单栏、工具栏、文件、效果组、历史记录、工作区、编辑器面板控制等区域。其官网:https://www.adobe.com/cn/products/audition.html。

■ **新建和保存文件**

第一步:选择菜单栏中的"文件—新建—音频文件",为文件命名,比如"黄鹤楼",采样率48 000 Hz、立体声、位深度32(浮点)位,点击"确定",如图2-78所示。

第二步:点击编辑器面板控制中的小红点"录制"键,此时发音朗诵,即可实时录

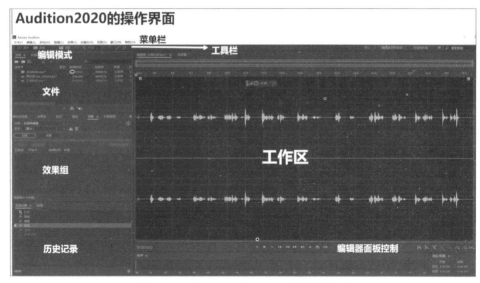

图 2-77　Adobe Audition 2020 的操作界面

图 2-78　新建文件

音,录音结束后,点击"停止"键,停止录音。当然在录音之前,要确保你的录音设备正常,右击你电脑"任务栏"中的声音小喇叭,选择"声音—录制",确认录制的选项麦克风是绿"√"状态;或者在 Au 中选择"编辑—首选项—音频硬件—麦克风",默认输入显示"麦克风"即可,如图 2-79 所示。

第三步:选择菜单栏中的"文件—保存",可选择保存位置、文件格式(包括.aiff/.wav./mp3/.wma)等,设置好之后,点击"确定",如图 2-80 所示。

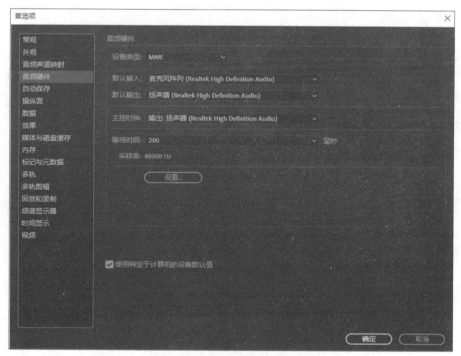

图 2-79　检查"麦克风"是否正常

图 2 - 80　文件的保存类型

■ **文件打开和导入**

选择"文件—打开"或者"文件—导入—文件",将打开音频文件。若打开的是视音频文件,比如 avi、mov、mp4 等格式的文件,音频将会自动分离到音频轨道,视频分离到界面的左下窗口,如图 2 - 81 所示,非常方便同期声的后期配音。也可以选中部分音频,点击"录制"重新配音。

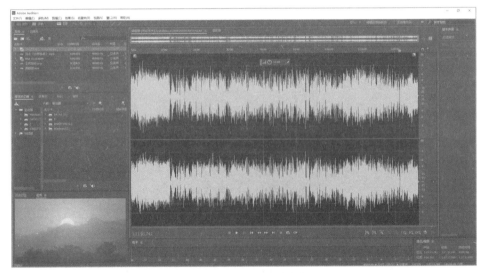

图 2 - 81　视音频轨道分离

■ **两种编辑方式**

Au 实际上提供了两种编辑环境,即"波形"和"多轨"。"波形"视图用于对单独的音频文件进行编辑,操作方法与 Audacity 的声音编辑很相似,其中常用的操作包括:波形的选取、波形移动与复制、波形的裁剪与删除等处理。"多轨"视图用于多个音频混音的编辑处理。你可以单击工具栏中的"波形"或"多轨"按钮,切换到该视图,如图 2 - 82 所示。

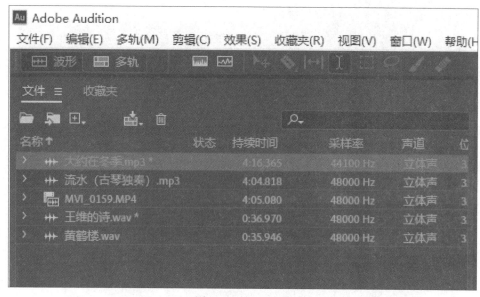

图 2 - 82 波形视图

第一,"波形"视图

打开或导入的音频文件会出现在文件列表下,如图 2 - 82 所示。双击某个文件名进入该音频的"波形"视图,即可对其进行编辑处理。

比如双击"大约在冬季. mp3",进入它的波形编辑窗口,鼠标左右拖动上方的"小秒表"可以改变音量的大小;鼠标拖动左右两侧上方的"小方块"可以制作音频"淡入淡出"的效果;在波形视图中,拖动鼠标选择需要编辑的区域,可对其进行剪切、复制、静音、捕捉噪声样本等处理。若点击下面的小红点"录制"按钮,可对选择区域的音频进行重新录制,如图 2 - 83 所示。

第二,"多轨"视图

点击"多轨",在弹出的"新建多轨会话"面板中输入文件名、文件夹位置、采样率、位深度、立体声等,如图 2 - 84 所示,单击"确定"按钮,进入"多轨"编辑窗口。

此时就可以将刚刚编辑好的音频文件从文件列表中拖放至右侧轨道上进行混音制作。比如将你刚刚录制好的诗朗诵"黄鹤楼"音频素材拖放至混音器的一个音轨

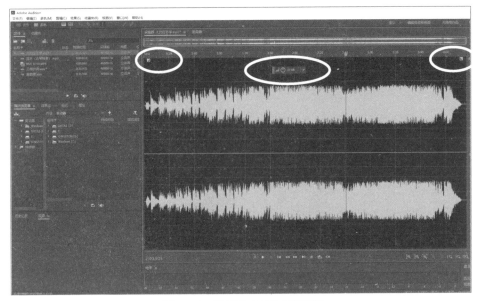

图 2 - 83　波形状态下的音频编辑

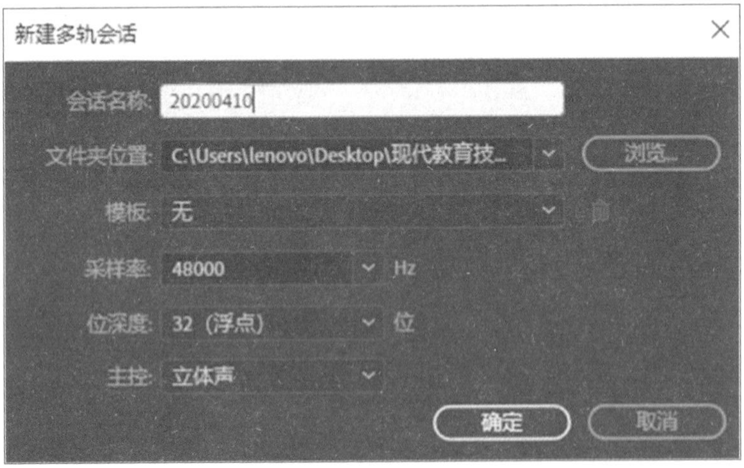

图 2 - 84　新建多轨会话

上;将导入的"流水(古琴独奏)"音频素材拖放至另一个音轨上,如图 2 - 85 所示。

在多轨的编辑状态下,常用工具有移动工具、剃刀工具、滑动工具、时间选择工具等。其中移动工具:移动选中的波形片段;剃刀工具:在单击处分割波形,将一段音频分割为多段;滑动工具:用于滑动选择想要的波形片段;时间选择工具:单击左键选择波形区域,如图 2 - 86 所示。

多轨面板左侧每一个轨道上都有其控制面板,如图 2 - 87 所示。主要包括:音

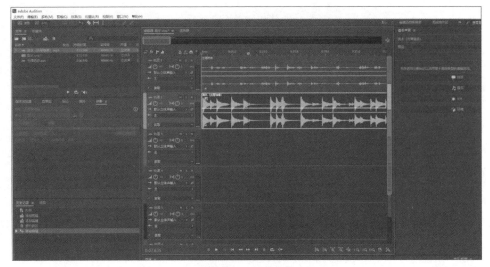

图 2 - 85　混音制作

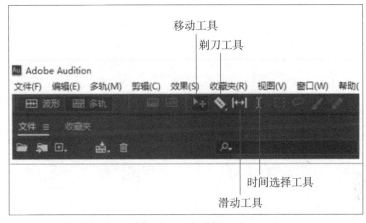

图 2 - 86　音频编辑工具

量旋钮用于音量降低与提升、声相旋钮控制声音在左耳与右耳之间的均衡,以及右边字母 M(静音)、S(单轨独奏)、R(录音准备)等,因此在多轨环境下能轻松实现配音合成。

若需要对某个音轨上的片段进行重新录制,选取重录部分,按下 S 和 R,点击下方的"小红点"录音按钮,即可对这个轨道的这部分音频进行独立重复录制。最后如果不再进行其他的编辑处理,就可以最终导出混缩音频。选择"文件—导出—多轨混音—整个会话",根据对音质的要求选择导出的格式,比如. wav 或. mp3 等格式,如图 2 - 88 所示。

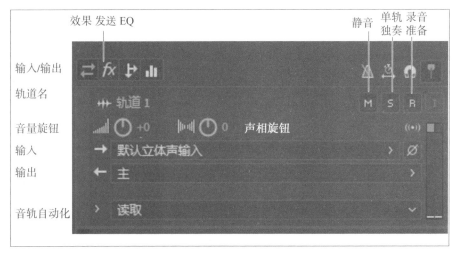

图 2-87　轨道左侧的控制面板

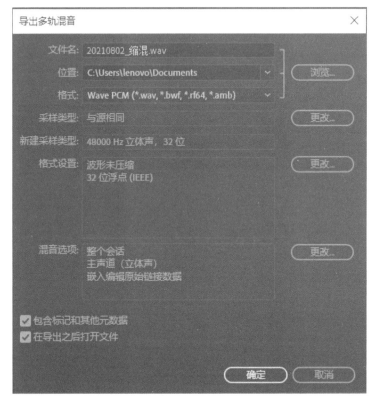

图 2-88　导出合成混音

■ **综合案例：声音优化**

一般情况下，教师在录音或配音制作时，并不具有专业的录音棚，因此录音效果难免单调、干涩，甚至有噪音，但是我们可以通过 Au 的编辑处理，让声音效果变得更加完美。大体方法如下：

第一步：录音

录制一段音频，在开始录制的时候，最好静待 1 秒左右，以便拾取环境噪音样本。

第二步：降噪

录制完成之后，需要进行降噪处理。选取一段噪音，比如开头的这段噪音，然后选择"效果—噪音—捕捉噪音样本"。在波形文件窗口任一点单击，以取消选择。之后选择"效果—噪音/恢复(N)—降噪(处理)"，在弹出的对话框中点击"应用"，Au 就会将样本音作为噪音清除，若还有噪音可以重复以上操作，如图 2 - 89 所示。

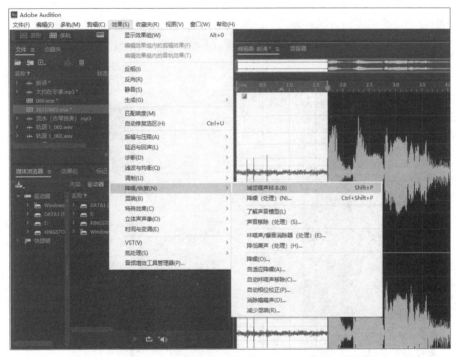

图 2 - 89 降噪处理

第三步：增大音量而又不失真

选择"效果—振幅与压限"，出现次级选项，比如"增幅"是提升或降低音量，它直接改变振幅的大小；"标准化"使音量达到最大化而不失真的程度，如图 2 - 90 所示；"动态处理"可以图形方式显示，能直观地实现压限的改变，以避免声音忽高忽低。

图 2‑90　音量调整又不失真

第四步：人声润色

选择"效果—混响—卷积混响/完全混响/室内混响/环绕声混响"等操作,如图 2‑91 所示。通过设置衰减时间、预延迟时间、扩散与感知(即反射的强度)等参数可以模拟声音在不同环境下的漫反射效果,使声音听起来像来自某个环境的混响音。

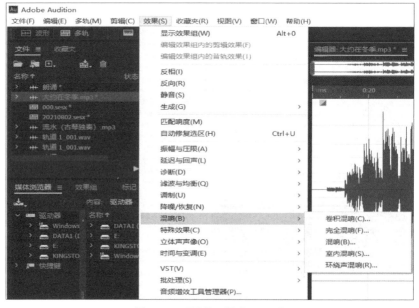

图 2‑91　"效果—混响—……"

选择"效果—延迟与回声—模拟延迟/延迟/回声"等操作,通过设置 delay(延迟时间)和 feedback(回授比例)等参数模拟声音在空间传播中的漫反射效果,使声音更加丰满,如图 2‑92 所示。

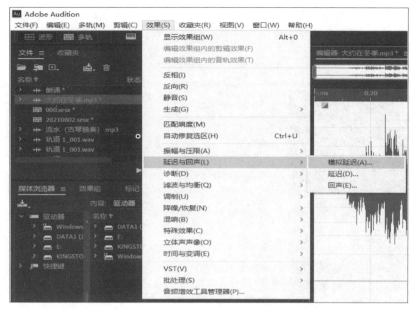

图 2 - 92 "效果—延迟与回声—⋯⋯"

选择"效果—调制—和声/和声/镶边/移相器"等操作,通过设置延迟时间、延迟率、回授和扩展等参数模拟和声效果,如图 2 - 93 所示。

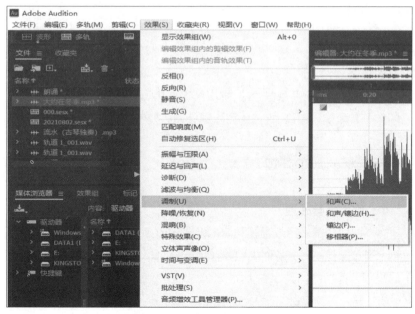

图 2 - 93 "效果—调制—⋯⋯"

单击"效果—时间与变调—自动音调更正/手动音调更正/变调器/音高换挡器/伸缩与变调",能实现声音变速和音调变化等效果,如图2-94所示。

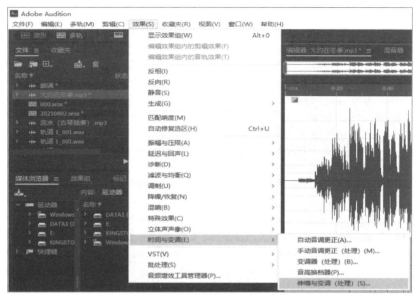

图2-94 声音变速和音调

最后将处理好的声音文件进行导出,选择"文件—导出—多轨混音—整个会话",在导出的多轨混音对话框中为文件命名,设置相应参数,完成最终的音频混音合成并输出。

■ **研习任务**
◇ 找一段歌曲,消除歌曲中原唱,提取伴奏音乐。
◇ 制作一首配乐诗朗诵,重点练习降噪处理以及声音优化。

2.7 视频素材的加工处理

2.7.1 PPT中的视频处理

教师在授课中经常采用教学视频演示以达到形象、直观、有趣的效果。有时我们并不需要对视频进行特别复杂的加工处理,只是简单的剪辑工作,就可以直接使用PPT中的视频处理功能。具体方法如下。

第一步:导入视频素材

新建PPT文件,选择"插入—视频"导入一段视频素材,比如在第一章搜索下载的教学视频,也可以是自己录制的视频。选择视频画面,单击"播放"进入视频编辑板块,如图 2‑95 所示。

图 2‑95 视频编辑板块

第二步:剪辑视频

选择"剪裁视频"打开视频对话框,绿色滑块表示起始点,红色滑块表示结束点,移动这两个滑块的位置任意裁剪视频,并配合播放键按钮进行预览,也可以在"开始时间""结束时间"分别输入起始时间,如图 2‑96 所示。

图 2‑96 剪辑视频

第三步:调整色彩

单击视频画面,选择菜单中的"格式—调整",如图 2‑97 所示。点击"更正"可实现对视频画面的亮度/对比度的调整,点击"颜色"可对视频进行重新着色,点击"海报框架"可以为视频插入一幅开始的画面。

第四步:视频样式

单击视频画面,选择菜单中的"格式—视频样式",如图 2‑97 所示。选择一款你喜欢的样式,比如"棱台框架,渐变",将其样式应用到视频边框上。更多的边框效果可以通过设置"视频形状""视频边框""视频效果"来完成,如图 2‑97 所示。如果再

图 2 - 97　调整色彩—视频样式

选择"插入—形状—基本形状—梯形",把插入的梯形置于底层并放到视频边框的下方,看起来是不是像电视上播放视频的效果! 如图 2 - 98 所示。

图 2 - 98　视频样式

2.7.2　短视频编辑处理

目前社交网络中流行着很多短视频编辑软件,能够帮助大家快速制作短视频,比如剪映、小影、巧影、InShot、快剪辑、抖音等 APP,功能强大、易学易用,非常灵活方便。下面我们结合几个具体的软件进行概述。

■ 剪映桌面端的使用方法

剪映是目前一款非常火热的短视频剪辑软件,有剪映桌面端和移动端两个版本,其官网:https://lv. ulikecam. com,下面我们分别就两个版本的使用方法进行简要概述。

第一步:进入官网或常用软件网站下载剪映桌面端版并安装,我们以剪映专业版 1. 2. 2 为例进行讲解。

第二步：打开剪映专业版，点击开始创作，如图 2 - 99 所示。

图 2 - 99　剪映专业版首页

第三步：点击开始创作之后，进入主界面，如图 2 - 100 所示。左上侧为导入素材区域，右侧为播放区域，下方是将素材拖拽到这里的轨道。

图 2 - 100　剪映主界面

第四步：可以导入一段你用手机拍摄的视频，然后将其拖拽到下方的轨道上，如图 2 - 101 所示。当然也可以根据自己的需求导入更多的本地素材，比如视频、音频、图片等。

第五步：软件本身也为用户提供了素材库，包括媒体、音频、文本、贴纸、特效、转

图 2－101 导入视频

场、滤镜等。比如点击"媒体",再点击"素材库",这里有丰富的视频素材,我们分别选择一个倒计时"3"和"the end"视频拖拽到轨道的最前端和最末端,让它作为视频的片头和片尾,如图 2－102 所示。

图 2－102 素材库利用

第六步:加入转场效果。加入了片头和片尾,还需要加入转场效果才会使场景的过渡自然。点击"转场",这里也提供了大量的转场效果,包括基础转场、云镜转场、特效转场、MG 转场、幻灯片、遮罩转场。选择你喜欢的转场方式,分别拖拽到片头和主题内容、主题内容和片尾之间。

第七步：点击"音频"，用户可以根据自己的需求添加音频文件，音乐素材库提供了大量丰富的音乐，点击试听，将你满意的音频拖拽到轨道上。右侧声音控制面板上有调整音量大小、淡入淡出、变声的处理。

第八步：添加字幕。点击"文本"，选择一种"花字"样式到轨道上，在右侧文本编辑框中输入需要的字幕，如图2-103所示。还可以对字幕使用动画效果，即各种样式的"入场方式""出场方式"。点击"识别字幕""识别歌词"，软件能自动在时间轴上生成字幕文本。

图 2-103 添加字幕

第九步：点击"贴纸""特效"或"滤镜"，选择适合的效果拖拽添加到自己的视频中。

第十步：视频编辑好之后，点击右侧上方的"导出"，设置作品名称、导出位置、分辨率（1080P）、帧率（30fps）、码率（中）、格式（MP4）等参数，也可使用它的缺省设置，单击"导出"，完成最后的作品输出，如图2-104所示。

■ **剪映移动端的使用方法**

手机已经成为人们生活、学习、工作的必备品，浏览咨询、信息获取、生活购物、随时随地地拍照和录像等活动已是日常行为。剪映推出的移动端功能更加强大、使用灵活且方便。以下我们以剪映APP 6.0.0为例简要介绍其使用方法。

首先需要下载并安装剪映APP 6.0.0，进入其界面，如图2-105所示。界面主要包括开始创作、一键成片、图文成片、拍摄、录屏、创作脚本；界面下方有剪辑、剪同款、创作课堂等板块。下面我们结合教学视频处理经常使用的技巧进行简要概述。

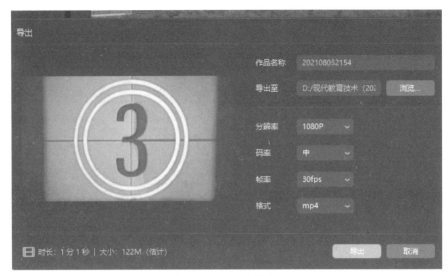

图 2 - 104 导出作品

图 2 - 105 剪映移动端

教学视频创作是根据自己的教学设计与创意,进行相应的搜集、拍摄、录制教学视频以及图片、音频素材等,有些类似于编排这些素材进行教学故事讲解的一个过程,具体的操作过程如下。

第一步:导入素材

点击"＋"进入开始创作界面,将已经准备好的各种素材"添加"进入视频编辑窗口,如图2－106所示。这个例子我们添加了素材库中的片头、片尾以及几段空镜头场景。

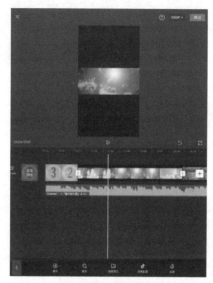

图2－106 导入素材

第二步:素材的组织编排

当我们将各种素材导入软件后,首先需要对各素材的先后顺序进行组织编排,这实际上是教学故事演进的时间线。长按某段素材可以拖拽到前后任意位置,点击两个场景中的"1"进入转场方式的选择,如图2－107所示。

第三步:对当前素材进行编辑

当我们需要对某一段素材进行单独的加工处理时,单击该素材,可通过下方的按钮进行相应的编辑,主要包括分割、变速、音量、动画、删除、智能抠像、音频分离、编辑、滤镜、调节、美化、蒙版、色度抠图等。比如我们对通过"画中画"功能导入的一段绿幕素材"恐龙",通过使用"色度抠图",取色器设为绿色,滑动"强度""阴影"滑块,直至完全将绿色背景删除,如图2－108所示。当然也可以使用"智能抠图"功能,但是效果可能不如"色度抠图"好。

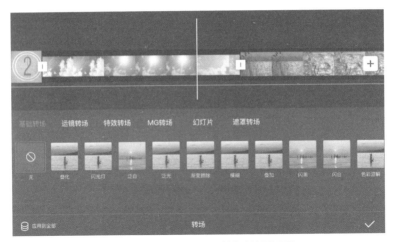

图 2 - 107　素材的组织编排及转场设置

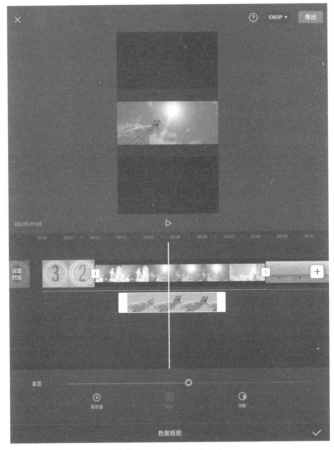

图 2 - 108　色度抠图

第四步：添加效果

当我们处理好每一段素材之后，需要添加其他的一些效果。拖动指针到你需要增添效果的位置，可通过界面下方的选项进行相应的编辑，主要包括剪辑、音频、文本、贴纸、画中画、特效、滤镜、比例、背景、调节等功能，如图2-109所示。

图2-109 添加效果

选择"剪辑"，其操作等同于上一步，相当于对当前的素材进行编辑处理；

选择"音频"可添加音乐、音效和录音，若有抖音账号，还能同步你的抖音账号的收藏音乐。

选择"文本"，可通过新建文本、文字模板、识别字幕、识别歌词的方式添加字幕。

选择"贴纸"，软件为用户提供了大量的贴纸特效。

选择"画中画—新增画中画"，导入新的素材，使得多层画面同时播放，即呈现出画中画的效果，用户可配合使用"剪辑"中的"色度抠图""智能抠图"，实现对绿幕素材或纯色素材的抠图。

选择"特效""滤镜"，其中的效果可应用到当前所指素材中。

选择"比例"，可以改变素材的播放比例，软件为用户提供了多种比例：原始、9∶16、16∶9等。

选择"调节"，可以对素材的亮度、对比度、饱和度、光感、锐化、高光、阴影、色温、色调等进行处理。

如果还需要添加其他素材，则单击播放条上的"＋"，可随时添加新的素材进行再编辑、修改和美化。

第五步：输出结果

制作完成后，设置好相应参数(分辨率、帧率等)，也可使用缺省参数，然后点击右上的"导出"，最终完成文件生成并输出。

此外，在剪映的主界面中选择"一键成片"，将用户所选视频和照片直接按照软件提供的模板生成视频，如果你满意直接导出的视频，即可播放使用。

选择"图文成片"，点击"自定义输入"，输入要创作的视频标题并将文案输入标题下方，软件将自动为用户推荐匹配的图片并生成视频，在此基础上，用户可以进行二次编辑、替换素材等，最终生成满意的作品。

选择"拍摄"，可以使用软件提供的风格、滤镜、美颜、模板等功能进行拍照和录视频。

选择"录屏",可以对手机的屏幕操作进行屏幕录制,同时还可以录制画外音,即你讲解的声音,录屏结束后,文件自动保存在"录屏"的目录下,点击文件可将其导入并编辑制作。

选择"创作脚本",这里提供了很多短视频并配有创作脚本,包括脚本结构、拍摄说明、风景内容、台词,如果你是一个视频制作的初学者,你可以根据脚本自行创作属于你自己的作品。此外,在剪映的主界面上还有"创作课堂",这里有丰富的精彩教程供用户进一步学习。

■ "小影"APP

"小影"APP,也非常易用且功能强大,下载并安装小影 APP,点击视频剪辑,如图2-110 所示,选择相册已有的需要剪辑的视频和图片素材,点击下一步;然后在软件下方,通过分割、旋转、转场、变速等方式进行镜头编辑;选择"音乐",可以添加你想要的音乐,也可现场录音、添加音效;另外将播放头拖至想要加字幕的地方,点击"文字 &特效",输入文字及特效,最后点击保存,选择一种尺寸输出文件,就可以分享到微信和朋友圈了。深入的学习,可参考小影官方网站的视频教程:http://www. xiaoying. tv。

图 2-110　"小影"APP 的功能界面

■ "巧影"APP

"巧影"APP 的视频剪辑功能也很强大,进入其主界面,如图2-111 所示。

单击左侧中央的"＋",首先选择视频比例:16:9(横屏)、9:16(竖屏)、1:1、4:3、3:4、4:5、2.35:1 等,若选择后四种比例,部分素材可能会无法使用。建议选择 16:9 和 9:16 这两种比例。这取决于用户的播放平台,如果是在抖音、快手

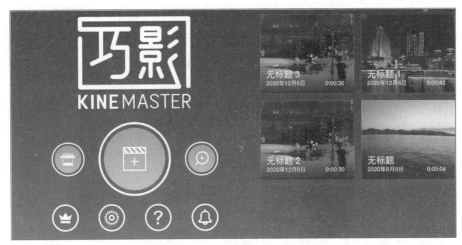

图 2-111 "巧影"APP 的功能界面

上播放,建议使用竖屏拍摄,如果是在优酷、西瓜视频平台上播放,建议使用横屏拍摄。

进入编辑界面,如图 2-112 所示,单击"媒体"可以将已拍摄好的视频、图片素材导入编辑框中;单击"层"可为媒体增加特效、字幕等;单击录音,可根据画面进行配音;点击音频,可添加音乐、音效等。

图 2-112 "巧影"APP 编辑界面

编辑制作完成之后,单击编辑界面右上方的"导出与分享"按钮,即可输出小视频成品。深入的学习,可参考巧影官方网站: https://www.kinemaster.com。

2.7.3 Adobe Premiere 的使用方法

Adobe Premiere,简称"Pr",是由美国 Adobe 公司开发的一款专业的视频编辑软件,广泛应用于广告、电视节目制作,如果你希望深入学习视频处理的技巧,实现按照自己的创意自由创作,那么就有必要掌握 Pr 软件的基本用法。下面我们以 Adobe Premiere CS6 版为例,就其使用方法进行简要概述。

■ 基本界面概述

第一步:运行 Pr 软件,界面如图 2-113 所示,左上方是素材源窗口;左下方是项目窗口,导入文件放置的地方;右上方是节目窗口,视频编辑效果的显示窗口;右下方是时间线窗口,也是视频编辑的地方。

图 2-113　Adobe Premiere 界面

第二步:新建项目

单击"文件—新建项目",这里有两个选项:项目可包含多个序列,每个序列可以有自己的参数;序列也可看作是一个视频素材,与视频文件不同的是每个序列拥有自己的视音频轨道,可以随时进行编辑修改,序列可作为素材嵌套到另一个序列中,这样可简化编排。一般情况下,我们选择"文件—新建项目—项目",在弹出的对话框中设置好文件存储位置、为文件命名,其他选项可以选择默认选项,单击确定即可。

第三步:导入素材

若你已经准备好了视频素材,可以通过"文件—导入"或双击项目窗口空白处,或右键点击项目窗口处,在弹出的菜单中选择"导入"素材,包括视频、音频、图片、字幕等,这里类似于资源管理器,用于显示和管理所有素材,因此最好按素材类型或按场景分类管理导入的素材,如图 2-114 所示。

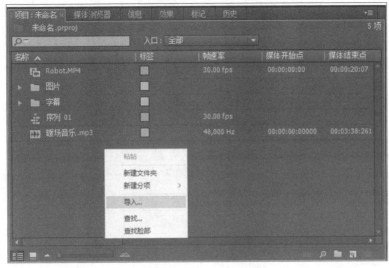

图 2‐114 导入素材

第三步：将素材拖拽至时间线窗口

时间线窗口是视频编辑的工作区域,如图 2‐115 所示,将导入的素材拖拽至此,它将分别占用视频轨道和音频轨道。拖动黄色的"播放头",可浏览查看任何时间点的内容。对轨道上的视频素材进行编辑,则需要时间线面板左侧的工具。它们依次是箭头工具、轨道选择工具、波纹编辑工具、滚动编辑工具、速率伸缩工具、剃刀工具、错落工具、滑动工具、钢笔工具、手形工具、缩放工具,如图 2‐116 所示。熟练掌握这些工具的使用有助于视频编辑的工作效率。

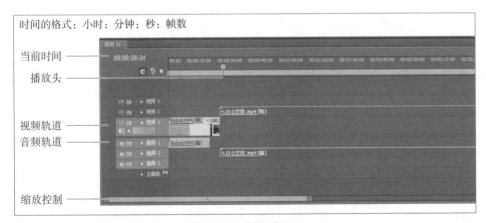

图 2‐115 时间线窗口

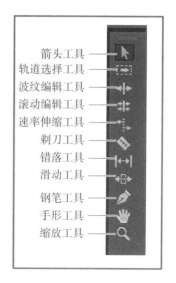

图 2 - 116 轨道编辑工具

◇ 箭头工具：最常用的一个工具,单击任何素材片段,使其处于选择状态。

◇ 轨道选择工具：单击当前轨道可以选中轨道上的所有素材,按住 Shift 单击可以同时选中多个轨道上的素材。

◇ 波纹编辑工具：改变素材持续时间,不影响相邻素材的持续时间(位置会变),素材之间不留空隙。

◇ 滚动编辑工具：调整素材持续时间,会影响相邻素材的持续时间,两个素材总的持续长度不变。

◇ 速率伸缩工具：改变剪辑的持续时间,同时也改变了剪辑的播放速度。

◇ 剃刀工具：将播放头拖至需要分割之处,点击鼠标即可将一整段素材进行分割。

◇ 错落工具：使剪辑的入点与出点同步提前或推后,不改变其持续长度和位置,注意往左拖曳剪辑实际是视频片段在推后。

◇ 滑动工具：前面素材出点和后面素材的入点同步提前或推后。

◇ 钢笔工具：主要用于调节透明控制的变化曲线及其他参数的速度变化曲线等,通过在曲线上单击鼠标增加关键帧,然后调整它的位置实现变化。比如可以设置淡入淡出等效果。

◇ 手形工具：当轨道内容很多时,用于把不可见区域平移到可见区域,以便更好地编辑。

◇ 缩放工具：适合局部放大或缩小所选择的素材。鼠标单击放大,按下 Alt 的同时单击鼠标是缩小。

右键单击轨道上的一段素材,选择素材速度/持续时间,弹出其对话框。提高速度,比如150%,实现快速播放的效果,勾选倒放速度,实现倒放效果,如图2-117所示。

图2-117 改变播放速度与持续时间

单击视频素材,然后选择"素材—解除视音频链接",即实现视音频轨道的各自独立,也可以右击视频素材,在弹出的菜单中选择"解除视音频链接"。

第四步:素材源窗口的使用

双击项目窗口中的某一素材,它将在素材源窗口中显示出来,如图2-118所示。面板下方的按钮依次是:添加标记、标记入点、标记出点、跳转入点、逐帧退、播放/停止切换、逐帧进、跳转出点、插入、覆盖。主要目的是将截取的视频素材导入时间线面板的编辑轨道之中。比如点击标记入点就是要截取视频起始的位置、标记出点就是结束的位置,然后点击插入,就会将入点和出点之间的视频插入到时间线面板上的当前轨道之中。

点击素材源窗口中的"特效控制台",通过按下各参数旁边的小秒表,可以在不同的时间点打关键帧,以设置运动特效、视音频特效和过渡特效等,如图2-119所示。

运动特效的设置,可通过设置关键帧,实现位移、缩放、旋转等变化。如图2-120所示。其中,位置:默认显示素材定位点位于画幅正中央的坐标值;缩放比例:默认100%,等比例缩放;旋转:围绕定位点旋转,是二维方向的旋转;定位点:即图片的轴心点,默认是素材的中心点;抗闪烁过滤:一般用于在高速移动或高速旋转区域设置高抗闪烁过滤值,尽量减小闪烁的程度。

"时间重置"可用于改变素材片段的播放速度,实现素材片段的快放、慢放、倒放等,只改变视频速度,对音频不起作用。速度加快,持续长度变短;速度减慢,持续长度变长;速度关键帧可拆分,使速度的变化平缓。具体操作如下。

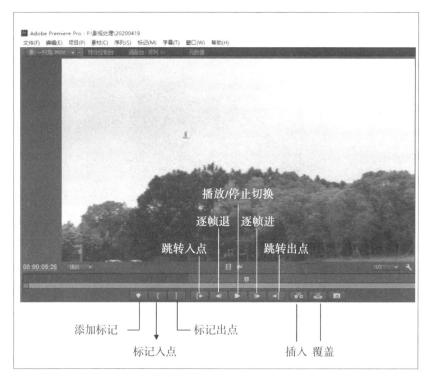

图 2 - 118 素材源窗口

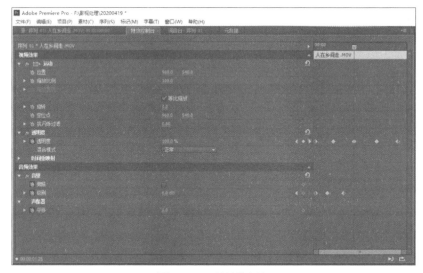

图 2 - 119 特效控制台

图 2 - 120　运动特效设置

第一步：在项目面板上双击该段素材，然后在素材源窗口点击"特效控制台"。

第二步：点击时间重映射，点击速度左边的秒表，以开启关键帧设置功能。

第三步：将播放头向右移动，可以打两个关键帧。点击并按住鼠标，可以将设置的关键帧进行拆分。

第四步：点击工作区中的钢笔工具，将鼠标移至第一关键帧的左侧，并向上拖动直线，将速度提升至 200%。

第五步：将播放头拖至第二个关键帧的右侧，然后用钢笔工具将直线向下拖动至 50%。这样就实现了先以 2 倍的速度播放，然后是正常速度，之后是 50% 的慢速进行的效果。如图 2 - 121 所示。

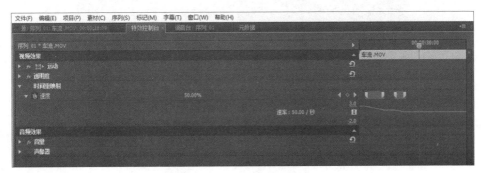

图 2 - 121　"时间重置"界面

若获得透明叠加效果,点击上面的轨道,然后单击"特效控制台",降低其"透明度",使得上下轨道的内容均可见,以达到叠加效果,如图 2 - 122 所示。

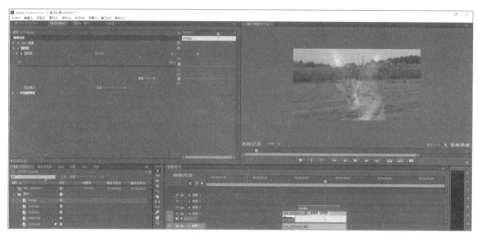

图 2 - 122　叠加效果

　　第五步: 节目窗口的使用

　　节目窗口是视频编辑效果的预览,它的面板下方的控制按钮与素材源窗口非常相似,只是三个按钮的功能不一样,它们分别是提取、提升和导出单帧,如图 2 - 123 所示。其中"提升"是将时间线上所激活轨道的入点到出点的片段抽走,会留下空白;"提取"是将时间线上所激活轨道的入点到出点的片段抽走,不会留下空白,后面素材会自动前移;"导出单帧"是将单帧画面导出文件。

图 2 - 123　节目窗口

■ "黑场"制作

这个案例我们利用"黑场"制作一个淡入淡出的效果,具体操作如下。

第一步:导入一段视频,并将其拖放至视频 1 轨道上。

第二步:在项目面板中,单击右键,选择新建分项,建立一个黑场,并将其拖放至视频 2 轨道之上。

第三步:单击黑场,使其处于选中状态。在素材源窗口中,单击特效控制台,点开"透明度",在起始位置添加第一个关键帧。向右拖动播放指针一段距离,添加第二个关键帧,并将此处的透明度调至 70%;再向右拖动播放指针一段距离,添加第三个关键帧,并将此处的透明度调至 0%,完全透明使下层轨道的内容可见。

第四步:重复上述步骤,依次设置后面的关键帧,透明度设置为 70%、100%,以使下层轨道内容完全隐去。这也是一个"黑天—白天—黑天"的效果,如图 2 - 124 所示。

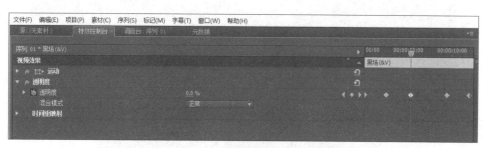

图 2 - 124 "黑场"中的关键帧设置

■ 抠像效果

视频作品当中有很多炫酷的特效是通过 Pr 的特效完成的,它们在项目窗口的效果栏下,主要包括音频特效、音频过渡、视频特效、视频切换等,如图 2 - 125 所示。

其中,视频特效应用最为广泛,主要功能包括:变换、图片控制、实用、扭曲、时间、杂波与颗粒、模糊与锐化、生成、色彩校正、视频、调整、过度、透视、通道、键控、风格化等,每一种特效又包含多种类型的特效。

应用方法非常简单,选择其中一种特效,直接拖曳到时间线面板的素材上或者拖曳到特效控制台,即可将该特效应用到当前素材上,适当调整相应的参数会得到不一样的效果,如图 2 - 126 所示。

其中教师出镜讲解并配有 PPT 演示或场景是最常见的一种制作方式。"键控"特效中的颜色键、蓝屏键、色度键就是将指定的某种颜色透明,通过相似性和屏蔽度等来控制透明的范围,实现高级的透明叠加,最终实现抠像效果。

我们以"颜色键"为例进行教师的出镜抠像合成。

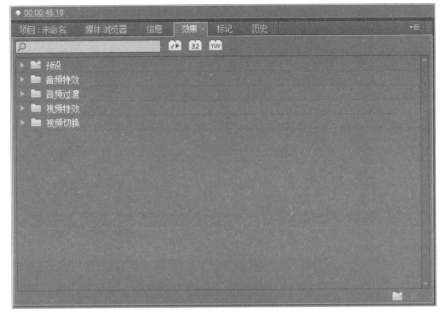

图 2 - 125 特效面板

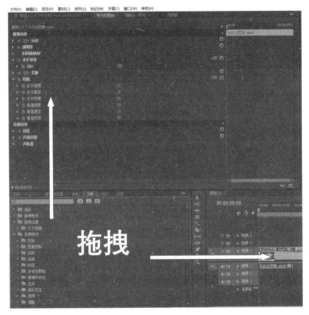

拖拽

图 2 - 126 施加"特效"

第一步：将背景视频或画面导入 Pr，并拖入视频 1 轨道上。

第二步：在绿色背景下录制教师讲解视频，并将其导入 Pr，拖至轨道 2。

第三步：点击视频 2 轨道，即教师出镜讲解视频，将项目面板中的"效果—键控—颜色键"效果拖至轨道 2 上，将颜色键的效果作用在该视频素材上；随后在特效控制台面板中，单击主要颜色旁边的吸管工具，点击绿布背景，将主要颜色设置为绿色，然后调整颜色宽容度，完成抠像效果，如图 2 - 127 所示。

图 2 - 127 使用"颜色键"抠像

■ **遮罩效果**

如果使用视频特效中的"键控—轨道遮罩键"，还能实现遮罩效果。

第一步：先将要遮罩的图拖至视频 1 轨道上。

第二步：点击菜单栏中的"字幕—新建字幕"，在打开的字幕面板中选择椭圆工具，如图 2 - 128 所示。制作一个椭圆，此时在项目面板中将会自动建立一个"字幕 1"，将"字幕 1"拖至视频 2 轨道上。

第三步：在特效面板中，将"键控—轨道遮罩键"拖至轨道 1（大猩猩）上，并在其特效控制台上，选中"视频 2"，这样就可以看到遮罩效果，如图 2 - 128 所示。

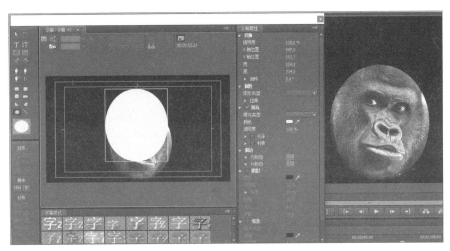

图 2‑128 "字幕—新建字幕"及遮罩效果

第四步：若要实现遮罩效果的动画,可以选择"字幕1"轨道,在其特效控制台上设置"移动"或"缩放比例"的关键帧即可,如图2‑129所示。注：设置关键帧,需要点击一下位置或缩放比例旁边的"小秒表",移动右边的黄色播放头,在希望设置关键帧的位置处打点,然后改变位置或缩放比例。你可以根据需要打多个关键帧,播放视频的时候,动画则根据关键帧的变化进行相应的动态变化。

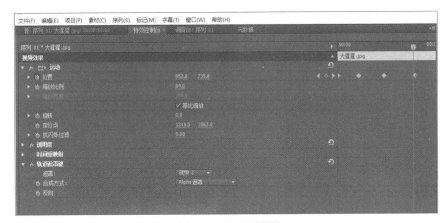

图 2‑129 设置关键帧

此外,视频特效中的"色彩校正"也是经常使用到的功能,通过调整视频素材的颜色、亮度和对比度,达到校色效果。

■ 转场效果

视频切换特效是指相邻两帧之间通过过渡来切换,一般用于实现转场效果;默认过渡是交叉淡化,即前面素材淡出,后面素材淡入,右击选中的过渡特效,可将其设置为默认过渡。项目面板中的"效果—视频切换"包括3D运动、伸展、划像、卷页、叠化、擦除、映射、滑动、特殊效果、缩放等。选中切换方式,将其拖至两段视频衔接之处;双击切换方式,可对选用的切换方式做进一步的设置,比如持续时间、切换起始位置以及对齐方式等。开始于切点,是后面素材的开始位置;居中于切点,是两个素材的重叠部分;结束于切点则是前面素材的结束处,如图2-130所示。注意:作品中添加的过渡种类不宜太多,应有规律地变化,在视觉上保持连贯性和一致性,尽量过渡自然。

图 2-130　转场效果

■ 录音

有时我们需要对着视频画面进行后期配音或对不完美的同期声进行重新录制,这些都需要录音功能。具体操作如下,如图2-131所示。

第一步:点击素材源窗口中的"调音台",按下指定轨道的录音按钮,比如音频1上方的R,使其处于录音准备状态。

第二步:点击调音台底部的录制按钮,使其处于闪烁状态。

第三步:按下空格键开始录音,再次按下空格键结束录音。

在对应音轨上可看到刚刚录制的声音波形,同时在项目窗口会自动生成对应的音频文件。

■ 字幕制作

字幕制作有三种方法:"新建字幕—默认静态字幕""新建字幕—默认动态字幕""新建字幕—默认游动字幕"。

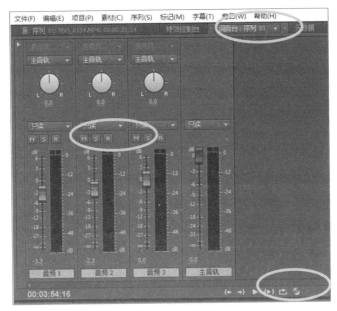

图 2 - 131　录音

单击"新建字幕—默认静态字幕",左边的工具栏不仅可以输入文字,还能编辑简单的图案;通过字幕的大小、字体、属性、字幕样式等设置字幕。建立好静态字幕后,将字幕拖放到适当的轨道,即可完成字幕的添加,如图 2 - 132 所示。

图 2 - 132　静态字幕

单击"新建字幕—默认动态字幕",在弹出的字幕编辑窗口中,选择左边工具栏里的 T,进行文字输入,比如"美丽的世界"字样;在字幕编辑窗口中,单击滚动选项,出现"滚动/游动选项",选择字幕类型;字幕从下往上滚动、字幕自右向左滚动、字幕自左向右滚动;然后勾选"开始于屏幕外"和"结束于屏幕外",即可实现字幕滚动的效果;关闭字幕窗口,并将做好的字幕从项目窗口拖至需要添加视频的轨道上,完成动态字幕的制作,如图 2-133 所示。

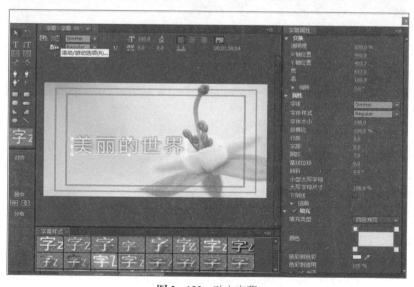

图 2-133 动态字幕

字幕制作注意事项：内容要简洁、显示要清晰、文字与背景对比要强、行间距和字间距要合适；字幕运动速度不宜太快，必须能看清楚，字幕要与画面同步。同时尽量避免大段文字，文字多时采用逐行显示。

■ 作品输出

最后将编辑好的视频作品进行文件导出。选择"文件—导出—媒体"，设置参数，如图 2－134 所示。文件格式根据需要选择：AVI、FLV、F4V、H. 264、Windows media、MPEG4，但要保证输出视频的清晰度；勾选"导出视频和导出音频"；点击输出名称的位置，为文件命名；在源缩放处，建议选择"缩放以合适"选项，在源范围处，选择"整段序列或工作区域"。设置好各个参数之后，最后单击导出，完成文件的最终输出。

图 2－134　导出设置界面

注意：若编辑的原始素材高清，为了使生成文件容量缩小，建议采用以下参数设置，格式选择 Window media；勾选"导出视频和导出音频"；点击输出名称的位置，为文件命名；在源缩放处，更改输出大小匹配源；在源范围处，选择整段序列或工作区域；最后单击导出，完成文件合成输出。

■ 研习任务

◇ 练习拍摄不同景别的画面或视频，包含远景、全景、中景、近景、特写等。

◇ 利用一款你喜欢的手机视频剪辑 APP 制作一段微视频，不少于 3 分钟。

◇ 使用手机录制三段小视频，然后利用 Pr 进行剪辑合成，不少于 3 分钟。

2.8　动画素材的加工处理

2.8.1　PPT 中的动画处理

　　教学课件中的动画演示已成为不可或缺的教学元素,目前 PPT 中制作动画的功能已很强大,若你能熟练掌握相关技巧,相信一定能做出符合教学需求的动画。

■　添加动画

　　方法一:单击选择页面中的对象,然后单击菜单栏中的"动画",PPT 中将动画类型分为"进入""强调""退出""动作路径"四种,每一种类型又包含多种方式,如图 2 - 135 所示。你可选择其中一种方式单击,这种动画效果就会添加到这个对象之上。比如选择了"擦除"动画,之后再选择"效果选项",就是选择以什么方向进行擦除动画。

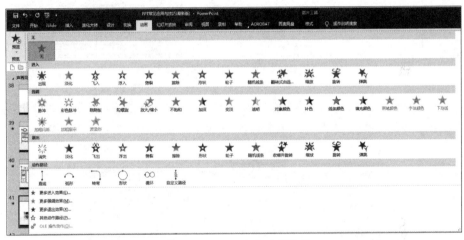

图 2 - 135　PPT 中的动画类型

　　方法二:单击选择页面中的对象,选择高级动画中的"添加动画",从众多类型的动画方式中选择一种,即完成添加动画。如图 2 - 136 所示。

图 2 - 136　添加动画

在众多的动画类型当中,若灵活应用路径动画,能做出很炫酷的动画效果,比如直线路径、弧线和转弯路径、形状和环形路径、自定义路径等,点击"其他动作路径"还会出现更多的路径,如图 2 - 137 所示。

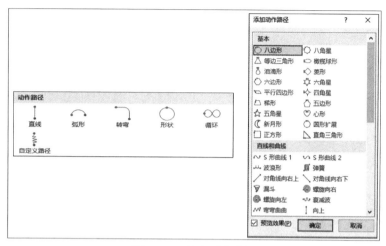

图 2 - 137　添加动作路径

点击"动画窗格",动画窗格将在你的页面右侧呈现出来,有利于页面中多个动画的编辑,如图 2 - 138 所示。在动画窗格中,动作的添加按动作效果设置的先后顺序

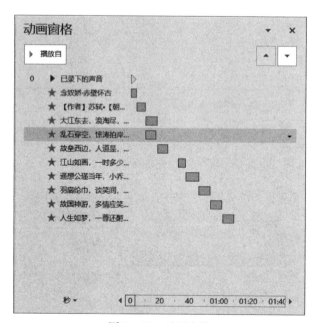

图 2 - 138　动画窗格

排列,但在具体制作过程中,有时动作效果顺序需要调整,这时,需要手动地调整动作顺序。可以通过动画窗格右上角的上下箭头调整顺序,也可以移动鼠标,当鼠标变为上下双向箭头时,上下拖动动画条,即可实现顺序的调整。

■ 触发器的使用

在高级动画中的"触发"多用于实现交互效果,比如教师在 PPT 的讲解过程中经常会有一些提问环节,让学生回答,以增加师生互动,活跃课堂气氛。此时需要设计触发器,点击它才会出现相应的内容。在一页幻灯片中的元素,其中文字、文本框、图片、图形、按钮等都可以作为触发器,它就像一个开关一样,可以触发播放动画、视音频等。具体做法如下,如图 2-139 所示。

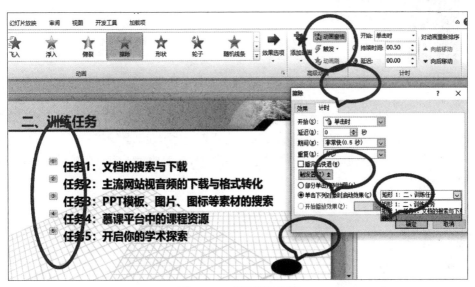

图 2-139 触发器的设置

第一步:给对象设定动画,比如为文本添加"擦除"动画。

第二步:插入要作为触发器的元素,比如一个椭圆形。

第三步:单击动画的对象,然后选择"高级动画"中的"触发—通过单击—椭圆1",这样椭圆 1 就成为了动画的触发器;另一种方法是点击"动画窗格",右键单击要触发的动画,选择"计时",在弹出的对话窗口中选中"触发器",选择"单击下列对象时启动效果",选择"椭圆 1"。此时,播放当前页时,当你点击椭圆形时,相应的动画才开始播放。

利用触发器可以为自定义动画设置播放条件,从而实现"判断""选择"等效果。结合触发器的功能还能设计多样的教学交互形式,活跃课堂氛围。下面我们再制作一个图示加标注的动画。具体操作如下。

第一步：选择"插入—图片"，在当前页插入一幅图画，然后在其旁边，再插入一个文字标注来说明这幅图画。选择"插入—形状—标注"，选择一种形状插入，右键单击形状，编辑文字，将说明这幅图画的文字输入在形状框内。

第二步：选择"形状框"，为其添加进入动画，选择"添加动画—擦除"。点击"触发"选择"单击—图片"完成操作。观察"动画窗格"面板，可见"形状框"动作受触发器控制。如图 2-140 所示。

图 2-140 触发器设置

第三步：选择图画，为该画添加强调动画，选择"强调—放大/缩小"。点击"触发"选择"单击—图片"，实现图画触发放大的效果。此时在动画窗格中可见，图画触发了两个动作。在缩放动作的效果选项对话框中，设置放大比例为 250%。预览页面可见山水画点击后自己放大的效果，如图 2-141 所示。

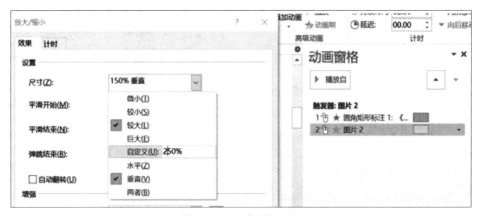

图 2-141 添加强调动画

再比如，在英语教学中按照中文单词提示，拼写英文单词字母。单击正确字母时，字母按路径进入文本框内位置，若点击字母错误，该字母呈现小动效，以提示错误，具体操作步骤如下。

第一步：设置正确字母的动态效果。选择字母"d"，选择"动画—添加动画—路径—直线路径"，在界面中可见"d"字母的动作路径，选择路径的红色结束点，将其拖拽至框内靠左位置，如图 2 - 142 所示。

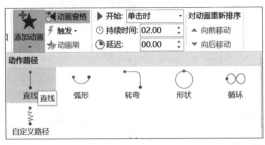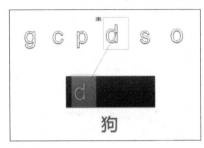

图 2 - 142 为"d"设置直线路径动画

第二步：选择字母"d"，选择"触发器—单击—字母 d 文本"，使字母"d"成为自己的触发器。

第三步：选择字母"o"，选择"动画—添加动画—路径—直线路径"，在界面中可见"o"字母的动作路径，选择路径的红色结束点并将其拖拽至框内中心位置，同样选择字母"o"，选择"触发器—单击—字母 o 文本"，使字母"o"成为自己的触发器。如图 2 - 143 所示。

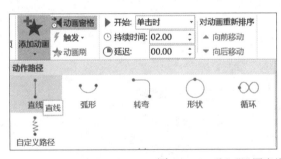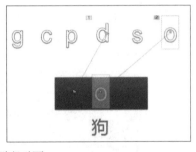

图 2 - 143 为"o"设置直线路径动画

第四步：选择字母"g"，选择"动画—添加动画—路径—直线路径"，在界面中可见"g"字母的路径动作，选择路径的红色结束点并将其拖拽至框内中心位置。选择字母"g"，选择"触发器—单击—字母 g 文本"，使字母"g"成为自己的触发器。预览效果可见，点击正确字母时字母播放路径位移动作，如图 2 - 144 所示。

第五步：设置错误字母的动态效果。选择字母"c"，选择"动画—强调—跷跷板"。再次选择字母"c"，选择"触发器—单击—字母 c 文本"。预览效果可见，点击"c"字母时字母播放跷跷板动画效果。同样的方法，为字母"p""s"设定效果。如图 2 - 145 所示。

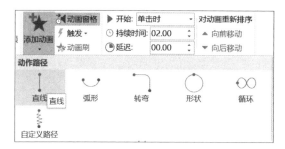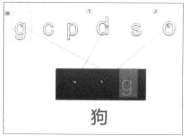

图 2-144　为"g"设置直线路径动画

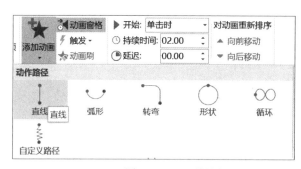

图 2-145　为其他字母选择"动画—强调—跷跷板"

■ **动画计时与播放形式**

动画计时包括"开始""持续时间""延迟","开始"还包括"单击时""与上一动画同时""上一动画之后";持续时间是指动画演示的时间,延迟是指几秒之后开始播放这一动画。如图 2-146 所示。

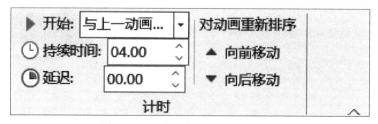

图 2-146　动画计时与播放形式设置

PPT 动作播放持续时间的调整可以通过动画窗格来完成,如图 2-147 所示。

动画编排播放形式可以通过动画窗格来完成,如图 2-148 所示。

■ **水墨晕染**

这个案例是以人教版小学语文四年级下册"忆江南"水墨画特效动态教学素材制作为例进行讲解,具体操作如下。

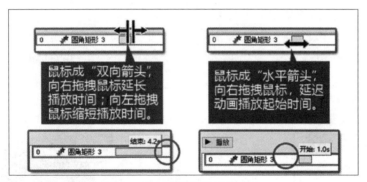

图 2－147 动画持续时间的改变

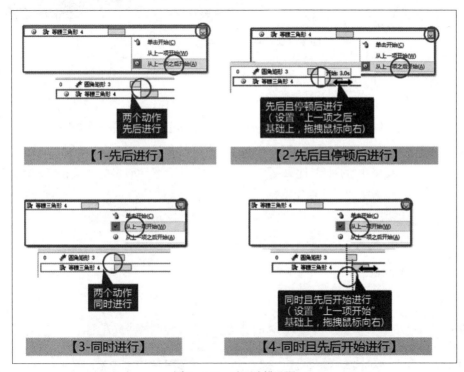

【1-先后进行】

【2-先后且停顿后进行】

【3-同时进行】

【4-同时且先后开始进行】

图 2－148 动画编排设置

第一步：图片素材的准备

从教材或网络上搜索并获取一张"忆江南"的图片，选择"插入—图片"导入"忆江南"图片，对图片进行第一次艺术效果的处理。选择"格式—艺术效果—画图刷"，图片呈现铅笔手绘效果。

再次导入这张图片，做第二次艺术效果的处理。选择"格式—艺术效果—铅笔灰度",图片呈现铅笔手绘效果。

再次导入"忆江南"图片,这次可以不做任何处理。若图片亮度、对比度不够,可以选择"格式—更正—亮度/对比度"进行相应调整。如图 2 - 149 所示。

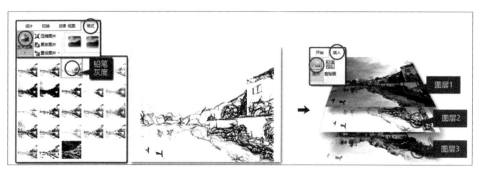

图 2 - 149 插入图片并进行艺术处理

第二步:添加动画

选择"图层 1"铅笔画效果图,添加"退出—形状"动作;选择"图层 2",设置"退出—形状"动画。在动画窗格中选择"图层 1"对应的动作条,单击右键,选择"从上一项开始",动作自动播放;选择"图层 2"对应的动作条,单击右键,选择"从上一项之后开始"。

提示:当页面中的对象,比如图片、文字、线条等元素比较多的时候,精确选择对象会很麻烦,经常会被其他物件所遮挡。这时可以选择"开始—选择—选择窗口",在最右侧点击要编辑的对象,如果还是看不到对象,将它上面对象的"小眼睛"关掉;如果是编辑动画,单击"动画—动画窗格",即可对相应的对象进行动画编辑。如图 2 - 150 所示。

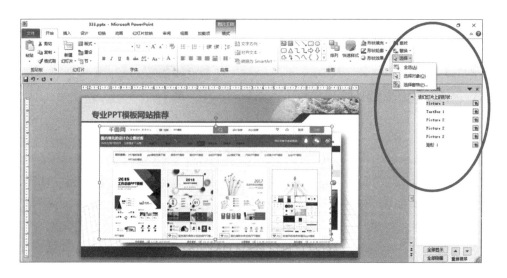

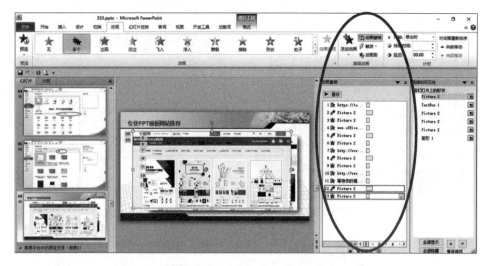

图 2 - 150 选择窗格和动画窗格

■ **模拟运动镜头**

通过 PPT 中的动画设置,模拟摇镜头的视角效果,具体操作步骤如下。

第一步:新建 PPT 文件,选择"插入—图片",比如插入一幅"教堂.jpg"图像,选择图像,在"格式—大小"中输入"宽度 35",放大图像使其大于 PPT 页面。继续选择"教堂.jpg"图像,点击"格式—对齐"分别选择"左右居中"和"底端对齐",完成图像的导入和设置,如图 2 - 151 所示。

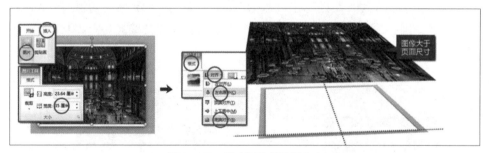

图 2 - 151 导入图像并设置大小

第二步:选择"教堂.jpg"图像,点击"动画—添加动画—动作路径—形状"为图像添加"环形"的动作路径,观察图像上面的环形路径图示,图像将按路径做环形轨迹运动,以模拟摇镜头的视角效果。在动画菜单中选择"动画窗格",观察在界面右侧的浮动面板中弹出的"动画窗格"窗口,将鼠标放置于"黄色"条块右侧,拖拽鼠标向后,拉长黄色条块长度至 16 秒,观察动作速度变慢效果,如图 2 - 152 所示。

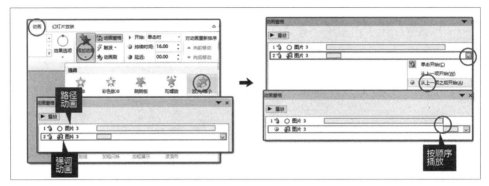

图 2 - 152 添加路径动画并调整播放顺序

第三步：继续选择"教堂.jpg"图像,选择"动画—添加动画—强调—放大/缩小",观察"动画窗格"中的两个动作效果。选择"放大/缩小"动作的下拉菜单,选择"从上一项之后开始",观察黄色条块的分布,如果下方条块在上方条块的结束位置开始,表示"放大/缩小"动作在"路径动作"之后进行,如图 2 - 152 所示。

第四步：将鼠标放置于"放大/缩小"动作的"黄色"条块处,拖拽鼠标向右,拉长进度条长度至 24 秒,观察动作速度变慢效果。预览动画若发现"动作路径"动作呈"从慢到快"的渐变,选择"动作路径"动作的下拉菜单,选择"效果选项",在对话框中设置"平滑开始"和"平滑结束"的值分别为 0,使动作匀速进行,但需鼠标单击控制播放,如图 2 - 153 所示。

第五步：选择"动作路径"动作下拉菜单,选择"从上一项开始",动画预览效果为自动播放动画。"路径＋缩放"两个动作按顺序进行,完成模拟镜头的效果,如图 2 - 153 所示。

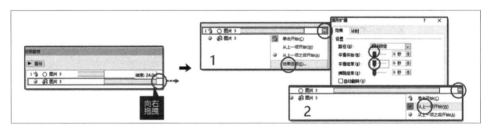

图 2 - 153 调整动画速度和设置播放形式

PPT 中动作路径效果选项的具体参数,如图 2 - 154 所示。

◇ 平滑开始：动作速度由缓至快,动作加速。

◇ 平滑结束：动作速度由缓至快,动作减速。当"平滑开始"和"平滑结束"值为

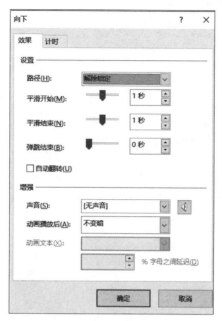

图 2 - 154　动作路径效果

"0"时表示匀速运动。

◇ 弹跳结束：动作结束后有回弹效果。

◇ 自动翻转：动作结束后，按原来的动作倒回播放。

■ 提取公因式

下面我们制作提取公因式 $ab + cb = b(a + c)$ 的动画效果，具体步骤如下。

第一步：首先在页面中输入几个文本框及内容，2 个"a + c"、4 个"b"、" = ""( )"，并摆放好位置，如图 2 - 155 所示。

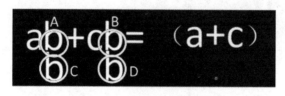

图 2 - 155　输入文本并摆放位置

第二步：同时选择 A、B 位置的"b"字母，为这两个"b"字母添加"强调—脉冲"动作，在计时选项中设置"重复"为 2 次，设置动画播放形式为"从上一项开始"。可看到等式上的两个 b 字母同时闪烁的动态。如图 2 - 156 所示。

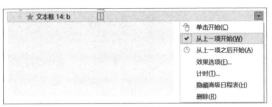

图 2‐156 添加"强调—脉冲"动作

第三步：同时选择 C、D 位置的"b"字母，为这两个"b"字母添加"浮入"动作，方向向下。设置动画播放形式为"从上一项开始"。可看到等式上的两个 b 字母从 A、B 位置往下分离的动态，如图 2‐157 所示。

图 2‐157 为"b"字母添加"浮入"动作

第四步：选择 C 位置的字母"b"，添加直线动作路径，并调整直线路径的结束点位置，设置动画播放形式为"从上一项之后开始"。同样为 D 位置的字母"b"添加直线路径动作，并调整结束点位置，设置动画播放形式为"从上一项开始"，如图 2‐158 所示。可见两个"b"字母往等式右边移动并重叠在一起的动态。

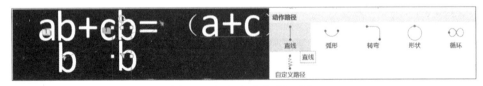

图 2‐158 添加直线路径动作

第五步：选择等式左边的字母"a + c"，为字母"a + c"添加"强调—脉冲"动态，表示强调。再选择等式右边的"a + c"，设置动画"进入—淡出"，设置动作播放形式为"上一项之后开始"，最终完成动画设置。

■ 昆虫挑选赛

我们以小学科学教材中的昆虫识别为内容进行动画制作，具体操作步骤如下。

第一步：首先从互联网中搜索蝴蝶、甲虫、蜘蛛、蜗牛、蜻蜓、蜈蚣等昆虫图片，然后插入当前页。选择"插入—形状—椭圆"，按 Shift 键的同时，画出一个圆，填充为浅蓝色。再绘制一个小圆，并输入文字"昆虫"，如图 2 - 159 所示。

六种动物中有几个属于"昆虫"？
点击正确的将归入圆形中。

昆虫

图 2 - 159 插入图片

第二步：对答案图像进行分类(蜘蛛、蜈蚣、蜗牛不是昆虫)，选择"蜘蛛"图像，为蜘蛛添加"强调—跷跷板"动作效果，继续为"蜈蚣""蜗牛"添加同样的动作效果，如图 2 - 160 所示。

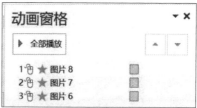

图 2 - 160 添加"强调—跷跷板"动作效果

第三步：选择"蜘蛛"图像，点击"触发—单击—蜘蛛图片"；选择"蜈蚣"图像，点击"触发—单击—蜈蚣图片"；点击"蜗牛"图像，选择"触发—单击—蜗牛图片"。预览页面可见点击这些错误答案时，图片出现跷跷板动效，这是利用这些图片自身触发了自己。

第四步：选择"蝴蝶"图像，为该图像添加"路径—直线路径"动作，调整路径的结束位置在蓝色圈范围之内，如图 2 - 161 所示。

第五步：选择另两个正确答案图像"甲虫"和"蜻蜓"，分别为它们添加直线路径

图 2-161　添加"路径—直线路径"动作

动作,将它们的结束点位置均放置于圈内。

　　第六步:选择"蝴蝶"图像,在动画菜单中点击"触发—单击—蝴蝶图片",这样当点击蝴蝶图片时,蝴蝶就位移到圈内表示正确。同样,"甲虫"和"蜻蜓"的图像都按如上操作进行设置。

　　最后预览页面,当点击正确答案时,图像自动位移至圈内;如果点击的图像不正确,图像做跷跷板动作提示错误。最终效果如图 2-162 所示。

图 2-162　"昆虫挑选赛"效果图

■ 声画同步

　　教学演示过程有时需要声画同步播放,比如配乐诗朗诵等。实际上,可以利用PPT 动画效果来实现,最终效果如图 2-163 所示。具体操作步骤如下。

　　第一步:选择"插入—音频—PC 机上的音频或录制音频",比如录制一段苏轼的

图 2-163　画同步

"念奴娇·赤壁怀古"的朗诵,插入到当前页面中。

　　第二步:播放音频,计算每句话的起止时间,并记下。比如第一句话"念奴娇·赤壁怀古"是 0—4 秒,第二句话"【作者】苏轼·【朝代】宋"4—10 秒,依次类推。

　　第三步:点击声音小喇叭图标,点击"播放",选择自动播放模式,勾选"放映时隐藏"。

　　第四步:点击"动画",打开"动画窗格",选中刚刚你录制的音频,右键单击,选择"从上一项开始",让它进入到该页面就播放。

　　第五步:选择"插入—文本框—绘制横排文本框",将朗诵词插入 PPT 页面上,美化文本并调整好间距。

　　第六步:选中所有文本,添加"擦除"动画,在效果选项中选择擦除方向"从左侧"。

　　第七步:点击"动画窗格"使得每句动画可见,在"动画窗格"选项卡内选中第一句话,在菜单栏的"动画—计时"面板上,选择"从上一项开始",在"持续时间"中输入你刚刚记下的朗诵时间点,比如第一句的时间(0—4 s),就是持续 4 s,延迟为 0。

　　第八步:同样在"动画窗格"选项卡内选中第二句话,选择"从上一项开始",在"持续时间"中输入第二句的时间,比如:持续时间 6 s、延迟为 4 s;第三句的时间设置为 9 s、延迟为 10 s。以此类推。

　　第九步:若延迟超过 60 s,在动画窗格中,按住方块条前后拖动来调整该文本动画的起始时间点和持续时间,也可选中方块条左右两端调整开始和结束的时间点。

2.8.2 万彩动画大师

万彩动画大师是一款易上手的动画制作软件,功能也很强大,适合教师制作教学动画以及微课。其官方网站是 http://www.animiz.cn,下载并安装该软件,当然也可以使用其在线编辑,需要注册并登录。

■ **万彩动画大师的基本用法**

运行万彩动画大师,选择"新建空白项目",然后开始编辑工程文件。也可以打开一个你喜欢的模板,在模板的基础上编辑内容,如图 2 - 164 所示。

图 2 - 164 建空白项目及模板

进入编辑界面之后,如图 2 - 165 所示,主要包括以下功能。

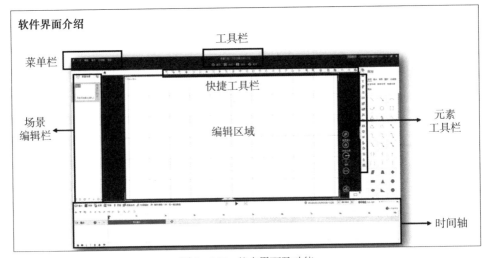

图 2 - 165 基本界面及功能

◇ 菜单栏:文件、编辑、操作、时间轴、帮助等。
◇ 工具栏:首页、预览、保存、发布等。

◇ 快捷工具栏：放大、缩小、锁定场景、复制粘贴以及撤销返回等。

◇ 元素工具栏，点击图标可以添加相应的内容，其中包括图形、文本、角色、气泡等。

◇ 场景编辑栏，在这里点击新建场景，可以添加一个新建空白场景或在已有的场景模板中选择，还可以复制或删除场景、设置动画场景的播放顺序等。

◇ 中间是编辑区域，在这里可以锁定画布、旋转画布、设置视频的显示比例等。

◇ 在时间轴可以设置添加镜头、背景、字幕、录音、语音合成、添加动画效果等。

下面我们结合具体操作介绍一下万彩动画大师的基本用法。

◇ 添加场景

鼠标单击左上角的"新建场景"按钮，弹出如图 2-166 所示的界面。在线场景模板提供了丰富的场景画面，可以选择不同类型的场景模板。此处我们选择"空白场景"，从独立搭建一个新的场景开始。

图 2-166 添加场景

◇ 背景设置

单击"时间轴"上方的"背景"，"背景"将出现在轨道上，单击它右侧的"＋"，就可以弹出背景图案选择界面。选中一个背景后，在项目画布的其他地方单击一下，预选背景界面就会消失，如图 2-167 所示。

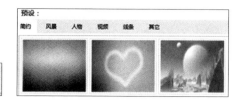

图 2‑167　背景设置

◇ 文本编辑

在元素工具栏中单击文本工具按钮,弹出添加文本界面,单击"添加文本"按钮,然后在画布上单击,就可进行文本输入了。轨道上会多一个文本轨道,可以通过移动它,来改变文本和其他元素展示时间上的安排。通过拉动轨道上文本条的两侧,来完成文本覆盖时间的编辑。在画布上单击文本,可以查看到右侧相关属性的编辑。

单击轨道上文本条中的"+",会弹出动画设置界面。一段内容必须通过进场、退出方式来演示,如果在覆盖条之外的时长一直存在,就要选择"一直显示"动画效果,动画效果如图 2‑168 所示。

图 2‑168　强调效果

也可通过双击轨道上的文本覆盖条,添加一种动画效果,如"幕布打开",其呈现时长为文本自身的时长。"弹跳"为单击"+"添加的文本效果。如图 2‑169 所示。

图 2‑169　添加动画效果

最后为文本添加一个退出动画效果。各覆盖条的位置和时长可以在轨道上通过鼠标移动或者拉动来改变,如图 2 - 170 所示。

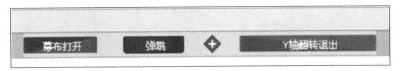

图 2 - 170　添加退出动画效果

在轨道的动画条上单击鼠标右键,弹出关于动画效果的一些编辑功能。删除效果是比较常用的一种效果。删除动画效果的另外一种方法就是设置动画效果为"无",如图 2 - 171 所示。

图 2 - 171　删除动画效果

◇ 添加 swf 动画

在快速工具栏中选择"swf"动画图标。可以添加本地 swf,也可以选择万彩动画内置的效果,事实上万彩动画提供了比较丰富的资源,如图 2 - 172 所示。

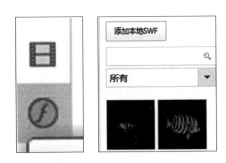

图 2 - 172　添加 swf 动画

◇ 添加角色

在万彩动画中,角色元素可以生成人物动态效果,是动画制作过程中经常用到的元素,如图 2 - 173 所示。

图 2 - 173　添加角色

单击一个人物角色后,会弹出进一步的相关动作设置界面,如图 2 - 174 所示,这是万彩动画中角色设置的精华。可以根据需要选择不同动作状态或者表情状态,人物角色就会按照要求动起来,方便快捷。选定一个动作状态单击后,轨道上就会自动添加。角色应用通常和"语音合成"或者"录音"结合在一起,产生对话效果。

图 2 - 174　动作效果设置

◇ 添加效果

在快速工具栏中,单击"效果"工具,弹出效果选择界面。如图 2 - 175 所示。

图 2 - 175　添加效果

其中"Svg"类型中包括了大量日常生活中常用的矢量卡通图形。"效果"类中包括的是日常生活中常见元素的动态效果。"气泡"类是可以和文字结合的标注,如图

2-176 所示。每一个种类在被选择后,都会自动生成相应轨道,然后就可以进行相关动画效果制作。

图 2-176　"Svg"类型

◇ 音乐处理

在元素工具栏找到添加音乐按钮图标。既可以添加本地电脑上的音乐,也可添加万彩动画内置的音效素材,如图 2-177 所示。添加的音乐会出现在时间轴的轨道上,双击轨道上的音乐进入音频编辑状态,将波形图中的左侧黄色菱形和右侧红色菱形,向右、左方移动,完成对音频素材的裁剪,最终的播放声音为绿色选择区域。

图 2-177　添加音乐

◇ 添加字幕

在一个新建文件中,点击时间轴上方的"字幕",在出现的面板上输入"欢迎微课制作学习",然后点击"添加字幕",它会出现在轨道上,如图 2-178 所示。

图 2-178　添加字幕

单击此处的"＋",出现字幕编辑界面,如需要同步语音,勾选此项。设置进场与退场动画,可分别单击相应按钮,进入动画设置界面,如图 2-179 所示。

图 2 - 179   同步语音

设置好之后,单击"保存",就会生成字幕内容与声音两个轨道,如图 2 - 180 所示。

图 2 - 180   字幕与声音两个轨道

◇ 添加标注

标注主要起到了强调的作用,具有聚光灯、高亮等功能。选择一种标注类型之后,就会生成对应轨道。该轨道会自动置于较上层。编辑标注,可在画布上进行大小、旋转、移动等编辑。如图 2 - 181 所示。

图 2 - 181   添加标注

◇ 镜头运用

万彩动画的显示形式和区域是基于镜头的。默认镜头是基于画布的平视画面。

但镜头可以缩放、平移和旋转,灵活使用镜头能使得画面内容呈现更酷炫的效果。单击默认镜头旁边的"+",出现"添加镜头为:当前视角""添加镜头为:默认规格""添加镜头为:默认镜头",这里我们可以添加2个默认镜头。将其缩放至如图2-182所示的大小和位置。然后单击镜头2旁边的"+",添加第3个镜头,选择默认镜头,以便拉回原始默认镜头。

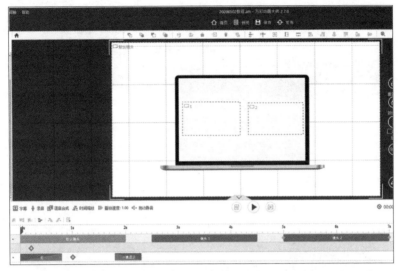

图2-182 添加默认镜头

添加文本之后,调整元素到镜头1窗口大小,此时播放到镜头1时,就会展示镜头1的内容。重置镜头:点击画布右侧的"重置镜头"按钮,即可定位并居中显示到该镜头,如图2-183所示。

图2-183 重置镜头

◇ 场景过渡

单击场景之间的"＋",弹出场景过渡动画设置界面。选择一种类型的过渡动画,如图2－184所示。

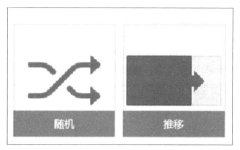

图 2－184　场景过渡

◇ 项目的预览、保存和发布

在项目制作过程中,需要不断地预览效果、修改完善。同时要注意及时保存文件。作品最终完成后,单击"发布",一般选择"输出成视频"。如图2－185所示。

图 2－185　项目的预览、保存和发布

更加详细的使用教程,可登录万彩动画大师的官方网站进一步学习: http://www. animiz. cn/kb/help。

■ 制作一个片头

制作一个好的片头能为教学课件增色不少,对于吸引学生的关注也很有帮助。一般情况下片头包括以下元素:整体背景、动态展示、配音配乐、多样元素、镜头运用等,下面我们利用万彩动画大师进行一个片头的制作,具体操作如下。

◇ 场景一:背景设置

第一步:新建场景

单击"文件—新建工程",建立一个新文件。点击"元素工具栏—图片",添加本地图片作为背景,然后双击时间轴上的"进场"和"出场"条,分别设置为"无"和"一直显示"。注意:若添加的背景图片是动图(GIF 格式),动感会更强些。

第二步:添加文本

点击"元素工具栏—文本",添加文本,设置字体属性,比如"微课系列讲座"等字样,设置进场方式为"左边弹入"、出场方式为"一直显示"。

第三步:录音或语音合成

点击录音或者语音合成,调整时间轴上的动画条,以实现同步配音,比如"微课系列讲座",场景一效果如图 2 - 186 所示。

图 2 - 186 场景一:"微课系列讲座"

◇ 场景二:动态展示

第一步:新建第二个场景

单击场景编辑栏上方的"新建场景",建立第二个场景。单击元素工具栏中的"图形",选择一个圆角矩形框,并设置其样式。

第二步:添加图片

单击元素工具栏中的"图片",可从软件自带图库、也可以从本地添加图片。调整图片大小,排放好位置。

第三步:设置进场和出场方式

每添加一个图片,在时间轴上就会相应增添一个轨道。每一个轨道上都有两个横条,初始显示是"无"和"一直显示",中间一个"+"。表示图片的"进场方式"为无,"出场方式"是一直显示。双击轨道上的"无",打开进场效果选项,比如选择"放大",即进场效果为由小放大,出场方式也根据需要改变,若需要增加更多的动画效果,可以点击中间的"+"。

第四步:编排播放顺序

设置好各元素的动画之后,拖动各元素到合适位置,以编排动画的播放顺序。

第五步:调整场景时间

设置好场景动画后,可以通过场景时间轴右侧的"-"和"+",调整场景时间。最后点击"编辑区域"下方的"播放"按钮,观看这个场景的动画播放效果,如图2-187所示。

图2-187 图片的动态展示

◇ 场景三:录音或语音合成

第一步:新建场景

单击场景编辑栏上方的"新建场景",我们建立第三个场景。随后点击元素工具栏中的"文本",添加文本,分别输入"拍摄角度、俯拍、仰拍、水平拍、拍摄手法有：推拉摇移跟"。

第二步：设置进场与出场方式

双击每个元素的进场动画条,统一设置进场动画方式为"左边弹入",出场方式为"一直显示"。

第三步：添加图片

点击"图片—添加本地图片",将本地的图片,比如"俯拍、仰拍、水平拍"的图片导入场景中。双击图片元素的进场动画条,设置进场动画方式为"放大",出场方式为"一直显示"。然后根据播放的先后顺序,将动画条拖到合适的时间位置,预览播放,调整修改。

第四步：录音或语音合成

将播放头拖动至需要配音的位置,点击时间轴上方的"录音"。点击"开始录音",出现一个麦克风的标志,单击它,保证话筒已经和电脑连接好,此时跟随播放的动画开始讲解。

录制过程中,录制图标会变成停止图标,如果录制完毕,单击此图标,就可完成录制。完成录制后,会弹出新的界面,包括播放、重录、应用。点击"应用"会自动生成相应的音频轨。

拖动时间轴上的录音所对应的动画条,调整适当位置,以声画同步为准。也可以采用语音合成的方式替代录音,使用这项功能实现同步配音,如图 2-188 所示。

图 2-188 录音或语音合成

第五步：添加字幕

在时间轴的左上方,点击"字幕",输入字幕内容,设置字体样式、字号、颜色。设置进场效果和出场效果,同时还可以勾选同步配音,以实现字幕和配音的同步播放,如图 2-189 所示。

◇ 场景四：多样元素的使用

第一步：新建场景

单击场景编辑栏上方的"新建场景",我们建立第四个场景。单击"场景编辑栏"下方的"背景",设置红色背景。然后单击时间轴上背景层右边的"＋"号,添加红色背景。

图 2 - 189 添加字幕

第二步：添加多样元素

单击 SWF(W)按钮，添加本地 SWF,这是一类具有动画效果的元素,比如添加一个动态气泡,将其拖至画布;单击角色按钮,选择一个人物角色,拖动人物至编辑区域。编辑各元素的进场与出场动画效果和顺序。

第三步：制作时钟效果

点击元素栏中的图形按钮,在画布中按 Shift 键拖动鼠标,可以拖出一个圆形。点击样式"黑色"填充圆形。复制"黑色"圆形,填充为"白色"圆形,适当缩小白色圆形。然后调整出场顺序,让黑色圆先出场,出场动画效果为"扇形伸展",退场效果为"一直显示";同样设置白色圆的出场和退出效果。

第四步：添加文本

接着添加文本"图片素材加工处理",设置文本进场效果为"字符打印",出场效果为"随机掉出";继续添加第二个文本"音频素材加工处理",设置文本进场效果为"字符打印",出场效果为"随机掉出";重复前面的步骤,文本分别设置为"视频素材加工处理""动画素材加工处理""微课设计与制作"等。

第五步：为场景配音

将播放头移动到需要配音的地方,使用录音或语音合成均可,通过调整播放顺序达到声画同步播放效果,如图 2 - 190 所示。

◇ 场景五：添加多个镜头

第一步：新建场景,单击场景编辑栏上方的"新建场景",我们建立第五个场景,然后添加三张图片。

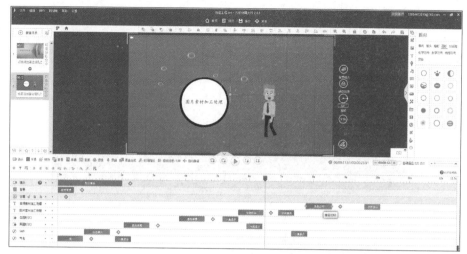

图 2-190 场景四：多样元素的使用

第二步：在时间轴镜头一栏，点击"＋"添加镜头 3 个"默认规格"镜头，并在画布上调整镜头的大小及旋转角度。预览效果是镜头 1 看到的是猫，镜头 2 以旋转的方式看到的是花，镜头 3 看到的是大猩猩。但我们希望之后的镜头回到默认状态下，能看到所有物件。

第三步：此时需要点击镜头 3 右边的"＋"，再增加一个"默认镜头"，如图 2-191所示。

图 2-191 添加多个镜头

◇ 作品合成与输出

一个完整的动画由多个场景组成,以上是对每个场景的各个元素进行的设计和编排。当一个场景表演完成之后,需要切换过渡到下一个场景,为让场景过渡变得更顺畅、自然,点击"场景编辑栏"场景中间的"＋"按钮,便可在弹出的切换效果列表中,选一个切换效果。当然你可以通过拖拽选中场景到所需的位置,轻松改变场景的播放顺序。若需要增添背景音乐,可点击添加背景音乐。如图 2‐192 所示。

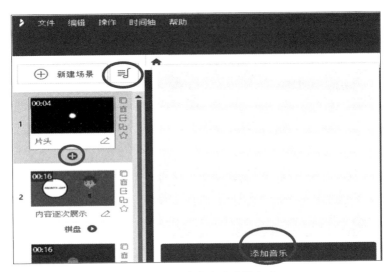

图 2‐192　添加转场和背景音乐

整个片头制作完成之后,最后点击菜单栏中的"保存、预览、发布",其中发布形式可以选择"输出到云:分享到微信""输出成视频""GIF 动画"中的一种,点击下一步,设置好相应的参数,最终完成片头作品的文件输出。

2.8.3　GIF 动画制作

GIF 动画是目前网络上非常流行的一种动画形式,容量小,播放速度快,制作也比较简单,下面我们以 Ulead GIF Animator 软件为例,介绍一下 GIF 动画制作的基本方法。

■ **利用"动画向导"**

第一步:首先需要下载和安装 Ulead GIF Animator 软件,并运行该软件,打开其窗口,会出现一个启动向导,如图 2‐193 所示。

第二步:单击"动画向导"左边的小图标,进入画布尺寸的设置,你可以根据最终要输出的画布尺寸进行相应的设置,比如宽度和高度分别为"640×480 像素"。

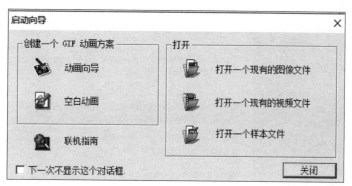

图 2 - 193 启动向导

第三步：添加图片及视频。点击"下一步"，添加图像、视频等素材。比如点击"添加图像"，添加你已经准备好的图像素材，如图 2 - 194 所示。

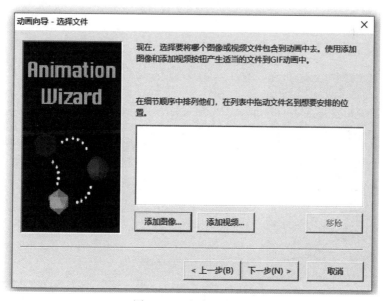

图 2 - 194 添加图片

第四步：设置时间。单击"下一步"，设置每个画面帧显示的时间，就是你希望每个画面帧显示多久，默认是每帧持续时间 0.25 秒，如图 2 - 195 所示。

◇ 完成"动画向导"

最后点击"完成"，即完成了"动画向导"下的基本操作。如图 2 - 196 所示。此时，该款软件已经为你制作好了 GIF 动画，你可单击下方帧框中的播放按钮，预览动

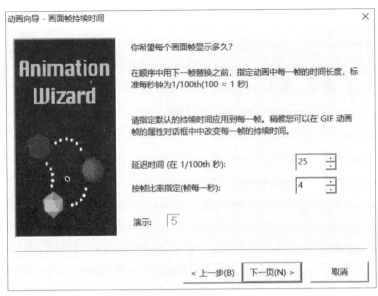

图 2‑195　画面帧持续时间设置

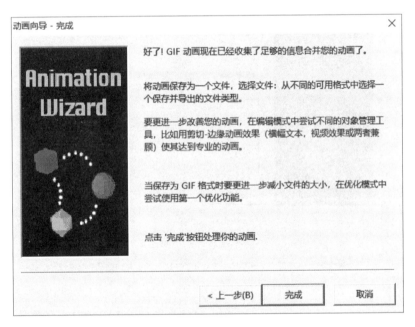

图 2‑196　完成"动画向导"

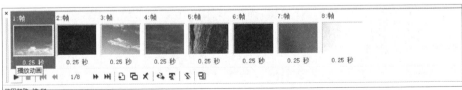

态效果。若希望改善动画,可在编辑模式中进一步处理;若保存和输出文件,可选择菜单栏中的"文件—保存"或"文件—导出",导出有"导出为 HTML 文件""导出活动桌面项目""导出动画包(EXE)"三种形式可以选择,一般选择导出为 HTML 或 EXE 文件格式。

■ 制作闪动字

第一步:输入文字

运行该软件,这次我们选择"空白动画"制作闪动字。单击左侧工具箱中的文字工具"T",然后在中间的画布上点击一下,此时在右下角弹出一个文本面板。选择字体、大小、颜色等,注意选择颜色时,单击上边的色块,在弹出来的菜单中,选择第一个"Ulead 颜色选择器",选中你希望的颜色,点击 OK。输入相应的文本,比如"闪动字",点击确定,如图 2-197 所示。

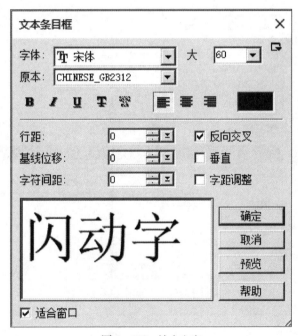

图 2-197 输入文字

第二步:修正画布

此时文本出现在工作区,单击文本使其保持虚线框的选中状态,然后选择菜单中的"编辑—修正画布",对多余的白色部分进行裁减。

第三步:添加帧

下面我们来制作第二帧的文字,点击菜单"编辑—复制",复制第一帧的文字。然后单击帧面板的"添加帧"按钮,即可添加一个空白帧,如图 2－198 所示。

图 2－198 添加帧

然后选择菜单"编辑—粘贴",即在第二帧粘贴相同的字样"闪动字",此时右键单击文本,在弹出来的菜单中选择"文本—编辑文本",将字样的颜色改为红色。如图 2－199 所示。

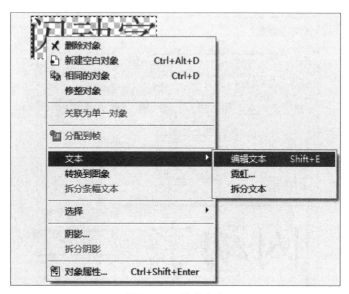

图 2－199 编辑文本

第四步:保存文件

此时,单击帧面板中的播放按钮,就会看到绿字和红字之间来回切换的闪动字效果。选择菜单"文件—另存为—GIF 文件"进行文件保存。双击该文件,即可浏览字样闪动效果。

■ **拆分文本**

第一步:删除背景色

打开并运行该软件,点击左边工具箱中的"T"文字工具,在工作区中输入"拆分文本"字样。使用"选区工具"单击白色背景,按"Delete"键删除白色背景。

第二步:拆分文本

单击"拆分文本"字样,使其处于虚框选中状态下。右键单击文本,在弹出的菜单中选择"文本—拆分文本",此时右边的图层由一个图层变为四个图层,每个字都分别占用一个图层,如图 2 - 200 所示。

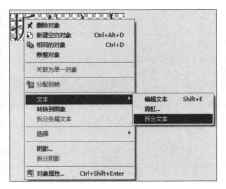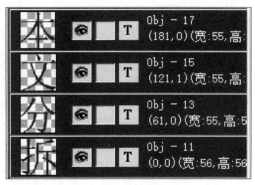

图 2 - 200　拆分文本

第三步:改变字体颜色

分别右键单击每个字,选择"文本—编辑文本",在打开的文本条目框中改变字的颜色,如图 2 - 201 所示。

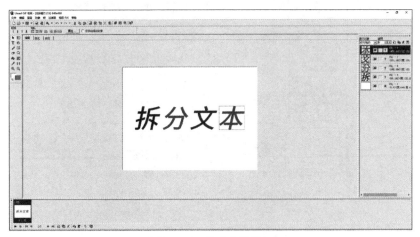

图 2 - 201　改变字体颜色

第四步:复制帧

在帧面板中,单击三次"相同帧",以此复制三个相同的帧。如图 2 - 202 所示。

图 2 - 202　复制帧

第五步：显示或隐藏对象

选中帧面板中的第一帧,在右边的图层面板中,只留下"拆"显示,把其他字样旁边的眼睛关掉。如图 2 - 203 所示。第二帧,将"文、本"旁边的眼睛图标关掉、第三帧将"本"的眼睛关掉。选中第四帧,点击面板下面的"添加帧"按钮,此时又添加一个空白帧。

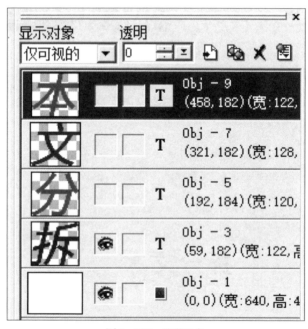

图 2 - 203　隐藏对象

第六步：设置帧时间

按 Ctrl 键,分别点选所有帧,单击帧面板下方的"帧面板命令",选中"帧属性",在弹出的"画面帧属性"面板中,把延迟时间由 10 改成 25,即每帧延迟时间 0.25 秒,以便让字的播放速度慢些。如图 2 - 204 所示。

图 2‑204 设置帧时间

第七步：文件导出

最后选择"文件—保存"或"文件—导出"，选择"导出为 HTML 文件"或"导出动画包(EXE)"文件格式，双击导出的文件，即可观看拆分文字的动态效果。

■ **研习任务**

◇ 利用万彩动画大师软件或你熟悉的工具制作一个教学动画，不少于三个场景。

◇ 利用 Ulead GIF Animator 制作一个拆分文本的动图。

第3章　媒体素材的整合与表达

　　将教学加工整理好的素材进行整合与表达，常用的工具有：思维导图类——手绘思维导图、软件绘制思维导图（MindManager 和 Xmind）、在线绘制思维导图（MindMeister 和百度脑图）、APP 绘制思维导图（Lighten 和 Mindly）等；文稿演示类——PPT、Focusky 等；各种学科工具（比如化学绘图软件 ChemDraw、MathType 数学公式编辑器）；在线支持和服务平台（比如 QQ、钉钉、腾讯会议、CCtalk、Skype、ZOOM、腾讯课堂、Classin 在线教室、雨课堂）等。

3.1 思维导图

3.1.1 思维导图的定义、特征及用途

■ 思维导图的定义

思维导图(Mind Map),也称为心智导图或脑图,是由英国人东尼·博赞(Tony Buzan)最先提出的一种将头脑中所进行的抽象思考,用线条、图形、颜色等较为形象化的手段加以表达呈现的思维工具。至今,在全球已经有成千上万的人在使用。从小孩到老人,只要你想更有效地使用你的大脑,你就可以使用思维导图。下面了解思维导图的构成要素、制作的一般步骤及其工具使用。

■ 思维导图的特征

思维导图的特点体现为两个方面:视觉符号和发散性。它把可视化的形象符号和关键词结合起来,是表达发散性思维的有效工具。相对于常规的逻辑流程图、网状图来说,思维导图更需要你尽可能地发挥自己的想象力和全脑潜能,以表达你的所思所想、拓展你的想法。思维导图,能够让人在思考时更高效、更具创造力;在记忆时,印象深刻、思路清晰。可以说,思维导图不仅是一种整理个人思维的工具,而且是一种组织高效管理的表达工具,如图3-1所示。

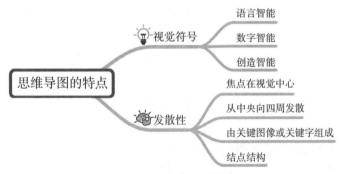

图3-1 思维导图的特征

◇ 在绘制思维导图的过程中,有助于将我们头脑中的各种想法都呈现出来。在不断分支发散的过程中,完成理清思路和逻辑整理。

◇ 通过关键词的提炼,极大精简了信息量,而图文结合的特性,促进左右脑同时发挥作用,激发联想能力,从而提高记忆力以及对重要信息的把控力。

◇ 向四周延展发散的形状,能够激发我们的创意,让绘制者在不自觉中进行头脑风暴,并结合逻辑性和发散性的特质,成为我们学习工作中解决问题的高效思维

工具。

■ 思维导图的用途

思维导图有很多功用,用途因人而异,如图 3-2 所示,下面我们分别从学习、工作、生活以及其他方面概述。

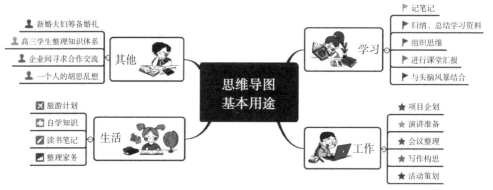

图 3-2 思维导图的用途

◇ 在学习中,我们通常可以利用思维导图记课堂笔记、归纳与总结学习资料、组织思维、进行课堂汇报或与头脑风暴结合使用等。

◇ 在工作中,可以使用思维导图进行项目企划、演讲准备、会议整理、写作构思、活动策划等,这些都是思维导图表现的舞台。

◇ 在生活中,旅游计划、自学知识、读书笔记、整理家务等也都离不开思维导图。

◇ 在其他方面,新婚夫妇筹备婚礼、高三学生整理知识体系、企业间寻求合作交流、甚至是一个人的胡思乱想……都可以尝试用思维导图整理这些信息。有了它,各位一定能提高信息传达与思维整理的效率,从而获得意想不到的收获。

3.1.2 思维导图的构成要素及绘制方法

■ 构成要素

一幅思维导图的构成要素需要围绕一个中心主题及其次主题、若干关键词发散而来,如图 3-3 所示,具体地讲,包括:

◇ 一个中心主题,它可以是表达主题的文字或图画,是思维导图的核心。

◇ 放射形结构,是指由中心向四周延伸的构造,以该结构绘制的思维导图可以突出主题,让与主题相关的内容自由却又有条理地排列。

◇ 主枝与分支,主枝是直接连接中心主题的粗分支,分支就是从主枝延伸出来的细枝条。一条主枝延伸的分支越多,内容越丰富详尽。

◇ 关键词,是对于所呈现具体内容的高度概括,通常写在枝条的上面,是对该枝条内容的具体描述。

◇ 配图,图文并茂的思维导图可以使信息传达更为高效。因此,配上适宜的图片也是思维导图的构成要素。

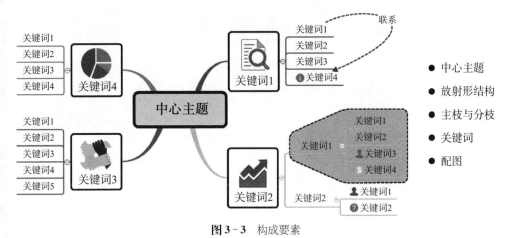

图 3 - 3　构成要素

■ **绘制步骤**

若想绘制一幅完美的思维导图,一般需要注意如下事项。

◇ 从白纸的中心开始画,周围要留出足够的空白。

◇ 用一幅图片或图画表达你的中心思想。

◇ 绘图时尽可能地使用多种颜色。

◇ 连接中心图片和主要分支,并不断向四面八方发散。

◇ 尽量用美丽的曲线连接。

◇ 每条线上注明一个关键词。

◇ 自始至终使用图形,图文适配最佳。

这是一幅经典的关于水果的思维导图,它是由东尼·博赞所绘制[①],如图 3 - 4 所示。

■ **常用工具**

◇ 手绘思维导图

利用常规水笔、彩笔等,在纸张上绘制思维导图。手绘思维导图的工具非常简

---

① 东尼·博赞.思维导图——大脑使用说明书[M].张鼎坤,徐克茹,译.北京:外语教学与研究出版社,2005.

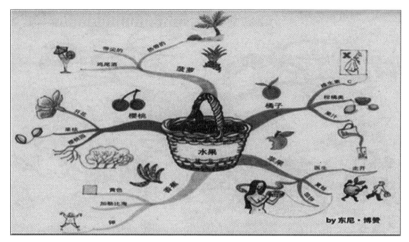

图 3-4 "水果"的思维导图

单：一张白纸、彩色水笔和铅笔数支、你的大脑和你的想象。其中需要注意的是：纸张需要以纯白为主，尺寸以 A4 或 A3 为首选，方向则以横向为原则。根据不同效果，手绘思维导图的笔也各不相同。可只用黑色水笔或多色圆珠笔，亦可用多色彩色水笔等。如图 3-5 所示。

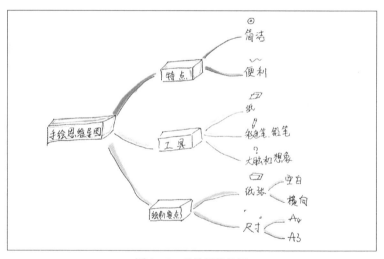

图 3-5 手绘思维导图

◇ 软件绘制思维导图

利用离线软件包在电脑端制作思维导图，常用软件有 MindManager、Xmind、幕布、iMindMap 等。

MindManager 是全球最普及的思维导图绘制软件,其官网:http://mindjet. com,有 Windows 和 Mac 两个系统版本。操作界面与 Microsoft Office 系列十分相似,拥有强大的文字处理功能、演示功能、剪贴画及表情插入功能,以及多样的文件格式转换功能,该免费试用版的使用期限只有 30 天。

■ **使用软件的制作方法**

使用软件制作思维导图的过程大体相似,具体步骤如下。

第一步:打开软件,系统会自动创建一张空白导图,导图中心有一个主题,即中心主题。如图 3 - 6 所示。

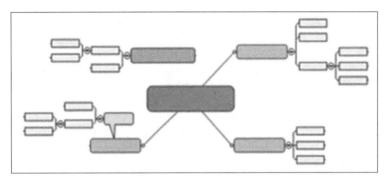

图 3 - 6 创建一张空白导图

第二步:添加主题和子主题

选中中心主题,按 Enter 键,或者在空白处双击鼠标,或者单击中心主题上的加号,或者也可以右击中心主题快速插入主题,双击主题即可添加文字。如果主题下还需要添加下一级内容,可以右击主题再创建子主题(副主题);如果不需要某个主题,可以选中主题,按 Delete 键即可。

第三步:添加主题相关信息

通过菜单中的"插入",可以为主题添加相关信息:超链接、附加文件、备注或便签、图片、图标等信息。也可以在主题上右击,为主题选择需要添加的相关信息。

第四步:添加主题间的可视化关系

通过选择菜单中的"插入—关系/边界"等,使用箭头展现主题之间的关系、使用分界线功能环绕主题组或者使用图像说明导图。

第五步:调整导图格式

单击菜单中的"设计",可以使用主题形状、填充色、线条颜色、布局及字体等,调整导图的格式,不论是整体样式风格还是单独主题的格式,都可以自己选择。

第六步:保存与导出思维导图,将最终定稿的导图作为原始格式或者导出为图像格式用于演示或分享。

◇ 思维导图支持头脑风暴

思维导图也可支持协作学习、团队学习,尤其是在头脑风暴环节,发挥作用比较明显。

第一步:捕捉信息

新建文件,右击建立若干浮动主题,将每个人的想法输入浮动主题之中,如图3-7所示。

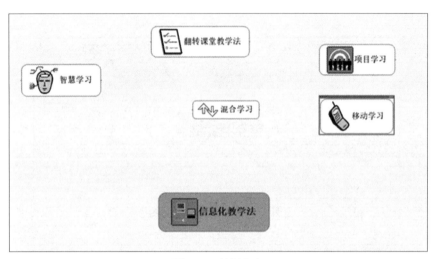

图3-7 捕捉信息

第二步:关联浮动主题

通过鼠标拖放将相关主题分组并关联起来,放在中心主题周围,如图3-8所示。

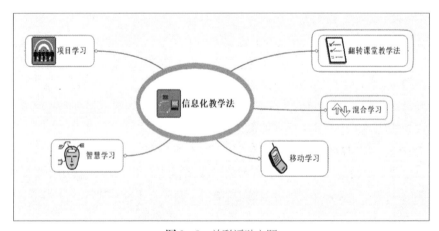

图3-8 关联浮动主题

第三步：深度拓展

小组成员就某个子主题或者分支对其添加细节、添加子主题，以发挥团体智慧。例如右击"翻转课堂教学法"，如图3-9所示。

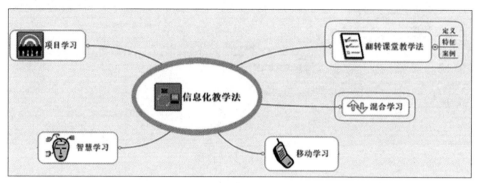

图 3-9 深度拓展

第四步：添加附件

添加相关附件、备注及连接等，丰富每个分支节点，并将所有相关信息在一张思维导图中展示出来，让每一个人都可以看到他们的想法及相关内容，如图3-10所示。

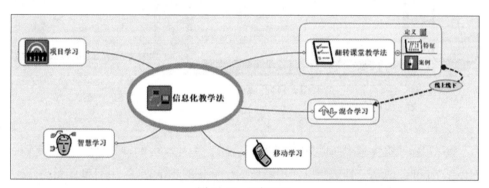

图 3-10 添加附件

第五步：分工协作

在分支的各子主题上单击右键，插入相应图标。添加附件任务分工，确保每个人都参与进来，如图3-11所示。

◇ Xmind

Xmind(其官网：http://xmind.net)是一款提供了大量免费素材的思维导图软

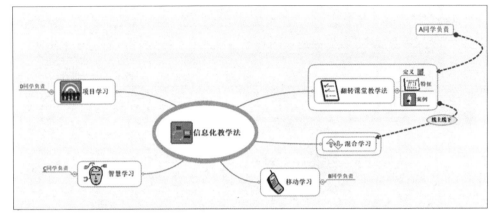

图 3 - 11 分工协作

件,并自带模板,支持多种格式的文件导入、导出,如图 3 - 12 所示。

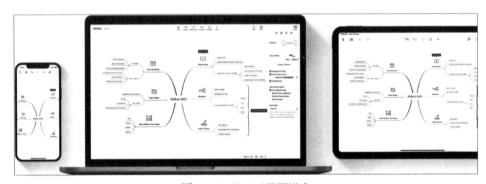

图 3 - 12 Xmind 导图样式

◇ 幕布

幕布是一款快速整理思维、记笔记、梳理提炼思路的 APP 工具,其官网:https://mubu.com,它能够帮助使用者形成结构化的思维方式,用简单直观的方式来管理自己的思维过程,还可以进行大纲笔记和思维导图的随时切换,如图 3 - 13 所示。

◇ 在线绘制思维导图

这是一种利用浏览器直接在网站上制作思维导图的方法。线上绘制思维导图的网站大同小异,功能十分类似,基本都能提供读取文件、线上编辑、线上合作、实时共享、保存转换等基本功能,比如 MindMeister 和百度脑图。

MindMeister 是全球范围内使用比较多的思维导图在线绘制网站,支持多国语

图3-13 幕布样式

言。其官网：mindmeister. com，界面简洁，有多样的设计模板与剪贴画可供选择，且拥有多步骤撤销、多人线上合作等功能。根据用户的不同，该软件设有基本计划、个人、专家和商业4种版本，功能权限各不相同，注册登录可按需选用，如图3-14所示。

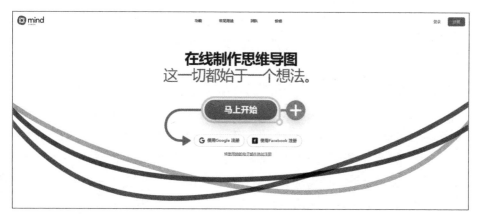

图3-14 MindMeister 界面

百度脑图是百度公司开发的在线思维导图，其官网：http://naotu. baidu. com，登录网站，输入百度账号及密码就可以使用，如图3-15所示。百度脑图同步性好，支持 PC 端、手机和平板电脑等客户端即时同步；界面简洁，容易上手，且支持免费使用。缺点则是功能简单，不适合制作大型思维导图。

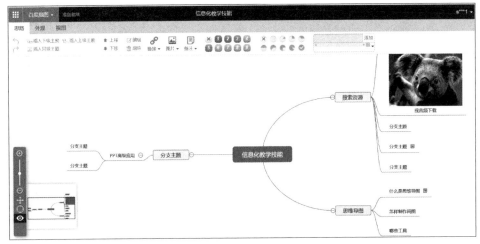

图 3 - 15 百度脑图

◇ APP 绘制思维导图

在 APP 上绘制思维导图是指利用手机、平板等便携移动客户端在应用程序上制作思维导图的方法。目前思维导图 APP 也有很多,与软件原理大同小异。在此推荐 Lighten 和 Mindly 两款软件。

使用 Lighten 可以快速制作出非常漂亮、非常专业的思维导图。其具有良好的交互设计,可以帮助我们在会议中快速记录要点、分析内容乃至分享结果,但仅支持苹果系统。

Mindly 的特点主要有两个: 一个是导图展示排布的形式,另一个是支持添加条目的类型。主流的思维导图应用一般是框图、树状图的形式,Mindly 则采用了如同星系分布一样的圆形,虽然 UI 设计较为简单,但是动态效果让人有一定的新鲜感。

最后我们需要强调一下,思维导图软件的选择只是个人爱好问题,软件不会直接影响作品的质量。此外,使用软件时最好记住快捷键。在进行简单基本的操作时,使用快捷键可以节省大量的时间,绘制的效率与乐趣也会大大提升。

■ **绘制思维导图的常见误区**

◇ 色彩单调

整张思维导图只用一种颜色不利于发挥思维导图的特点,颜色的作用在于提高人对信息的敏感度和辨识度,可以引起学习者的注意力,而单一的颜色并不能够给大脑充分的视觉刺激。建议一个分支一个颜色,相邻分支颜色差异明显;绘画时单色起步,多色结束。

◇ 照搬书目

不加提炼,照搬目录或整行、整段复制文本到分支上,不仅没有真正减轻认知负荷,而且不利于大脑做出正确的抉择与判断。建议总结和提炼,把提炼的关键性的词语放在分支上,提炼加工的过程本身就是一种学习。

◇ 分支过多

用思维导图的时候,思路容易被过度发散,画的内容分支过多,容易造成信息超载。但一张思维导图上承载的内容不易过多。建议分支数量5—7个为宜,若信息很多,可以把内容分解,绘制多张思维导图。

◇ 布局混乱

不同分支之间的连线可以用来表示跨分支之间的关系,是思维导图非线性的重要体现,也是创造力发挥的重要机制。建议简化内容,各分支间适当留白,以留下想象的空间。

◇ 图文不均

运用图片可以帮助我们加深对所要表达的内容的理解和记忆,强化某些重点。整张思维导图只有文字,不加图片或添加过量的图片,这是不可取的。另外所用图片一定要与我们所要表达的主题相关。建议合理处理图片与文字的比例。

◇ 缺乏逻辑

内容重叠,分支层次混乱。良好的内在逻辑是思维优劣的重要指标,思维整理旨在提升逻辑性。思维导图的各个分支内容具有逻辑性十分重要。建议绘制的时候要注重布局,按照分支的层级,逐级发散,是绘制良好思维导图的关键。

■ **研习任务**

◇ 简述思维导图与概念图、流程图之间的区别及联系。

◇ 就自己感兴趣的主题或自己学科的一个知识点,绘制一幅思维导图。

◇ 以小组为单位(4—6人为宜),就共同关心的主题利用思维导图进行头脑风暴并绘制导图。

3.2 文稿动画演示

若希望你的教学演示以非线性的方式展示、炫酷且有镜头感,不妨采用 Focusky 动画演示大师进行文稿演示制作,该软件能快速创作炫酷的动画 PPT 演示,可用于制作工作报告、述职演示、动画宣传视频、微课等。

3.2.1 Focusky 的界面

首先进入 Focusky 动画演示大师官网(http://www.focusky.com.cn)下载并安装相应版本的 Focusky 软件。然后运行该软件,进入其界面,如图 3-16 所示。左侧是帧的操作区,其左上方的"+"号是添加帧的按钮,点击或拖动即可添加相应的帧。

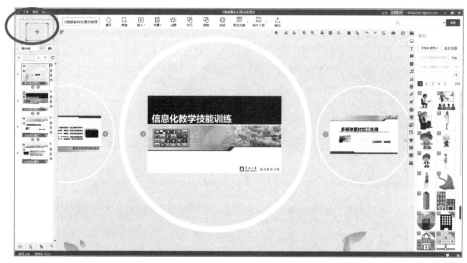

图 3-16 Focusky 动画演示大师界面

中间是画布操作区,最上方是功能的切换区,包括首页、新建、插入、背景、动画、交互、测验、选项、预览当前、保存工程、输出等选项。软件的主要功能可以通过它们来完成。最右侧是素材插入的编辑区,这里可以插入图片、文本、视频、音频、flash 动画等各种类型的素材,当点击一种素材时,比如"图片",即进入这种素材的属性编辑方式。

3.2.2 Focusky 的基本操作

Focusky 的基本操作包括以下步骤:创建项目、设置背景、添加帧、添加素材、设置动画、预览当前、保存工程、输出等,下面我们结合一个案例介绍该软件的基本操作。

第一步:新建空白项目

运行 Focusky 软件,在打开的界面中,单击"新建空白项目",选择显示比例,比如 16:9,然后单击"创建",如图 3-17 所示。

第二步:设置背景

进入新建工程文件编辑界面,单击"背景",选择一个适合的背景图片。此外,这里还有图片背景、3D 背景、视频背景可供选择。当然也可以选择你事先准备好的图片素材作为背景,如图 3-18 所示。

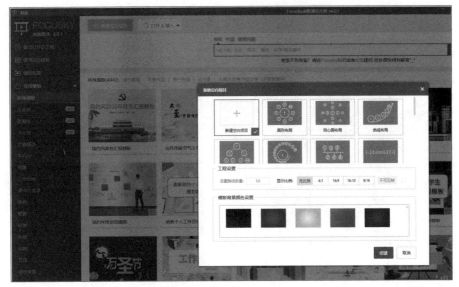

图 3-17 新建空白项目

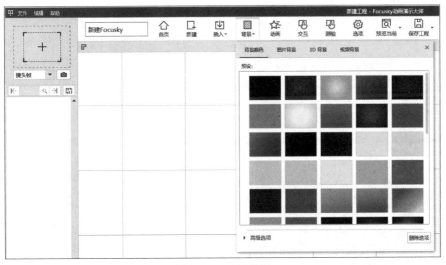

图 3-18 设置背景

第三步：添加帧

　　点击左上方的"＋"可添加帧，帧的类型有：镜头帧、矩形帧、方括号帧、圆形帧、不可见帧，点击或拖动添加一种或几种帧到窗口之处。单击任何一个帧，用鼠标将其拖至中心位置，可以移动该帧到合适的位置。此处我们添加四个帧，调整大小并摆放好位置，如图 3-19 所示。

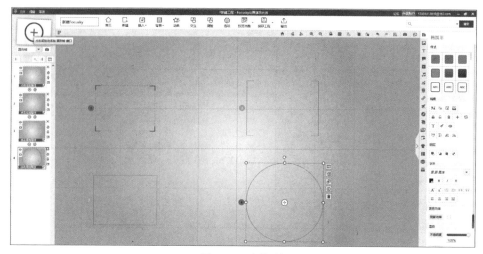

图 3‑19　添加帧

第四步：添加文本素材

接下来，为每一帧添加素材。单击"插入"按钮，选择相应的素材，也可以通过单击窗口右边的素材进行添加，素材包括：文本、图片、注释、音频、视频等多媒体素材。例如：单击"插入"按钮，添加文本"欢迎学习 Focusky"；单击右边窗口的"图片"，从系统自带的图片库中选择你喜欢的图片进行添加，也可从本地机上添加你已准备好的图片；接下来是添加音频，既可以添加系统自带的音频，也可以是你已经准备好的音频，而且可以添加现场的录音以及语音合成，如图 3‑20 所示。

图 3‑20　添加文本素材

第五步：添加视频素材

接着我们在下一帧中添加视频素材,单击第二帧。点击窗口右边的视频按钮,可添加本地视频和现场录制的视频等,如图3-21所示。

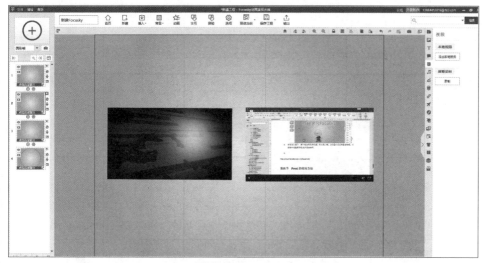

图3-21 添加视频素材

第六步：添加图表及更多素材

单击下一帧,点击窗口右边的"图表",选择一种图表样式,在窗口中拖动鼠标,图表展开,然后双击该图表,打开它的图数据,在这里可以编辑你的真实数据。还可以添加一些人物、flash动画、特殊符号、公式等,如图3-22所示。

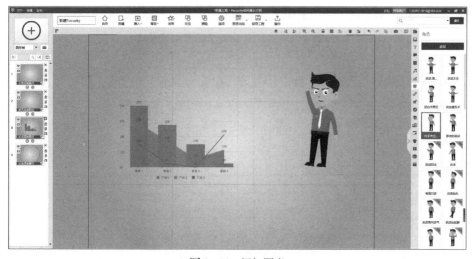

图3-22 添加图表

第七步：动画设置

接下来可以为每一帧中的元素进行动画设置。首先选中需要添加动画的素材，点击上方功能区中的"动画"按钮，单击"添加动画"进入选择"动画效果"选框，这里有"进入特效""强调特效""退出特效""动作路径"等，可根据需要选择相应的动画，如图3－23所示。

图3－23 动画设置

第八步：点击每帧右侧的"添加声音跟字幕"，可以进行声音录制和字幕输入。如图3－24所示。

第九步：转场设置

每帧设计好之后，可点击左侧帧下方的"转场设置"，转场方式有"推移""矩形交叉""五角星"等，根据需要选择转场方式。点击左侧帧下方的"点击添加备注"，即可在"预览—分屏视图"下看到你写的备注，比如注明"片头"。

第十步：预览、保存工程、输出

设置好动画及转场方式后，点击菜单栏中的"预览当前"，观看演示效果。如图3－25所示。有两种预览方式，一种是"预览"全图，另一种是带有备注提示的"分屏视图"；点击上方功能区中的"保存工程"按钮，保存文件，方便之后继续对它进行修改操作。

最后是文件输出，点击菜单栏中的"输出"按钮，选择一种输出类型，包括"输出到云""Windows 应用程序（. exe）""视频""HTML 网页""压缩文件（. zip）""输出成PDF"等，一般最常用的输出类型为"Windows 应用程序（. exe）"和"视频"，这样可以

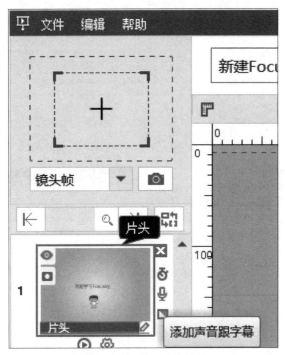

图 3 - 24 添加声音和字幕

图 3 - 25 预览、保存工程、输出

在任何一台电脑上播放。进一步的学习可访问 Focusky 官网：http://www.focusky.com.cn/help。

3.3 各类工具的综合使用

3.3.1 发送到 PPT

教师备课时,通常是先将教案文稿在 Word 中进行整理,然后再一张一张制作 PPT 页面,这样非常繁琐。如果能将 Word 中写好的教案快速整合并一键发送到 PPT 之中,是不是会大大提高工作效率呢? 具体操作如下。

第一步:打开 Word 文档,点击"视图—大纲视图",设置好 Word 文档的标题结构,然后关闭大纲视图。如图 3 - 26 所示。注意有几个 1 级标题就会发送几页 PPT,

因此,1 级标题可以视为 PPT 的分页功能。其余内容可以设置为 2 级、3 级……

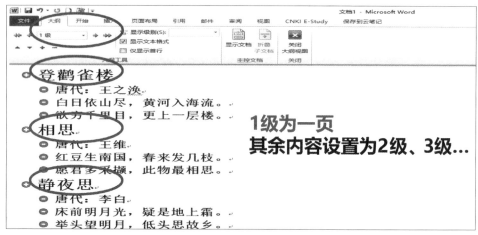

图 3 - 26 标题结构

第二步:点击"文件—选项—快速访问工具栏",从左侧栏选择"不在功能区中的命令",将"发送到 Microsoft PowerPoint"添加到右侧的"自定义快速访问工具栏中",点击确定。此时"发送到 Microsoft PowerPoint"按钮就会出现在快速访问工具栏中,如图 3 - 27 所示。

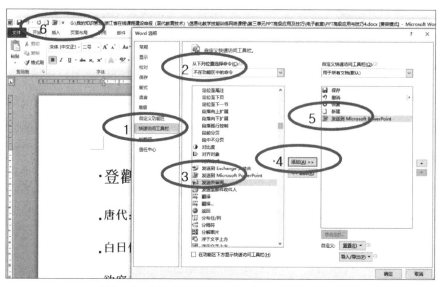

图 3 - 27 添加"发送到 Microsoft PowerPoint"按钮

第三步：点击"发送到 PPT"按钮，就可以将你在 Word 中整合好的文档资料分页发送到 PPT 中，接下来你再去对每页幻灯片进行美化吧！

第四步：在 PPT 中点击"设计"，从中选取一个你喜欢的模板，即可将此模板套用在 Word 发送过来的 PPT 中。若是希望套用你下载的模板，即可在打开的模板中，点击"设计—保存当前主题"，该模板就会保存在这里，如图 3 – 28 所示。

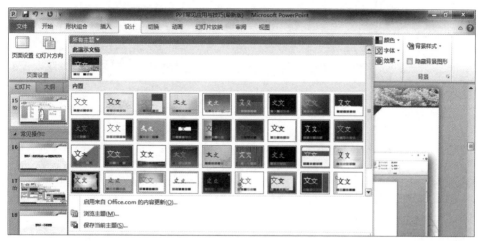

图 3 – 28 模板套用

3.3.2 页面优化

PPT 页面设计相当重要，它是教师展示信息的重要窗口。然而我们经常会看到 PPT 被误用，比如页面中的字过多、画蛇添足的艺术字、杂乱无章的图片摆放、眼花缭乱的配色和动画等问题。我们需要注重以下环节，达到优化改善 PPT 的页面设计。

作为以视觉演示为特征的 PPT 来说，字有些多，容易引起视觉疲劳。可以考虑分成几个页面，单独展示。首先 PPT 软件的特点是核心要点呈现，不是大段文字的堆砌，那是 Word 软件的功能特点，但是有些讲稿确实都是密密麻麻的字，不易观看。因此制作 PPT 时，首先需要从文本中提炼标题或者要点出来。

然后通过加大字号、加粗、变颜色等方法突出标题，字体建议统一使用微软雅黑，漂亮的颜色可以通过前面讲述的"巧取图片颜色"的方法获得并应用到此处的字体之上。

最后插入与内容高度相关的图片，图示和文本一定要在屏幕上邻近，以减少由于图文分离可能会引起的无关认知加工。如图 3 – 29 所示，优化前后的对比图。

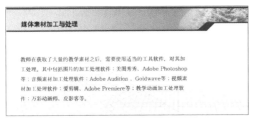

图 3 - 29 页面优化

字体运用也很重要,有时我们在自己的电脑上做好的 PPT,但在教室电脑上演示时,字体无法正常显示,怎么办呢? 这是因为你使用的字体在另外一台电脑中没有安装,所以无法正常显示。

解决的方法就是,点击"文件—选项—保存",勾选"将字体嵌入文件",点击确定。之后保存的文件,一般情况下,字体就会正常显示啦,如图 3 - 30 所示。

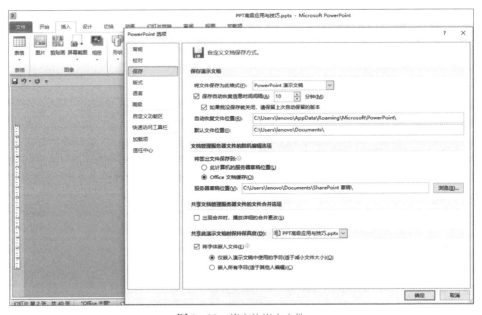

图 3 - 30 将字体嵌入文件

如若还是不能正常显示,就需要到"求字体网"(http://www.qiuziti.com/)或下载安装"字体管家"软件,找到相应字体并下载到本地机上。安装的方法比较简单,双击下载字体或选择"一键安装"即可;也可以到电脑的"控制面板"中双击"字体",进入"字体"面板,将下载字体拷贝到这里,双击字体,安装即可,如图 3 - 31 所示。

图 3-31 安装字体

3.3.3 使用快捷键

教师上课的时候,经常会就某个知识点作进一步的解释,这时可以使用 PPT 自带的白屏、黑屏及笔的功能,会方便教学演示。如图 3-32 所示,具体操作如下。

第一步:在幻灯片放映状态下按 W 或 B 字母,切为白屏或黑屏。

第二步:单击鼠标右键,选择"指针选项",继续选择"笔"或"荧光笔",即可切换到"笔"的状态,进行相应的涂写。按"ESC",回到原始页面,如图 3-32 所示。

图 3-32 指针选项

第三步：在幻灯片放映模式下，按 Ctrl + P，切换到笔迹批注；按下 Ctrl + E，切换到笔迹擦除；按下 Ctrl + T，可实现放映模式下调用任务栏。

另外为大家推荐一款演示工具 ZoomIt，让屏幕演示变得轻松方便。可到它的官方网站(https://zoomit. en. softonic. com)下载使用。ZoomIt 是一款非常实用的投影演示辅助工具。它源自 Sysinternals 公司，后被微软收购，因此，也称 ZoomIt 为微软放大镜。ZoomIt 只有一个 exe 文件，易于使用。通过快捷键可以很方便地调用 ZoomIt 的三项功能：一般默认的情况下，屏幕放大为 Ctrl + 1、屏幕注释为 Ctrl + 2、定时提醒为 Ctrl + 3。

下载并运行 ZoomIt，这个小程序就会呈现在电脑的任务栏上，右键单击程序小图标，出现选项面板，选择"Options"，可对定时提醒设定任意时间，如图 3 - 33 所示。

图 3 - 33　设定定时提醒

另外，有时我们需要将手机上的教学资源投屏到屏幕上进行演示，这里推荐一款手机投屏工具"傲软投屏"，可将安卓及 iOS 手机投屏到电脑上进行实时播放。其官方网站：https://lightmake. cn/mirror? apptype = aps-bd-d&-bd_ vid = 7505745345172077418。具体操作如下。

第一步：下载傲软投屏，在 Windows 或 Mac 电脑上安装该软件。

第二步：用手机连接电脑，iPhone 和安卓手机均可通过 USB 和 WiFi 连接，WiFi 连接时手机电脑需在同一 WiFi 网络。

第三步：连接成功后，即可将手机画面投屏到电脑上进行教学分享等。

3.3.4 超链接表达

PPT超链接类似网页的跳转,PPT的超链接不仅能实现页面之间的跳转,还能关联不同文件与PPT的跳转,比如在PPT页面中打开Word文件、视频文件、网站资源等。

方法一,链接网站资源

选择"插入—图片",在当前页插入一张北京地图,比如2号线地铁图,如图3-34所示。

图3-34 2号线地铁图

在天安门的图标下输入"天安门"文本,选择该文本框,右键单击选择"超链接",在百度上搜索到有关天安门的影片介绍的网址,然后复制该网址到超链接的地址栏中,完成网址链接。在页面预览时点击"天安门"文本,即可打开影片网页观看,如图3-35所示。

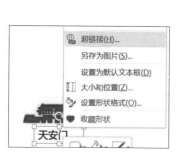

图3-35 超链接

方法二,超链接跳转页面

新建一页面,插入"雍和宫"图片,并输入雍和宫相关信息。返回 2 号线地铁图,绘制一矩形,设置填充与边框颜色均为"无色"。将该无色无框的矩形放置到"雍和宫"文本之上。

右键单击该无色矩形,调出超链接对话框,选择"连接到一本文档中的位置",选择"幻灯片 2",完成页面之间的超链接。预览 PPT 文件时点击雍和宫字样,跳转到页面 2,了解雍和宫相关内容,如图 3 – 36 所示。

图 3 – 36　超链接跳转页面

用同样的方法制作"崇文门""建国门""复兴门""宣武门""积水潭"等地名和页面的超链接,完成整个超链接制作。

另外,我们经常会在 PPT 页面中的文字上设置超链接,点击之后,会出现变色和下划线,怎样处理才能做到"无痕"链接呢? 其实很简单,只要不在文字上设置超链接或动作,而是在字所在的边框上右键单击设置超链接,这样就可以避免字变色和带有下划线。

3.3.5　交互制作

课件交互功能的开发无论对于课堂教学还是自主学习都有着积极的意义。交互式课件的设计使用,能让教学在整个过程中更灵活,能充分调动学生的积极性来开展课堂互动。游戏型交互课件支持课外自主学习,富有挑战性的交互形式让学生在寓教于乐之中收获知识和技能。下面我们配合使用 PPT 和 VB 制作选择题互动的教学效果。

第一步: 在 PPT 中加载 VB 模块

首先需要点击菜单栏中的"文件"按钮,然后再点击"选项"按钮,在弹出的面板当中,选择"自定义功能区",再将"开发工具"勾选,如图 3 – 37 所示。

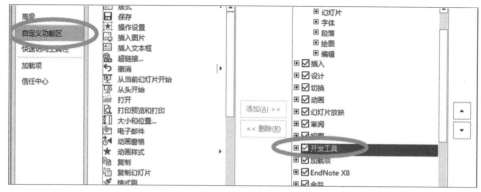

图3-37 加载"开发工具"

当我们再次打开 PPT 的时候,VB 模块就已经加载完成,在菜单栏中出现了"开发工具"及其 Visual Basic,如图 3-38 所示。

图3-38 开发工具"Visual Basic"

第二步:插入 VB 按钮以及文本框

点击圈 1 中的 VB 文本框"A",在页面上单击并拖动鼠标创建文本;点击圈 2 中的 VB 按钮框,在页面上单击并拖动鼠标创建按钮,如图 3-39 所示。

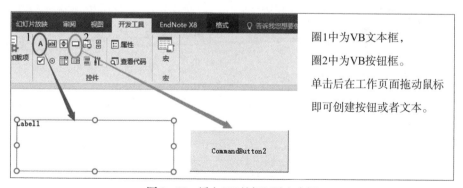

圈1中为VB文本框,
圈2中为VB按钮框。
单击后在工作页面拖动鼠标即可创建按钮或者文本。

图3-39 插入 VB 按钮以及文本框

第三步：VB按钮交互——制作一个选择题

输入好题目及选项,画四个按钮(A/B/C/D)和一个文本框,修改按钮和文本框的属性。注意:按钮一定要按顺序排列且和选项一一对应,如图 3 - 40 所示。

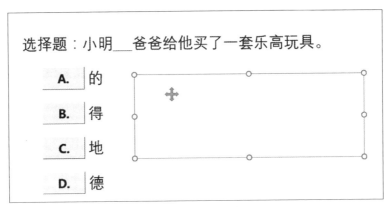

图 3 - 40　VB 按钮交互

其中"属性"的修改很关键。单击新建的 label 文本框或按钮,然后点击"开发工具—属性",调出属性栏,修改 Caption 中的文本可以改变显示的内容。一般而言,文本框直接清空,按钮框改成选择题选项,A. /B. /C. /D. 即可,如图 3 - 41 所示。

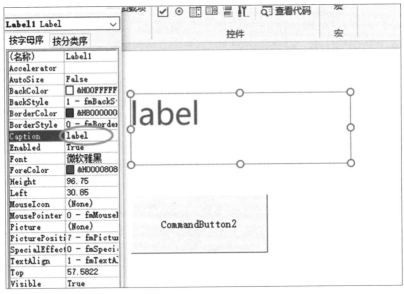

图 3 - 41　修改 Caption

Font 可以改变字体大小及格式，ForeColor 可改变字体颜色，如图 3 - 42 所示。

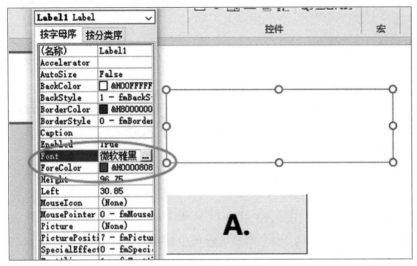

图 3 - 42 修改字体样式

第四步：代码输入

先双击按钮框调出下面的代码输入界面，清空全部代码，如图 3 - 43 所示。

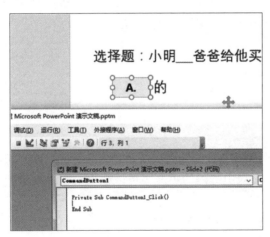

图 3 - 43 代码输入

再将下面的代码全部"复制—粘贴"至代码框中，关闭输入界面，运行当前页
PPT，预览效果。代码如下：

Private Sub CommandButton1_Click( )

Label1. Caption = "正确(引号内的内容可根据题目的需要修改)" & vbCrLf & " " & vbCrLf & "的 后面跟的都是名词,如:他的妈妈,可爱的花儿,谁的橡皮,清清的河水(引号内的内容可根据题目的需要修改)"

End Sub

Private Sub CommandButton2_Click( )

Label1. Caption = "错误(引号内的内容可根据题目的需要修改)" & vbCrLf & " " & vbCrLf & "地 后面跟的都是表示动作的词,如:用力地踢,仔细地看,开心地笑笑(引号内的内容可根据题目的需要修改)"

End Sub

Private Sub CommandButton3_Click( )

Label1. Caption = "错误(引号内的内容可根据题目的需要修改)" & vbCrLf & " " & vbCrLf & "(引号内的内容可根据题目的需要修改)"

End Sub

Private Sub CommandButton4_Click( )

Label1. Caption = "(引号内的内容可根据题目的需要修改)" & vbCrLf & " " & vbCrLf & "(引号内的内容可根据题目的需要修改)"

End Sub

Private Sub Label1_Click( )

Label1. Caption = ""

End Sub

注意:当需要根据题目修改代码时只能修改双引号内的中文,要保留完整的一对引号。代码中英文双引号内的中文字可以根据题目需要进行修改,如图 3 - 44 所示。

第五步:保存带有 VB 程序的 PPT 文件

点击"保存",提示框中选"否",点击"保存类型",选"启用宏的 PowerPoint 演示文稿",最后保存即可。也可通过"文件—另存为",选择文件类型"启用宏的 PowerPoint 演示文稿",如图 3 - 45 所示。

PPT 提供了 AxctionX 控件、VBA,用于制作多样化的交互练习和提高交互的智能性。利用控件工具箱提供的 AxctionX 控件,可实现命令按钮、文本输入、复选框、

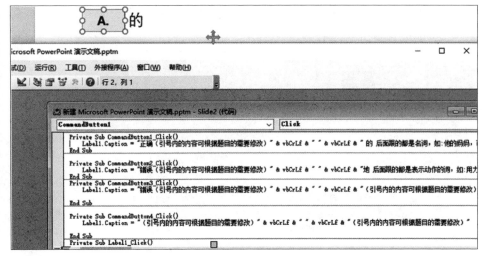

图 3-44 可更改的内容

图 3-45 启用宏的 PowerPoint 演示文稿

单选框、下拉列表框等交互响应,并且可以使课件具有编程语言所特有的变量、函数、逻辑运算、条件、分支、循环、跳转、判断等功能。进一步的学习可浏览微软官方网站:https://docs.microsoft.com/zh-cn/office/vba/api/overview/powerpoint。

3.3.6 分子结构图

有时候在化学课上需要展示复杂的分子结构图及化学流程图,如图 3-46 所示。若使用 Word 或 PPT 的绘图功能来展示费时又费力,而且表达的分子结构也不太标准,这时候就需要配合相应的学科工具,比如专业的化学绘图软件 ChemDraw。具体操作步骤如下。

图 3-46 分子结构图

第一步：下载并安装 ChemDraw 软件,如图 3-47 所示。其官方网站: https://www.chemdraw.com.cn。

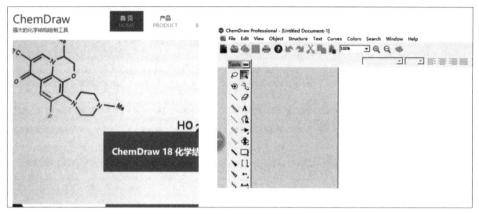

图 3-47　ChemDraw 软件界面

第二步：使用 ChemDraw 软件左侧工具箱中的绘图工具,绘制分子结构。这个案例中分别使用到了苯环工具、直线工具、文本工具等,如图 3-48 所示。

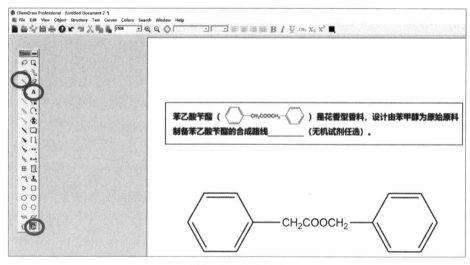

图 3-48　绘图工具

第三步：选中所绘制的分子结构,右键单击复制,然后粘贴到 PPT 中,如图 3-49 所示。

此外,软件还提供了大量模板工具,包括基本图形工具、试验器材模板、分子结构

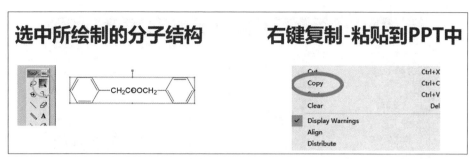

图 3 - 49 复制到 PPT

等,如图 3 - 50 所示。详细了解可访问其官网教程:https://www.chemdraw.com.cn/ruheshiyong/huaxue-liuchengtu.html。

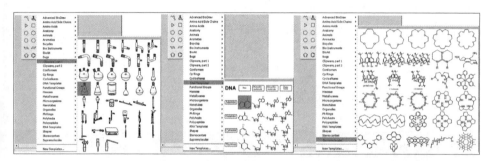

图 3 - 50 模板工具

3.3.7 数学公式编辑器

在数学课上需要展示数学公式和符号,目前 Word 或 PPT 的"插入—公式"已能够支持多种数学公式及符号的输入,如二次公式、二项式定理、傅立叶级数、勾股定理、和的展开式、三角恒等式、泰勒展开式、圆的面积等。在 office.com 中还提供了传递性、多项式展开、分配律等公式。同时支持"插入新公式",即手动输入公式,如图 3 - 51 所示。

由于数学有着大量的公式和符号需要输入和演示,此时若配合相应的学科工具,比如 MathType 数学公式编辑器,会更加轻松方便。具体操作步骤如下。

第一步:下载并安装 MathType 数学公式编辑器,其官方网站:https://www.mathtype.cn。安装好后,此时再次打开 Word 或 PPT 软件的时候,"MathType"就会出现在菜单栏中,如图 3 - 52 所示。

第二步:点击"内联"选项卡,打开 MathType 窗口,根据题目的具体要求,选择相应工具进行输入,如图 3 - 53 所示。输入完成后,关闭该软件窗口,会提问是否保存

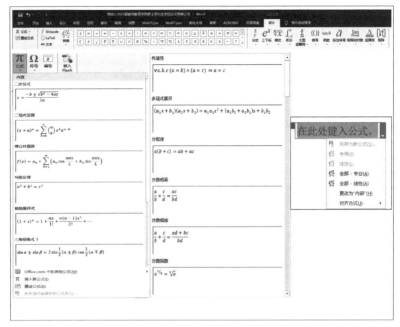

图 3-51 "插入—公式"

图 3-52 MathType 编辑器

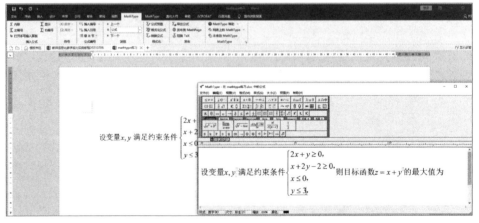

图 3-53 MathType 窗口

到 Word 文档中,点击"是"即可。或者全部选中题目进行复制,然后粘贴到 Word 或 PPT 中。

第三步: 若还需要对 Word 文档中的这个题目进行修改,双击题目,又会重新进入到 MathType 的编辑状态中。也可单击右键,在弹出的面板中选择"Equation 对象—Edit"再次回到编辑状态中,如图 3 - 54 所示。

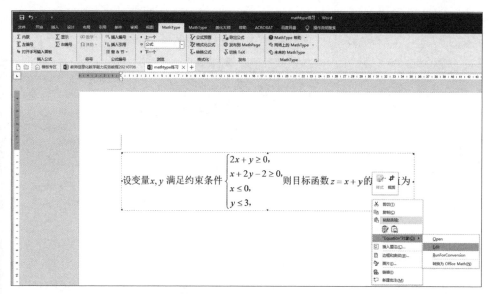

图 3 - 54　Equation 对象—Edit

下面我们再输入一个稍微复杂一点的数学公式,大家试着练习一下,看看能否顺利完成这个任务,如图 3 - 55 所示。

3.3.8　手绘演示

Easy Sketch Pro 是一款功能强大的手绘视频制作软件,可直接输入中文字体并以手绘方式展示,同时支持图片自动完成手绘效果,对于导入的视频素材,也可将视频的开始图片形成手绘动画,之后进入视频播放,且与其他图片和文字素材的运用不冲突,还可以在视频素材上添加文字和图片元素,手绘效果极具吸引力。一般情况下我们可以使用该款软件制作课件片头的手绘效果,下面我们介绍一下使用 Easy Sketch Pro 3 的基本方法。

■　初始界面

首先需要下载和安装 Easy Sketch Pro 3,其官方网站: http://easysketchpro. com。运行该软件,初始界面,如图 3 - 56 所示。菜单栏中的功能依次为: New

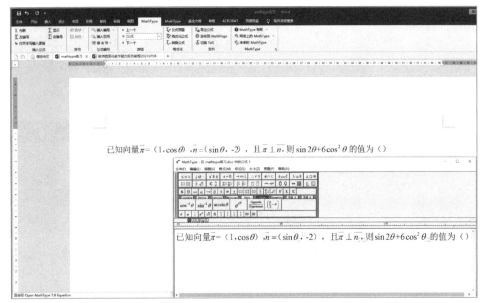

图3-55 数学公式的输入

Project(新建项目)、Open Project(打开项目)、Save Project(保存项目)、Save As(另存为);New Slide(添加新页面)、Image(图片)、Text(文本)、Video(视频)、Music(音频)、Voice over(画外音)、Backgrounds(背景)、Hands(手型);Timeline(时间线)、Preview(预览)、Export(输出)、Settings(设置)、Help(帮助)。

图3-56 Easy Sketch Pro 3 界面

■ 基本操作

第一步:新建幻灯片

单击"New Slide",可在新的幻灯片中建立新的手绘动画场景,如图3-57所示。

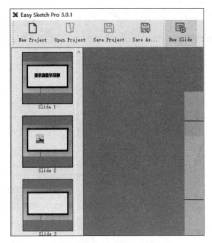

图 3 - 57　新建幻灯片

第二步：设置画面大小

单击"Settings"按钮，设置画面大小为"1 280×720"，如图 3 - 58 所示。

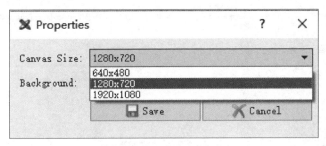

图 3 - 58　设置画面大小

第三步：设置背景

单击"Backgrounds"，从背景库中选择一个背景图片，当然你也可以从本地机上导入图片做背景，如图 3 - 59 所示。

第四步：输入文本

单击"Text"，输入文本，比如输入"教学动画学习群"，选择字体、字号、颜色等，点击 OK。双击"文本"选中它，将它移动到合适的位置。此时，我们单击"Preview"，即可看到默认的"教学动画学习群"的手写效果，如图 3 - 60 所示。

第五步：设置属性

双击文本，使其处于被选中状态，然后右键单击文本，在出现的下拉菜单中选择

图 3-59　设置背景

图 3-60　输入文本

"Properties",可以打开属性设置选项,如图 3-61 所示。在这里,可以更改手绘的方式,比如手绘(Draw by hand)、用手拖入图片(Drag by hand)、逐渐增强效果(Fade in)、拖入(Drag)、自动完成绘画(Draw)、无效果(None)。

第六步: 设置手写速度

单击"Timeline",打开"教学动画学习群"的属性对话框,单击"属性(Properties)",可适当调整手绘持续时间"Timing Draw"为 10 秒左右,让手写速度放慢一些,持续 10 秒左右,如图 3-62 所示。

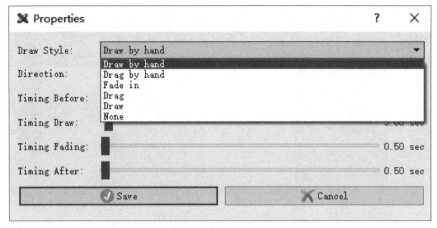

图 3 - 61 设置属性

图 3 - 62 设置手写速度

第七步：添加图片

单击"Image"打开图片库，从中选择适合的图片或者从本地机上导入一幅图片，如图 3 - 63 所示。

第八步：添加音乐

单击"Music"打开音乐库，从中选择适合的背景音乐或者从本地机上导入事先准备好的音频素材。也可点击"Voice Over（录音）"，录制你的解说，如图 3 - 64 所示。

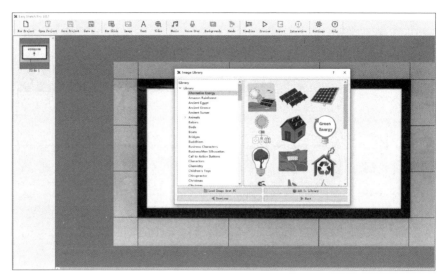

图 3 - 63 添加图片

图 3 - 64 添加音乐

第九步：添加视频

单击"video"可以导入一段准备好的视频素材,建议三分钟以内,时间过长会占用计算机内存。若勾选"Sketch to Video(素描视频)""Use High Quality Frame(使用高质量帧)",就是以手绘的方式素描视频第一帧高清画面,然后开始播放视频,如图 3 - 65 所示。

第十步：预览与输出

单击"Preview"预览手写动画,如若完成无需修改,则可单击"Export(导出)"文

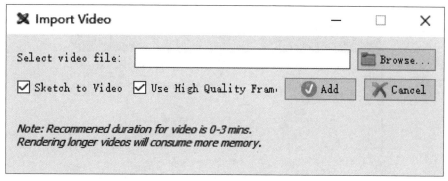

图 3-65 添加视频

件,即可生成 MP4 格式的视频文件,如图 3-66 所示。

图 3-66 预览与输出

3.3.9 同步在线教学工具

2020 年初突发疫情让"应急线上教学"成为每一位教师在疫情及后疫情时代必须面对又要学会解决的教学问题,其中掌握同步在线教学工具的使用方法成为必备的技能。常见的工具有 QQ、钉钉、腾讯会议、CCtalk、Skype、ZOOM、腾讯课堂、ClassIn 在线教室、雨课堂等。下面我们以 QQ、钉钉为例进行简要介绍。

■ QQ

QQ 是大家最常用的社交工具,几乎无需对教师进行培训就可使用。首先创建QQ 班级群,然后教师就可以通过 QQ 电话、分享屏幕、演示白板的方式进行授课,如

图 3-67 所示。

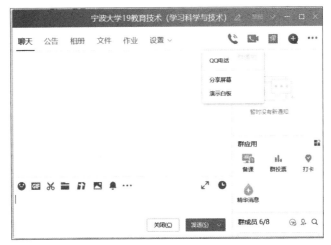

图 3-67　分享屏幕和演示白板

QQ群文件可以上传教师课件和相应的教学资源,QQ作业可以实现布置作业以及对作业进行批改和查看反馈,如图 3-68 所示。

图 3-68　QQ作业

QQ的请求控制对方电脑/邀请对方远程协助可以实现"一对一"的模拟现场操作指导,远程直接操作对方的电脑,如图 3-69 所示。

QQ群应用有:群备课(辅助教师备课)、打卡(学生参与的证据)、群日历(提醒教学事件)、投票(可以了解学情)、群链接(提供教学资源)、群作业(布置作业)等,如图 3-70 所示。

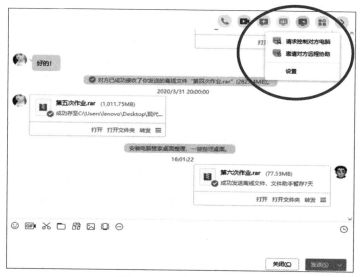

图 3 - 69 QQ 的运程控制

图 3 - 70 QQ 群应用

■ **钉钉**

钉钉是目前相当完备的一个专业级的直播系统,很多学校和教师的在线授课都采用了此系统。下面我们结合教师最常用的教学功能进行概述。

◇ 创建班级钉钉群

第一步:到钉钉官方网站(https://www.dingtalk.com)下载并安装桌面端和移动端的钉钉系统,以配合后续使用。

第二步:若采用移动端创建班级群,请运行移动端钉钉,点击界面右上角的"＋",出现"扫一扫""发起群聊""添加好友""发起会议"等选项,选择"发起群聊"。

第三步：发起群聊有"选择联系人"和"面对面建群"两种方式，若"选择联系人"，此人应该是你的钉钉好友；若"面对面建群"，可以和你身边的朋友输入同样的四个数字，完成建群。

第四步：在更多场景群中，如"班级群""同学群""培训群""考试群"，推荐教师选择"班级群"，进一步选择创建的班级群类型，如"家校群(群成员：老师、家长)""师生群(群成员：老师、学生)"，根据用途进行选择。这里我们选择"师生群"，为群命名、填写学生人数以及选择学段/年级、所在地区、所在学校等信息后，点击"立即创建"。

第五步：在随后出现的"邀请学生快速体验师生群"中，提供了"微信邀请""QQ邀请""钉钉邀请""二维码邀请""班级号邀请"，选择一种你认为方便的方式邀请，以尽快让学生加入到班级群中来。

◇ 在线授课

班级钉钉群建立之后，就可以使用钉钉系统进行在线授课了，此时推荐使用桌面端钉钉系统。双击班级群，进入班级群的钉钉页面，主要功能包括发送文件、视频会议、发起直播、在线课堂等，如图3-71所示。教师最常用的是发起视频会议，实现在线授课。

图3-71 在线授课

第一步：点击视频会议，出现"会议模式(适用于开会讨论、自由发言)""课堂模式(适用于老师上课、培训)"，这里推荐选择"课堂模式"，然后开启麦克风和摄像头，最后点击"开始上课"。

第二步：进入钉钉视频会议系统界面，下方的控制面板如图3-72所示，主要包括"录制(录制后，可回放)""全员静音(避免声音嘈杂)""共享窗口(共享教师端窗口)""互动信息(可看到学生的提问和留言)""设置(开启美颜、虚拟背景等)""下课(上课结束)"等功能。

图3-72 钉钉的"控制面板"

第三步：选择"共享窗口"，在弹出的画面中继续选择"桌面"，然后再选择"共享"，即可共享教师的桌面端，此时教师在电脑端的所有演示均可呈现给远端的学生。

第四步：在教师的演示过程中，还可以模拟现场的白板或黑板书写的操作，这些功能集中在系统界面的左侧，从上至下依次为：打开文件、选择脑图、指针、画笔、绘制形状、文本、截图、撤销、橡皮、定时器，如图3-73所示。

图3-73 钉钉的"演示工具"

◇ 发起或参与会议

如果我们希望以开会讨论、自由发言的方式进行教学，就可以采用发起会议的方式。

第一步：点击电脑端钉钉系统左下角的"会议"，出现"发起会议""加入会议""预约会议""直播""在线课堂"，如图3-74所示。

第二步：单击"发起会议"，在出现的界面中输入会议名称、选择会议模式、开启麦克风和摄像头、邀请钉钉好友等，单击"开始会议"，进入视频会议界面。

第三步：发起会议者为主持人，可以对会议进行录制、邀请更多的人参加会议、全员静音、结束会议等。参会人员可自由发言，并通过"共享"分享自己终端的内容，如图3-75所示。

第四步：若通过移动端发起会议，单击界面右上角的"会议"图标，出现"发起会议""加入会议""预约会议""发起直播"。单击"发起会议"，出现"视频会议""语音会议""电话会议"。

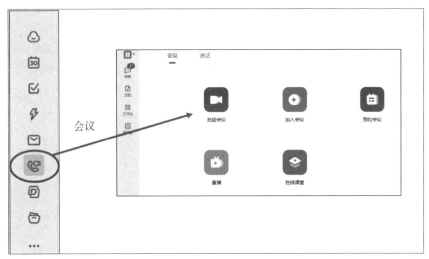

图 3 - 74 发起或参与会议

图 3 - 75 共享桌面

第五步：选择"视频会议"，通过选择钉钉好友添加参会人，单击"开始会议"。若希望添加更多的人参会，还可通过钉钉、微信、QQ、短信等方式分享"入会号"，让更多的人参与视频会议的讨论。

■ **研习任务**

◇ 使用 Focusky 制作一个演示文稿，至少三页。

◇ 利用 Easy Sketch Pro 或你熟悉的工具制作一个手绘画面的片头。

◇ 创建一个钉钉班级群，模拟在线授课场景。

第 4 章　微课

4.1　微课的定义

近几年来,随着移动通信技术、社交媒体的蓬勃发展,以及社会节奏的加快,个性化学习需求愈加旺盛,教育资源也逐渐开放、共享和多元化,其中资源形态呈碎片化、微型化、主题化发展趋势,各种类型的"微"教学实践在国内外如火如荼地铺开。

微课(Micro-Lecture)的雏形最早见于美国北爱荷华大学鲁亚·麦克格鲁(LeRov A. McGrew)教授 1993 年所提出的 60 秒课程(60-Second Course),他希望在非化学专业的学生以及民众中普及有机化学常识,然而现有的有机化学概论教材篇幅很长且需要花很多精力去学习。因此,麦克格鲁教授提出 60 秒课程,以期在一些非正式场合,如舞会、搭乘电梯时,为大众普及化学常识。他进一步将 60 秒课程设计成三部分:概念引入(General Introduction)、解释(Explanation and Interpretation)、结合生活列举例子(Specific Example-The Chemistry of Life),这样的课程既短小精悍,又生动有趣。1995年,英国纳皮尔大学的基(T. P. Kee)教授提出了一分钟演讲(The One Minute Lecture,简称OML)。而现今热议的微课概念是2008年由美国新墨西哥州圣胡安学院的高级教学设计师、学院在线服务经理戴维•彭罗斯(David Penrose)提出的,他提出了建设微课的五个步骤[1]:罗列课堂教学中试图传递的核心概念,这些核心概念将构成微课程的核心;写出一份15—30秒的介绍和总结,为核心概念提供上下文背景;用麦克风、网络摄像头录制以上内容,最终的节目长度为1—3分钟;设计能够指导学生阅读或探索的课后任务,帮助学生学习课程材料的内容;将教学视频与课程任务上传到课程管理系统。

在国内,2011年胡铁生基于现有教育信息资源利用率低的现状,率先给出微课的定义,他认为微课是根据新课程标准和课堂教学实际,以教学视频为主要载体,记录教师在课堂教学中针对某个知识点或教学环节,而开展的精彩教与学活动中所需各种教学资源的有机结合体。[2] 焦建利认为微课是以阐释某一知识点为目标,以短小精悍的在线视频为表现形式,以学习或教学应用为目的的在线教学视频。[3]

微课的另一种称谓"微课程"用得也比较广泛,黎加厚认为"微课程"是指时间在10分钟以内,有明确的教学目标,内容短小,集中说明一个问题的小课程。[4] 金陵则从微课程的属性出发定义了微课程的概念,他认为微课程的研究对象是以课时为单位的教学活动;在借鉴国外先进教育理念和教学方式的基础上,提出构建基于"云计算"环境的、以"任务单""微课"和课堂教学方式创新三位一体为基本模式的微课程教学法,并对三大模块的操作方式、课内教学方式创新和微课程教学法将对教育产生的影响等作了独到的探讨。[5] 总之,微课程就是指基于教学设计思想,使用多媒体技术,以音频、视频为主要载体,针对某一个学科知识点(如重点、难点、疑点、考点)或教学环节(如学习活动、主题、实验、任务等),而设计开发的一种情景化的、支持多种学习方式的在线视频网络课程。

4.2 微课设计与制作

微课设计与开发主要包括:选题设计与分析、教学过程设计、微课制作三大环节。具体描述如下。

---

① 关中客.微课程[J].中国信息技术教育,2011(17):14.
② 胡铁生."微课":区域教育信息资源发展的新趋势[J].电化教育研究,2011,(10):61—65.
③ 焦建利.微课及其应用与影响[J].中小学信息技术教育,2013(04):13—14.
④ 黎加厚.微课的含义与发展[J].中小学信息技术教育,2013,(04):9—12.
⑤ 金陵.建构中国特色的"微课程教学法"[J].中国信息技术教育,2013(12):5—11.

4.2.1 选题设计与分析

选择什么样的知识点进行微课的设计与开发很重要,因为并不是任何知识点都需要制作成微课,建议针对学科教学中的重点、难点以及需要学生反复观摩演练的知识点进行设计与制作。也可以将一节课或者一个教学单元分成若干知识点,比如2—3 个或 3—5 个,并整理一个清单,列出知识点,以做成系列微课。可以是知识讲解、教材解读、题型精讲、考点归纳,也可以是方法传授、教学经验等技能方面的展示。

接下来是对每个知识点进行分析,分析子内容之间的关系,包括并列、递进、包含等关系,如图 4-1 所示。

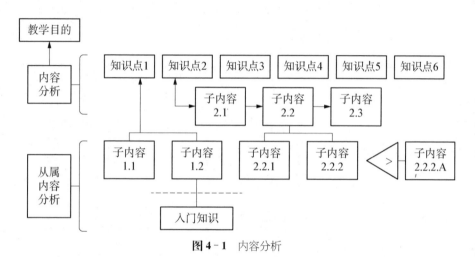

图 4-1 内容分析

4.2.2 教学过程设计

微课也是课,一节讲授型的微课也应该有导入、新授、提问、练习与反馈、小节、作业与巩固等环节,但相对于较宽泛的传统课堂,微课时间短小精悍,一般以 5—8 分钟为宜,不超过 10 分钟。其中导入要新颖、迅速;讲授线索要鲜明、突出重点;结尾要快捷。

微课主要是以微视频为主的资源形态,其媒体表征符号主要有文本、图形、图片、视频、动画、音频等。教师需要将教学过程设计落实到微课制作的分镜头脚本,主要包括微课名称、知识点描述、知识点来源、先修知识、课程类型、适用对象等,以及教学过程结构,并需要将过程详细展现出来,包括画面怎样呈现、讲解、配乐如何配合以及所用时间等,如表 4-1 所示。

表 4-1　微课设计模板①

微课时间：10 分钟以内

开课单位	
系列名称	
本微课名称	
知识点描述	
知识点来源	学科：　　年级：　　教材：　　章节：　　页码：
先修知识	听本微课之前需要了解的知识：
课程类型	□讲授型　□问答型　□启发型　□讨论型　□演示型　□实验型　□表演型　□自主学习型　□合作学习型　□探究学习型
适用对象	
设计思路	

教学过程结构

		内容	画面	声音	时间
引入课题					
内容讲授	第一节内容：				
	第二节内容：				
	第 N 节内容：				
总结收尾					
教学反思（自我反思）					

　　在微课中，由于时间有限，语言的准确简明显得更为重要。在设计课程的过程中，要把将要讲述的内容结合要说的话语，与要采用的表达方式、手势、表情，以及其中要注意的关键词，统合在一起预先演练一遍。语言要求生动、富有感染力，同时更应做到精炼，其设计最好具体落实到分镜头脚本，以方便制作，例如"学会说课"一节课的分镜头脚本，如表 4-2 所示。

---

① 黄建军，郭绍青.论微课程的设计与开发[J].现代教育技术，2013,23(05)：31—35.

表 4 - 2　"学会说课"分镜头脚本

演示过程

画面及镜头设计：

各镜头可分开拍录：

镜头①，聚焦教师；
镜头②，师生全景；
镜头③，聚焦学生。

过程	解说词	画面	时间
片头	无解说词，但有背景音乐	设计、制作视频统一片头。方式多样，例如：动态呈现课程元素＋名称、科技感呈现团队照片等。	3—5 秒
正文讲解	1. 老师，您好。我们实习的学校近期有教师说课比赛，作为新手教师的我们经验匮乏，思路受限，不知道从何开始准备，你能给些建议吗？（生）	1. 教师和学生同时出境，镜头②，后半句切到镜头③（学生问，教师听）。	5—6 秒
	2. 可以。其实，无论是新手教师还是专家型教师，说课都是一个必不可少的工作环节。说课有利于教师间的相互学习和教学改进。（师） 3. 一般来说，说课一般包括：说教材、说目标、说重难点、说教法、说学法、说过程等教学环节。（师）	2. 镜头①，聚焦教师；并呈现 PPT2 页（有"说课有利于教师间的相互学习和教学改进"字样）。 3. 镜头②，具体环节切到 PPT2 页，教师可不呈现；并呈现 PPT2 页的具体内容，采用动态擦除的方式逐一展出。	6—8 秒
	4. 老师，您能就每个环节的内容给我们做一个详细的讲解吗？（生） 5. 可以，首先是说教材。比如"某某"课是新人教版教材第几单元，第几课。在此之前，同学们已经学习了×××，这为过渡到本节课的学习起到了铺垫的作用。因此，本节课的理论、知识、技能也是学好以后课程的基础，它在整个教材中起着承上启下的作用。（师）	4. 镜头③，聚焦学生； 5. 镜头②，老师出镜讲至"可以，首先是说教材"，PPT3 页切出，画面呈现 PPT3 页的具体内容，采用动态擦除的方式逐一展出。	6—8 秒
	6. 其次是说目标。根据本教材的结构和内容分析，结合着×年级学生的认知结构及其心理特征，特制定三维教学目标如下：知识与技能目标；过程与方法目标；情感与价值观目标。（师）	6. 老师出声讲解＋呈现 PPT4 页的具体内容，采用动态擦除的方式逐一展出。	3—5 秒
	7. 第三步是说教学重难点。本着新课标和学科素养的要求，在研读教材的基础上，确定了本节课的重难点。教学重点是 x，重点的依据是只有掌握了 x，才能理解和掌握 y；教学难点是 z，难点的依据是 z 较抽象，学生没有这方面的基础知识。（师）	7. 老师出声讲解＋呈现 PPT5 页的具体内容，采用动态擦除的方式逐一展出。	3—5 秒

8. 第四步是说教学方法。就是要阐明教师为什么要采用这样的教学方法。 比如考虑到教学内容特点并结合学生特征，本节课采用了以下的教学方法。(师) 直观演示法：利用图片等手段进行直观演示，激发学生的学习兴趣，活跃课堂气氛，促进学生对知识的掌握。 活动探究法：引导学生通过创设情境等活动形式获取知识，以学生为主体，使学生的独立探索性得到了充分的发挥，培养学生的自觉能力、思维能力、活动组织能力。 集体讨论法：针对学生提出的问题，组织学生进行集体和分组语境讨论，促使学生在学习中解决问题，培养学生团结协作的精神。	8. 开头声音稍作停顿，画面切至镜头②全景，老师出镜讲解，学生点头回应。紧接着到"比如"字样时，画面切回PPT＋呈现PPT6页的具体内容，采用动态擦除的方式逐一展出。	9—10 秒
9. 第五步，说学法。就是要阐明学生的学习方法。在教学过程中应特别重视学法的指导。让学生从机械的"学答"向"学问"转变，从"学会"向"会学"转变，成为学习的真正主人。比如，这节课在指导学生的学习方法和培养学生的学习能力方面主要采取以下方法：思考评价法、分析归纳法、自主探究法、总结反思法等。	9. 老师出声讲解＋呈现PPT7页的具体内容，采用动态擦除的方式逐一展出。	3—5 秒
10. 第六步，说过程。在这节课的教学过程中，突出重点，条理清晰，紧凑合理，各项活动的安排也注重互动、交流，最大限度地调动学生参与课堂的积极性、主动性，具体过程可以从导入新课、讲授新课、课堂小结和布置作业四个部分来说。	10. 开头画面切至镜头①，聚焦教师。紧接着到"具体过程可以从导入新课"字样时，画面切到镜头②，后面PPT背景呈现"导入新课、讲授新课、课堂小结和布置作业"四个环节，采用动态擦除的方式逐一展出。	4—6 秒
11. 好的，老师，这四个环节是以模拟课堂教学片段的形式表达出来，还是把实施过程以客观视角叙述出来呢？(生) 12. 规范的要求是将实施目的、教学过程简单叙述出来，但也可以加入一两句课堂上对学生说的话，调节一下氛围。(师)	11. 画面切至镜头③，聚焦学生。 12. 画面切回镜头②，全景，师生同时出现。	7—8 秒
13. 具体每个环节是： ① 导入新课(2—3 分钟)：导语设计的依据是概括旧知识，引出新知识，告诉学生学习目标，以帮助他们认清教学的重要性和相关性。这是教学非常重要的一个环节，起到温故而知新、引起学生注意和激发学习动机的作用。 ② 讲授新课(30 分钟)：在讲授新课的过程中，突出教材的重点，明了地分析教材的难点。还根据教材的特点、学生的实际、教师的特长，以及教学设备的情况，选择恰当的媒体技术作为教学手段。这些教学手段的运用可以使抽象的知识具体化、可视化，使得枯燥的知识生动化，	13. 画面切至PPT8页和PPT9页，采用动态擦除的方式逐一展出具体内容。	20—22 秒

	乏味的知识兴趣化。同时教师要善于提供恰当的学习指导,引发学生的学习行为,并给予积极的反馈。 ③ 课堂小结(2—3 分钟):课堂小结的目的是强化认识,可以把课堂传授的知识尽快地转化为学生的素质;简单扼要的课堂小结,可使学生更深刻地理解理论在实际生活中的应用,并且逐渐地培养学生形成良好的个性。 ④ 布置作业(2—3 分钟):针对年级学生素质的差异,本节课进行了分层训练,这样做既可以使学生掌握基础知识,又可以使学有余力的学生有所提高,从而达到拔尖和"减负"的目的。我布置的课堂作业是:××××。		
	14. 最后一步,说板书设计。针对现代教学媒体的大量涌现,本节课制作了用于课堂教学演示的电子讲稿,同时也不忘板书的设计,以展现教师教学的思维过程和学生的参与过程,板书内容尽量少而精,与电子讲稿相互配合,以反映出教学内容的系统、重点和层次,力图达成教学之美。	14. 老师出声讲解 + 呈现 PPT10 页的具体内容,采用动态擦除的方式逐一展出。	3—5 秒
结尾	15. 好,以上就是关于说课的全部内容,你对说课有系统的认识了吗?(师) 16. 嗯!有了,您的讲解非常清晰,每个环节都收获满满,我课下会积极消化,将知识应用起来的。(生) 17. 希望你在比赛中获得好成绩。(师) 18. 好的,谢谢老师。(生)	15—18. 画面切回镜头②,全景,师生同时出境,对话。	7—8 秒

4.2.3 微课类型

按照内容及应用目的,大致可以将微课分为六大类。

◇ 讲授型:教师运用口头语言传授知识的一种方式,也是最为常见的教学方式。

◇ 问答型:主要是针对教学中的重点、难点的答疑解惑。

◇ 启发型:引导学生解决问题的过程,实时予以点拨与启发。

◇ 讨论型:通常采用设置主题,以讨论、研讨的方式进行的教学。

◇ 演示型:通常教师借助某种道具或多媒体将生活中的具体事例以简单明了的方式展示给学生,从而把一些抽象的知识和原理简明化、形象化,帮助学生加深对知识、原理的认识和理解。

◇ 实验型:在教师的指导下,使用一定的设备和材料,通过控制条件的操作过程,引起实验对象的某些变化,从观察这些现象的变化中获取新知识或验证知识的教学方法。在物理、化学、生物、地理和自然常识等学科的教学中,实验是一种重要的方法。

按照学生活动类型,大致可以分为四大类。

◇ 表演型:让学生根据教学情节进行模拟表演,再现故事情景的一种教学形式。

◇ 自主学习型:是一种以学生作为学习的主体,自我导向式的学习。通过自我制定计划阅读、听讲、研究、观察、实践等手段使个体得以持续地学习与发展。

◇ 合作学习型:是两个或两个以上的个体在一起,为了完成共同的任务,明确责任分工,通过合作与交流,相互促进、相互学习,取长补短,以提高学习成效的一种学习形式。

◇ 探究学习型:这种学习类型常以问题解决为导向,通过调查、分析、讨论、发表与交流观点,以解决问题,从中获得知识、掌握方法等。

根据微课视频的主要表现形式,大致也可以分为九大类[①]。

◇ 课堂实录式:是对课堂讲授型的教学活动进行拍摄、录制等。

◇ 实地拍摄式:是对实验类、真实场景类的教学进行的拍摄、录制等。

◇ 绿幕抠屏式:教师在绿幕前讲解,经后期抠屏技术处理与其他场景进行视频合成、叠加,经常采用的是"教师讲解 + PPT 演示""教师讲解 + 实地场景"等。

◇ 讨论式:是对讨论、研讨等实际场景的拍摄和录制,建议采用多机位的方法。

◇ 采访式:是对采访场景的拍摄、录制等,建议采用多机位的方法。

◇ 演讲式:是对演讲场景的拍摄、录制等,建议采用多机位的方法。

◇ 计算机录屏式:是通过录屏软件对计算机上的演示与教师讲解过程进行的录制。

◇ 可汗学院式:也是计算机录屏的一种,多采用"手写笔 + 手绘板 + 屏幕录制软件"的方式,将教师的手写与讲解过程记录下来,达到边写边讲的现场感。

◇ 画中画式:是在计算机录屏的基础上叠加教师的讲解图像。

此外,我们也可以从教学内容的具体类型上进行划分,比如理论讲授类:基本概念、规律、原理;推理演算类:理科的公式、原理、解题过程;答疑解惑类:习题讲解、解答技巧等;情感感悟类:德育主题或内容,语文、政治;技能训练类:动作技能、操作技能、语言运用技能等,如体育、音乐、美术等学科;实验操作类:利用仪器或设备、器材探索概念和规律生成的过程。

4.3 制作方法

微课制作流程一般包括拍摄前的素材准备、拍摄中的现场录制或录屏以及后期

[①] 参见中国大学 MOOC"翻转课堂教学法",授课老师:汪琼,课程网址:https://www.icourse163.org/course/PKU-21016? tid = 21012。

剪辑与合成等步骤。具体的素材准备一般包括：片头（微课名称、作者、单位等信息）、PPT 讲稿、练习测试题、拓展资料和片尾（有概括引导的片尾），等等。然后就可以根据微课程的分镜头脚本进行创作了，制作工具可以采用"摄像机＋白板或黑板""手机/iPad 拍摄＋白纸""录屏录制＋PPT"等多种方法，下面我们就这三种常用方法进行简要概述。

4.3.1　摄像机＋白板或黑板

一般采用高清摄像机在演播室、智慧教室或搭建的场景中进行拍摄，视频拍摄通常由专业摄像师承担，这样可以保障高清晰度以及拍摄效果。基本的过程如下所述。

第一步：针对微课主题，进行详细的教学设计，撰写微课分镜头脚本并准备教学素材。

第二步：教师在录制现场展开教学过程，可采用教师讲授、师生对话等多种形式，摄像师利用高清摄像机将整个教学过程拍摄下来，以备后期剪辑。

第三步，将各种教学素材导入后期编辑软件 Adobe Premiere 或 Camtasia Studio 之中，对视频进行后期剪辑与合成，包括片头、编辑和美化、主体内容叙事、片尾等重要环节的加工处理，其中主体内容可以形式多样，比如教师出镜、画外音、画中画、动画演示、录屏演示等方式；添加适合的配乐、字幕等，最后是文件生成与输出。

4.3.2　手机 /iPad 拍摄＋白纸

一般采用手机或 iPad 进行拍摄时，需准备好白纸若干张、几只不同颜色的笔以及相关主题的教案。基本的过程包括以下几个步骤。

第一步，针对微课主题，进行详细的教学设计，撰写微课分镜头脚本并准备教学素材。

第二步，固定手机支架，将手机安放在支架上，使手机镜头对准桌面；根据镜头录取的画面范围，使用直尺在桌面上画定位框。准备好后，录制教师在白纸上演示的教学过程，可以是书写、演算、画图等各种方式。需要注意的是要保持坐姿，头不能太低，以免遮挡镜头；书写时不要超出定位框，以免画面移出镜头。

第三步，将录制好的素材导入 Adobe Premiere 或 Camtasia Studio 之中进行编辑和美化，最后作品输出，方法同上。

4.3.3　录屏录制＋PPT

一般采用 Camtasia Studio 或其他的录屏软件对 PPT 演示进行屏幕录制，辅以配音和字幕等。基本的过程包括以下几个步骤。

第一步,针对微课主题,进行详细的教学设计,撰写微课分镜头脚本并准备教学素材。

第二步,在电脑屏幕上同时打开录屏软件和PPT讲稿,教师带好耳麦,调整好话筒的位置和音量,调整好PPT界面和录屏界面的位置后,单击"录制"按钮,开始录制。教师此时可一边演示一边讲解,并配合标记工具或其他多媒体软件或素材,尽量使教学过程生动有趣。

第三步,将录制好的素材导入Adobe Premiere或Camtasia Studio之中进行编辑和美化,最后作品输出,方法同上。

微课制作需注意以下事项:

◇ 时间尽可能短,最好控制在5—8分钟,最长不要超过10分钟。

◇ 基于教学设计思想编写微课分镜头脚本,要有好的逻辑框架和结构,内容精炼,不泛泛而谈。若内容较多、难度较大,可以制作成系列微课程。

◇ 教师讲解时,要注意大头像或站位不要遮挡教学内容,语言通俗易懂、深入浅出、详略得当,声音响亮、语速可稍快些等。

◇ 内容、文字、图片、声音等必须准确无误,同时不要让声音和画面停留太久,注重吸引学生的注意,积极引导学生的学习与理解,让学生觉得教师就在现场。

◇ 视频画质要清晰,建议多采用中景、近景和特写等小景别画面,多使用固定镜头,保障视频质量,注意画面的稳定与流畅。

◇ 建议视频格式采用适合网络播放的MP4、WMV、FLA格式,视频尺寸为1 280×720及以上。

◇ 建议音频采样率为:44.1K、比特率64—320、音画同步<100MS,音频格式为AAC(.aac,.m4a,.f4a)、MP3、Vorbis(.ogg,.oga)等。

4.4 制作工具

目前微课制作工具有很多种,比如PPT、EV录屏/剪辑软件、Camtasia Studio等工具就可以完成微课创作任务。

4.4.1 利用PPT创建微课视频

一般情况下,需要掌握很多软件工具才能顺利制作出属于自己的微课教学作品,但实际上,利用好PPT一样就可以制作出精美的微课。

■ 方法一:录音+排练计时

第一步:讲解录音

准备好你的微课讲稿 PPT,然后开始模拟讲课,边播放 PPT,边使用电脑中的录音机或者你的手机等进行录音,录完之后,保存音频文件。注意录音开始的时候最好等待 1 秒左右。这种做法的好处是后期可以对音频做适当的剪辑工作,如图 4-2 所示。

图 4-2　讲解录音

第二步:插入讲解音频

将录制好的讲解音频文件插入到 PPT 首页,点击播放,在菜单栏里勾选"跨幻灯片播放""自动开始""播放时隐藏"选项,如图 4-3 所示。

图 4-3　插入讲解音频

第三步：排练计时

选择"幻灯片放映—排练计时"，然后开始播放 PPT 讲稿，尽量保证与讲解声音播放同步，一页页地播放下去，播放结束之后，按"Esc"键，单击"是"保留新的幻灯片计时，如图 4-4 所示。

图 4-4　排练计时

第四步：创建视频

选择"文件—导出—创建视频"，注意此处要选择"使用录制的计时和旁白"，然后单击"创建视频"。把它存成一个 MP4 格式的文件，点击"保存"即可将你的 PPT 讲稿导出为一个微课视频，如图 4-5 所示。需要注意的是 2010 版以上的 Powerpoint才具有视频导出的功能。

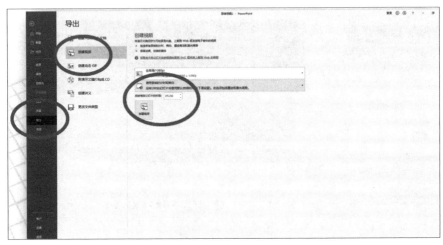

图 4-5　创建视频

■ 第二种方法：直接录制

第一步：录制幻灯片演示

准备好你的微课讲稿 PPT,然后选择"幻灯片放映—录制幻灯片演示",可选择"从当前幻灯片开始录制"或"从头开始录制",如图 4-6 所示。

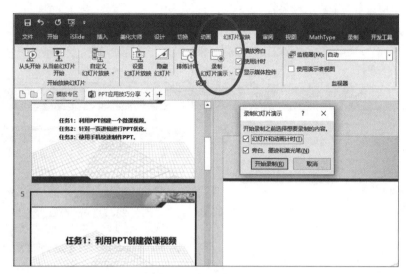

图 4-6 录制幻灯片演示

第二步：开始录制

在弹出的"录制幻灯片演示"面板中,勾选"幻灯片和动画计时""旁边、墨迹和激光笔",点击"开始录制"。

第三步：讲解 PPT

开始播放 PPT 讲稿,此时已处于录制中,尽量保证图片与声音播放同步,直到播放结束。

第四步：创建视频

选择"文件—导出—创建视频",再选择"使用录制的计时和旁白",然后点击"创建视频",把它存成一个 MP4 格式的文件,按"保存"即可将你的 PPT 讲稿导出为一个视频。这种方法最简单,但是要求教师讲课非常熟练,最好一气呵成,否则后期剪辑会比较困难。

4.4.2 EV 录屏/剪辑软件的使用方法

EV 录屏软件是当前比较流行的一款简单易用的录屏工具,它是由湖南一唯信息科技有限公司出品的。该公司旗下的产品还包括 EV 剪辑、EV 课堂等,让教师能够简单、快速地对视频进行录屏、剪辑等处理。

■ EV 录屏

第一步：首先需要到它的官方网站（https://www.ieway.cn/evcapture.html）下载并安装该软件。

第二步：运行 EV 录屏软件

打开 EV 录屏软件，如图 4-7 所示。界面上包括：本地录制、选择录制区域（全屏录制、选区录制、只要摄像头）、选择录制音频（仅麦克风、仅系统声音、麦和系统声音）等。

图 4-7 EV 录屏软件界面

第三步：设置参数

单击 EV 软件右边上的小齿轮，打开参数设置对话框，如图 4-8 所示。可以设置视频帧率、画质级别、音频采样率等。系统默认设置开始/暂停快捷键：Ctrl + F1；停止录制快捷键：Ctrl + F2。

第四步：屏幕录制

准备好你的 PPT 讲稿，按下 Ctrl + F1，开始你的讲课。当讲课结束时，按下 Ctrl + F2 停止录课，保存录制文件。

■ EV 剪辑

当我们使用 EV 录屏软件录制好视频以后，接下来需要使用 EV 剪辑软件做后期的剪辑处理。

第一步：下载并安装 EV 剪辑软件

首先需要到它的官方网站（https://www.ieway.cn/evedit.html）下载并安装该

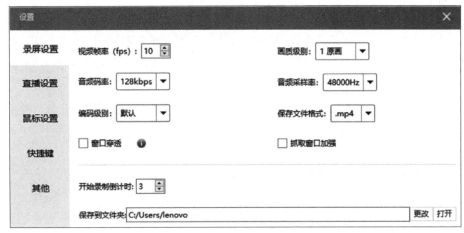

图 4 - 8 设置参数

软件。

第二步：运行 EV 剪辑软件

打开 EV 剪辑软件，如图 4 - 9 所示。点击添加要编辑的视频、背景音乐、图片等，并将它们拖放到下方相应的轨道上。

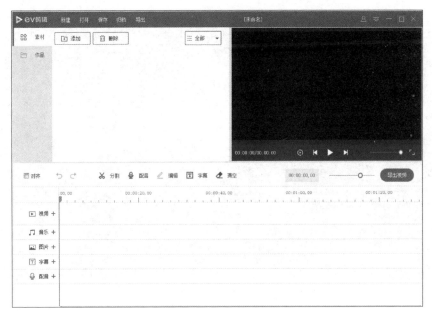

图 4 - 9 EV 剪辑界面

第三步：素材剪辑

单击分割，可以将素材进行适当的分割处理，也可进行删除、移动等操作；单击字幕，可以创建字幕，将字幕拖至适当的位置，并输入相应的文字；单击配音，可以进行后期的配音工作。

第四步：合成输出

将时间线上的叙事编辑合成好后，单击"导出视频"，即可完成视频文件的输出工作。

4.4.3 Camtasia Studio 的使用方法

当前在制作微课的工具中，最为流行的一款工具是 Camtasia Studio，它是由美国 TechSmith 公司出品的一款最专业的集屏幕录像和视频编辑的软件套装，大家可到它的官方网址下载试用版：https://www.techsmith.com/video-editor.html，下面我们以 Camtasia Studio 9.1 版本为例简单介绍其使用方法。

■ 界面介绍

双击 Camtasia Studio 图标，启动程序运行，有三种方式可以运行相应项目：新建项目、新建录制、打开项目。这里我们首先选择新建项目，进入工作界面。界面上主要包括：菜单栏、工具栏、预览窗口、轨道区等，如图 4-10 所示。

图 4-10 Camtasia Studio 软件界面

菜单栏包括：文件、编辑、修改、视图、分享、帮助等，几乎涵盖了软件的所有操作。

◇ 在工具栏里单击"导入媒体"或右键单击空白处,选择"导入媒体",可以将图片、音频、视频等素材导入工具栏,然后将相应的素材拖至轨道区,这段素材就会出现在轨道上,即可进行相应的编辑工作:添加注释、转场、动画、字幕等。

◇ 轨道区,可以对拖进的素材进行剪切、复制、粘贴、分割等操作,以编排组织素材的叙事顺序。

◇ 预览窗口,可以预览当前轨道区播放出来的效果,同时通过播放控制按钮,控制播放的位置。

■ 屏幕录制

打开 Camtasia Studio,进入工作界面,选择"新建项目—录制(R)",就会出现录屏控制面板,如图4-11所示。这里可以设置"选择区域"为全屏和自定义两种。

图4-11 屏幕录制控制面板

◇ 在"录制输入"中,单击摄像头,将录制教师的出镜形象;若关闭摄像头,将只拾取教师的讲解声音。

◇ 单击"音频",不选录制系统音频,将只录麦克风的声音。若选择不录制麦克风,而是选择录制系统音频,那么将录制电脑系统发出的声音。若同时选中,表示麦克风和电脑系统声音同时被拾取。如图4-12所示。在"录制输入"中,右侧可以调整录制音量的大小,建议调大一点。

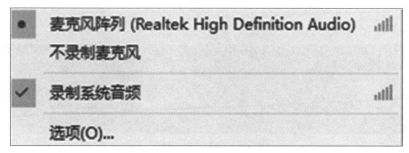

图4-12 音频选项

设置好各项之后，单击录制按钮"REC"，即可进行录屏工作。打开 PPT 讲稿，全屏播放并开始讲解即可。当讲解演示完成之后，按下 F10 停止录制。软件会自动弹出界面，一般选择"保存并编辑"。高版本的 Camtasia Studio 会将录屏视音频自动导入到工具栏中的"媒体"处，然后将其拖入轨道区，即可进行下一步的编辑工作。

■ **后期剪辑**

当我们将素材图片、音频、视频等导入 Camtasia Studio 软件后，就需要进入后期剪辑工作了，主要包括素材分割、变焦、添加标注视音频分离、录制旁白、转场、添加字幕、抠像、添加测试题等。

◇ 分割

录屏素材一定不够完美，比如多余的讲话、卡顿、误操作等，需要进一步加工处理，此时就需要对一段素材进行分割。操作非常简单，将素材拖至轨道区，单击选中编辑的轨道，并将指针播放头拖至需要分割的地方，单击"分割"工具，即完成一次分割操作，然后将指针播放头移到要分割的结束位置，再次单击"分割"工具。单击选中这段素材，按下"Delete"键即可。通过这样的方法，可以将一段完整的素材分割为多段素材，如图 4 - 13 所示。

图 4 - 13　分割

另外一种操作方法就是将指针线移动到需要删除的大致位置，拖动指针左或右侧的滑块，使其分离，左侧是选择起点位置、右侧是选择终点位置，通过这样的方法，可以精确地找到所需之处，若需要删除它，按下"Delete"键即可，如图 4 - 14 所示。

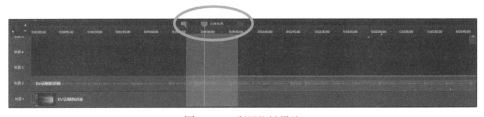

图 4 - 14　利用指针滑块

◇ 变焦

教学演示中为了突出重点或概览全面,需要局部放大细节或缩小整体,使用变焦功能可以实现这一教学需求。变焦可以完成对某个画面放大或者缩小的效果处理。将指针播放头拖至需要变焦的位置,然后选择工具栏中的"动画—缩放和平移"按钮,进行变焦范围的设定,在轨道上会出现一个蓝色的箭头标记,拖动它可以确定这段变焦所持续的时间。在变焦结束处,若希望回到原始画面,单击"实际大小",就可以使画面恢复到原始大小的状态,如图 4 - 15 所示。

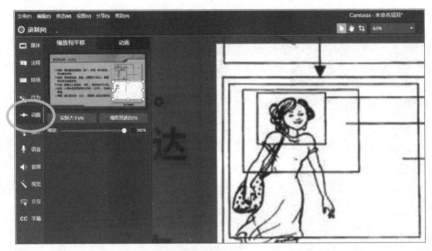

图 4 - 15　变焦

完成上述步操作后,在时间轴上会出现两个蓝色的箭头指示,第一个箭头代表放大的位置,第二个箭头代表复原的位置,如图 4 - 16 所示。想要编辑某个箭头时,用鼠标单击它,此时蓝色会变成绿色,用鼠标拉动箭头顶端的蓝色圆圈,可以拉长或缩短箭头,代表该位置的变化过程持续时间的变长或缩短,也会营造镜头推拉的动态效果。鼠标右键单击某个箭头,可出现一些属性编辑界面,"删除"功能是常用的一项命令。

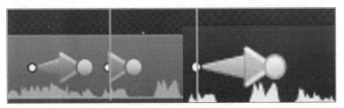

图 4 - 16　变焦持续时间

◇ 添加标注

在 Camtasia Studio 中,通过添加标注来完成标题、简单字幕、重点提示等功能。将播放头拖放至需要增添标注的地方,然后在工具栏中选择"注释—标注",选择一种标注样式,拖拽至预览窗口需要标注的位置。在标注框内输入文字,并对标注属性,如视觉属性、文字样式等进行相应设置。此时鼠标放在轨道上标注的右侧,鼠标变为双向箭头,拖动鼠标可以缩放标注出现的持续时间。标注可分为四种类型:文字提示型标注、箭头指示型标注、草图绘画式标注、特殊功能标注,如图 4 - 17所示。

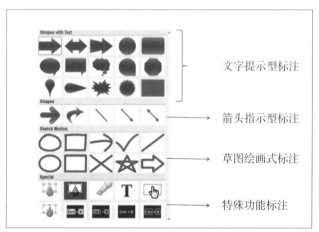

图 4 - 17 添加标注及标注类型

◇ 视音频轨道分离

有时候我们需要对视频中的画面和声音进行单独处理,就需要对视音频轨道进行分离。将录屏素材或视频素材拖至轨道,右键单击轨道,选择"分离音频和视频",此时音频和视频轨道将分离为两个轨道,如图 4－18 所示。低版本的 Camtasia Studio 可能不具备此功能。

若希望对画面重新配音,可单击音频轨道,按下"Delete"键,将同期声删除。然后导入后期配音的声音文件,拖入音频轨道上,调整为声画同步,完成后期配音的效果。若只是对音频局部做处理,则无需将原始音频轨道删除替换。只需对原有音频进行再编辑加工即可。

若希望对音频做进一步的处理,可单击工具栏中的音频,将打开音频处理的相应功能,如降噪、音量均衡、淡入、淡出等,将其拖至音频轨道,相应的音频处理功能将应用至此,比如将降噪拖入音轨上,这个音频轨道将被应用降噪效果,如图 4－19 所示。

图 4－18　分离音视频

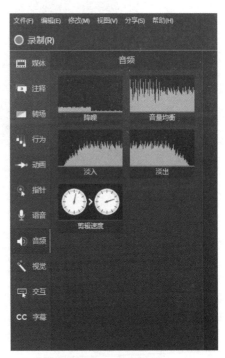

图 4－19　音频处理

单击音频轨道,将鼠标移至声线处,上下拖动鼠标,可以调整音量大小,如图 4－20 所示。

图 4 - 20　声线

◇ 录制旁白

录屏的视频素材中同期声的讲解可能不够完美,此时你可以采用"录制旁白"的功能补录或者重录。选中音频轨道中需要重新录制的部分,同时锁定或禁用其他轨道,按下"Delete"键,删除选中轨道的音频部分。然后单击语音,再单击"开始从麦克风录制",重新讲解。录制好之后,停止录制会自动弹出保存界面,格式为"wav",保存好后,相应轨道上就会自动生成音频波形文件,如图 4 - 21 所示。

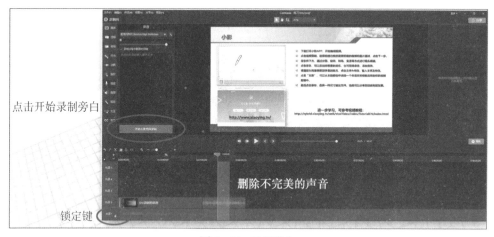

点击开始录制旁白

锁定键

图 4 - 21　录制旁白

◇ 转场

不同场景通常需要添加转场效果,Camtasia Studio 软件提供了很多炫酷的切换方式。将一个片头视频或图片导入 Camtasia Studio 中,并将其拖至轨道上。将另一段录屏素材或其他视频素材拖入轨道并放置片头之后。此时可以在片头和随后的视频素材之间添加一个转场,单击工具栏中的"转场",选择一种转场方式拖至两段视频素材的衔接处,如图 4 - 22 所示。

将鼠标放到"转场"标志上,此时鼠标会变成双箭头形式,然后按下鼠标左键,向两侧滑动,可以修改转场效果覆盖的时长。鼠标右键单击"转场",会弹出删除界面,单击"删除"字样,就可以删除不需要的转场效果。

图 4 - 22　转场

◇ 添加字幕

　　将指针播放头拖放至需添加字幕处,点击工具栏中的"字幕—添加字幕",单击添加字幕,输入字幕内容并编辑字幕样式。此时轨道上添加了一个字幕轨道,你可将鼠标置于轨道字幕素材右侧,此时鼠标变为双向箭头。左右拖动即可调整字幕播放的持续时间。如图 4 - 23 所示。

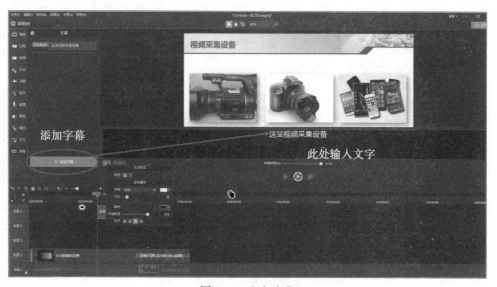

图 4 - 23　添加字幕

◇ 抠像

抠像是视频合成中经常使用的一种方法,常用于教师出镜、画中画等效果的处理。高版本的 Camtasia Studio 已具备抠像功能。具体操作步骤如下。

第一步:将带有绿色或纯色背景的视频素材拖放至需要叠加的轨道之上。

第二步:单击工具栏中的"视觉",将"删除颜色"拖拽到带有绿色背景的影像上或该视频素材的轨道上。

第三步:点击右侧属性面板中的"颜色",使用"吸管"工具,点击绿色背景。然后调整其参数"可接受范围""柔软度""色相""边缘修正",使抠像完整、均匀,如图 4 - 24 所示。

图 4 - 24 抠像

◇ 添加测试题

如果视频中需要设置问答环节,就需要在视频中添加测试题。将播放头拖至要添加测试题的位置。单击工具栏中的"交互",再点击"添加测验到时间轴",此时在播放头就会出现一个测验题的标志。

界面右侧会出现测试题栏的选项区域,题目类型包括选择题、简单题、填空题、判断题四种,如图 4 - 25 所示。选择一种类型,然后将问题、答案、显示反馈等信息填好。

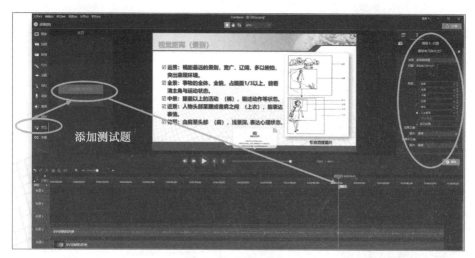

图 4 - 25 添加测试题

比如设置"选择题"后,进入"问题选项",设置题干与答案,在答案栏输入每一项之后,可通过"回车"按键,进入下一个答案的设置。在正确答案前,勾选对号,成为预设正确答案,如图 4 - 26 所示。

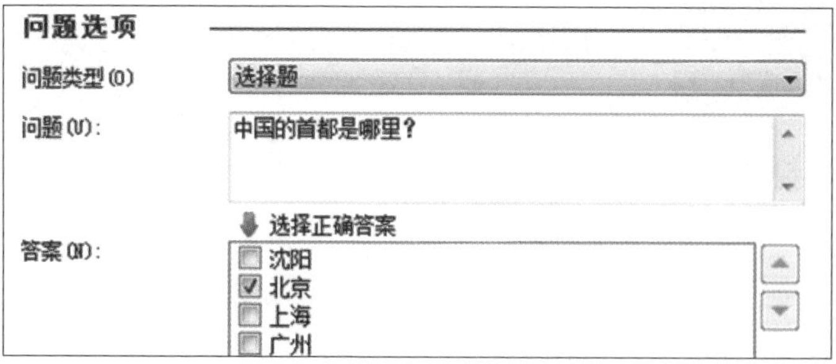

图 4 - 26 问题选项

继续添加题目,可单击"添加问题"按钮,重复上面步骤,完成出题。如需要预览设置题目和答案情况,单击"预览"按钮可弹出预览答题界面,如图 4 - 27 所示。

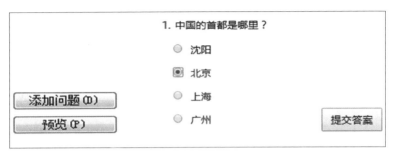

图 4 - 27 预览题目

◇ 文件生成输出

视频编辑完成之后,即可将文件生成输出,如图 4 - 28 所示。点击分享,可以生成各种视频格式,建议这里选择"自定义生成"。选择"分享—自定义生成—新建自定义生成",进入"生成向导",推荐采用 MP4 格式,并选择"烧录字幕",否则字幕不会出现在生成的视频中。若包含测试题,还要将测验勾选。然后点击下一步。为最终的视频命名,并设定储存位置。最后点击完成,视频渲染到此完成。

图 4 - 28 文件生成输出

■ **研习任务**

◇ 根据你的学科,选择适合的知识点,设计微课教案。

◇ 根据上述你设计的微课教案,制作微课,5—8 分钟为宜。

■ **网络学习资源**

◇ 中国微课:http://dasai.cnweike.cn

第5章 信息化教学设计

所谓信息化教学泛指以信息技术支持为显著特征的教学形态。当前教学环境充满了信息技术的元素,对各种不同的教学方式均有优化、支持、建构的作用,包括个别指导、操练与练习、教学游戏、智能辅导、问题解决、微型世界、虚拟实验(VR)、增强现实(AR)、情景化学习、案例教学、基于资源的学习、计算机支持的协作学习、计算思维教学、体验式学习等,因此要求教师除了掌握必要的信息技术,还应懂得教学设计的基础知识、方法和模式,从而理解信息技术对改进教学的作用,主动运用信息技术优化课堂教学效果,从而促进教学的有效发生。

5.1 概述

早在 1962 年,美国学者罗伯特·格拉泽(Robert Glaser)明确地提出了"教学系统"(Instructional System)的概念①,其基本理念就是对用于促进学习的资源和程序的组织安排。那么教学设计就是一个创建教学系统的过程。在教学设计领域的形成中,加涅(Robert M. Gagné)功不可没,他提出依据不同类型学习结果的不同内部和外部条件,进行不同的教学设计,以及著名的九段教学法,包括引起注意、告知学生目标、刺激回忆先前学过的内容、呈现刺激材料、提供学习指导、引出行为、提供行为正确性的反馈、评价行为、促进保持和迁移。罗伯特·马杰(R. F. Maget)则将教学设计归纳为三个基本问题: 我要去哪里? 我如何去哪里? 我怎么来判断自己已经到达了哪里? 这也是教学设计中经典的目标、策略和评价三项基本内容。

由此看来,教学设计始于一个目的或教学问题,经历了一系列相互联系的阶段,包括分析、设计、开发、实施与评价等,这些阶段又是借助于系列的输入、加工与输出而彼此依存地形成为系统,因此信息技术决不能游离于教学系统之外,否则再智能的技术也无功于教学效果。基于此,学界提出了很多指导一线教师进行教学设计的模型,下面就几个经典常用的模型进行简要概述。

5.1.1 迪克-凯瑞模型

迪克-凯瑞模型(Dick & Carey Model)是由当代著名教学设计理论家、美国佛罗里达州立大学教授迪克和凯瑞合作创建的教学设计模型,具体流程如图5-1所示。

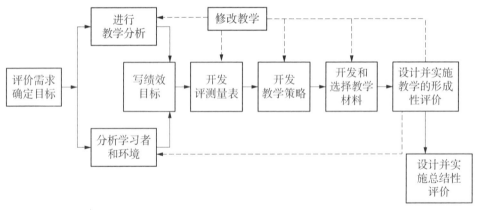

图 5-1 迪克-凯瑞模型

■ 评价需求/确定目标
通过评估教学需求以确定教学目标,该环节主要是决定学习者在教学结束后能

---

① Glaser R. Psychology and Instructional Technology [M]//Glaser R. Training Research and Education. Pittsburgh: University of Pittsburgh Press, 1962.

做什么。可以通过多种途径确定教学目的,比如领域专家方法和绩效技术方法等。

■ **教学分析**

教学分析主要包括:目标分析和从属技能分析。目标分析有两个步骤:第一步是按照将要发生的学习类型进行目标分类;第二步是确定并顺序化完成目标所需要的主要步骤。从属技能分析是要确定每一步的从属技能集,与从属技能密切相关的是入门技能。

入门技能是学习者为了学会教学中所包含的新技能而必须已经掌握的技能,即教学开始之前,学习者在知识、技能和态度方面的起点行为。

■ **分析学习者和环境**

需要了解学习者是谁? 有多少人? 他们对所学知识已有多少了解? 他们期望得到什么? 他们有什么兴趣? 他们的态度如何? 他们具有怎样的学习风格? 教学环境怎样? 是在传统的教室、多媒体教室、智慧教室,还是师生异地的在线教学? 这些问题都需要通过调查与访谈的方式予以详细分析。

■ **编写行为(绩效)目标**

这些目标需阐明学习者的学习内容、学习条件和学习取得成功的标准。罗伯特·马杰(Robert Mager)提出好的行为目标应具有的三个要素:行为(Behavior)、条件(Condition)、标准(Degree),具体如下:

◇ 行为:说明通过教学后学生能够做什么或说什么;

◇ 条件:规定学生行为产生的条件;

◇ 标准:规定评定上述行为是否合格的标准。

还有一种编写教学目标的 ABCD 模式,增加了教学对象的描述,具体如下:

◇ A(Audience):对象,应写明教学对象;

◇ B(Behavior):说明通过教学后学生能够做什么或说什么;

◇ C(Condition):规定学生行为产生的条件;

◇ D(Degree):规定评定上述行为是否合格的标准。

例如:学生(对象)在观看各种云的图片时(C),应能将卷云、层云、积云和雨云分别标记出来(B),准确率达 90%(D)。

■ **开发评价方案**

根据行为(绩效)目标,编写相应的测试方案,以验证目标达成度。

■ **开发教学策略**

教学策略的制定主要依据当前的学习理论和关于学习研究的成果,用于传递教学媒体的特征、教学内容的性质和学习者的特点。一般来讲,教学策略主要包括教学预备活动、内容展示、练习和反馈、测试、总结活动等。

■ **开发和选择教学材料**

根据教学策略开发和选择相应的教学材料,主要包括教师指南、学习指南、教材及讲稿等一切用于实施教学的材料,此处所指的教学材料的内涵可谓非常广泛。随着时代的发展,教学材料的形态也在不断丰富、变化着,在此,我们建议教师,采用先选择后开发的方式进行教学材料的设计与组织①。

■ **设计并实施教学的形成性评价**

初步完成教学材料的制作后,设计者应根据从评价中收集到的数据修改教学。在这个环节中,形成性评价的方法一般有三种类型:一对一评价、小群体评价和现场评价。每一类评价都为设计者提供了修改教学的信息。上述评价类型还可以应用于对已有材料的形成性评价和课堂教学的形成性评价。

■ **修改教学**

根据形成性评价环节收集到的数据,以确定教学中存在的问题,并对上述环节做出相应的调整和修改,包括重新检查教学分析的有效性、对学习者特征和起点的诊断、对行为目标的陈述,以及评估工具的有效性、教学策略等,以进一步优化教学设计过程。

■ **设计和进行总结性评价**

总结性评价是关于教学效果的最后评价,是在完成教学的形成性评价和修改教学以满足设计者的标准后进行的。总结性评价是由评价者完成的,因此其评价本身不是教学设计过程中必备的一个要素。

5.1.2 ASSURE 模型

ASSURE 是印第安纳大学罗伯特·海涅克(Robert Heinich)等教授在 1993 年提出的教学设计模型,它是"分析学习者(Analyze learners)""陈述教学目标(State objectives)""选择教学方法、媒体、教材等(Select instructional methods, media, and materials)""利用媒体和材料(Utilize media and materials)""要求学习者参与(Require learner participation)""评价和修改(Evaluate and revise)"的第一个单词的英文首字母,ASSURE 模型是结合媒体与技术来计划和进行指导的程序指南。这个模型包括六个步骤:

◇ A: 分析学习者的教学需求,确定学习环境中的问题,分析学习任务,从而确定教学目标。

◇ S: 撰写教学目标,明确学习的不同类型,确定具体的学习活动以及教学媒体等。

① 王丽华.论迪克-凯瑞的系统教学设计模式[J].外国教育研究,2004(08): 38—41.

◇ S：依据教学目标和学习的不同类型，选择相应的教学方法、媒体、教材等。

◇ U：充分利用好媒体技术及教学材料。

◇ R：注重学习活动的设计，要求学生积极参与教学过程。

◇ E：收集评价信息，修改优化教学。

5.1.3　ADDIE 模型

ADDIE 是分析（Analysis）、设计（Design）、开发（Develop）、实施（Implement）、评价（Evaluate）的英文首字母，具体内涵描述如下：

◇ A：分析学习者的教学需求，确定学习环境中的问题，分析学习任务，从而确定教学目标。

◇ D：撰写教学目标的操作性定义，明确学习的不同类型，确定具体的学习活动以及教学媒体等。

◇ D：准备学生及教师的各种形式的教学资源，开发相应的教学策略，为学习者能达到预期表现做出合理的安排。

◇ I：在教学场景中实施教学方案。

◇ E：包括形成性评价、总结性评价以及反思与修正设计方案，评价贯穿上述每一环节。

ADDIE 模型体现了教学问题解决的思维方式，但在实际操作中它是一个非线性、动态的过程，教学评价和修改贯穿于模型的各个环节，各环节往往又是交叉、同步进行的。

5.1.4　史密斯-雷根模型

史密斯-雷根模型（Smith & Ragan Model）是由史密斯和雷根于 1993 年提出的，这个模型逻辑清晰、简单易用，在 2005 年又略作修订，目前主要包括三个阶段：分析（学习情境、学习者、学习任务，之后是编写测验题目）、策略（组织策略、传递策略和管理策略，之后是书写和产出教学）、评价（进行形成性评价、修改教学），[①]如图 5 - 2 所示。

下面我们以 N 大师范生公共课"现代教育技术"为例，基于史密斯-雷根模型，根据疫情期间发展的两个阶段，即"疫情中的在线教学"和"后疫情中的混合教学"，进行的教学设计与实施的案例陈述和分析。[②]

---

① P·L·史密斯（Patricia, L. Smith），T·J·雷根（Tillman, J. Ragan）. 教学设计[M]. 庞维国，等，译. 上海：华东师范大学出版社，2008：14.

② 王皓璇，徐晓雄（通讯作者）, 李天天，陈玉婷. 基于设计研究的在线与混合教学实践探索——以疫情期间 N 大"现代教育技术"课程为例[J]. 中国教育信息化，2021(21)：76 - 82.

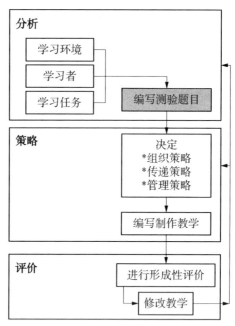

图 5 - 2 史密斯-雷根模型

■ 疫情中的在线教学

◇ 教学问题

2020 年初新冠肺炎(COVID‐19)突发并迅速蔓延肆虐全球,2 月 5 日,我国教育部印发《关于在疫情防控期间做好普通高等学校在线教学组织与管理工作的指导意见》,要求采取政府主导、高校主体、社会参与的方式,共同实施并保障高校在疫情防控期间的在线教学,实现"停课不停教、停课不停学"……保证疫情防控期间的教学进度和教学质量[①]。在线教学作为替代的应急方案呼之欲出,然而简单地将传统课堂教学搬到线上直播,教学质量难以保证,有必要对课程重新进行教学设计与组织,才能适应在线教学的方式,以保障相当的教学质量。

疫情中的在线教学面临的现实问题是由疫情引起的校园关闭造成的师生分离、生生分离、师生与校园的分离,使得师生习以为常的传统课堂教学无法如期进行,阻断了师生的社会性交互。解决的方案就是借助互联网以在线教学的方式将师生的教与学的行为在网络空间再度整合。然而在线教学与传统课堂教学有着本质的不同,在线教学中教师教的行为和学生学的行为并非像传统教学那样发生在同一个时空

---

① 教育部.疫情防控期间做好高校在线教学组织与管理工作[EB/OL]. (2020‐02‐05)[2021‐12‐29].
http://www.moe.gov.cn/jyb_xwfb/gzdt_gzdt/s5987/202002/t20200205_418131.html.

下,需要借助媒体工具作为中介来实现,因此在线教学有其自身固有的运行特点,简单地将传统课堂教学移至线上,教学效果难以保障,这就迫切需要教师重新对其进行教学设计与组织,以适应在线学习的规律,从而达成教学目标。

目前在众多经典的教学设计模型中,有 ASSURE 模型、ADDIE 模型、迪克-凯瑞模型、肯普模型、史密斯-雷根模型、理解为先的逆向设计模型、综合学习设计模型……经研读、比较分析以及考虑到该课程已有的基础和经验,我们决定采用第二代教学设计的代表"史密斯-雷根模型"来解决我们当下面临的教学问题。

◇ 教学分析

学习情境分析是教学分析的首要阶段。疫情中的情境是"居家性的"、是脱离校园的居家学与教,容易被其他琐事干扰和打断,因此倡导师生自行安排好舒适、安静的物理空间以供教学之需,更重要的是重构网络学习空间以弥合由师生"分离"造成的沟通不便。鉴于我们已于 2018 年便在浙江省高等学校在线开放课程共享平台上创建了这门课程的线上资源(又称"信息化教学技能训练"慕课),其中包括课程目标、教学计划、系列微课、短视频、教学讲稿以及相关的文档、图片、音视频、软件工具、典型案例及优秀作品等,积累了较为丰富的课程资源及线上教学经验。由此看来,维持和增强"学生与内容"的及时互动是可行并有保障的,因此我们首先明确依托慕课作为异步课堂的"学习空间";同时创建班级 QQ 群、钉钉群,利用 QQ 的分享屏幕以及钉钉群的视频会议功能构建直播课堂的"教学空间",以实现同步在线教学,如图 5-3 所示。

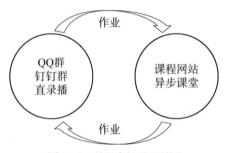

图 5-3 教学空间的"重构"

教学分析的第二阶段是学习者分析。参与该课程学习的师范生共 66 名,其中包括 18 级英语师范班 35 人、18 级财务会计教育师范班 31 人,他们前期均必修过"大学计算机文化基础"课程,对计算机基础知识有一定的了解和掌握。通过课前的 QQ 访谈,初步了解到学生对这门课程的期待是掌握有关现代教育技术的基本方法及技术,以便在未来的教学工作中根据学科需要选择相应的技术进行教学活动。

教学分析的第三阶段是学习任务分析。首先需要明确师范生通过这门课程的学习应达成什么样的教学目标。2018年,任友群教授等采用"理论探讨+实证验证"多次迭代的方法研发并制定了《师范生信息化教学能力标准》[1],该标准依照师范生"既是学生,又是未来教师"双重身份的特点,提出了面向"师范生能力"的"基础技术素养""技术支持教学""技术支持学习"三大能力维度的基本构成。我们以此为基础,结合前期对师范生的学习特征分析以及课程已有的经验,将课程三维目标设置为:

◇ 知识与技能:了解现代教育技术的基本知识、掌握一定的信息技术技能,包括教学资源的搜索、加工、处理和编辑等技能。

◇ 过程与方法:掌握教育教学与信息技术深度融合的基本方法,能够根据学科教学的现实需要,设计与开发指向信息技术与学科教学深度融合的教学作品。

◇ 情感态度与价值观:主动了解国内外现代教育技术的前沿及发展趋势,形成对现代教育技术应用的创新意识与诉求,以提高教育教学质量与教学效率。

基于上述分析,我们设计和编写了相应的作业清单作为测试题,评价学生达到目标的程度,如表5-1。同时要求学生就每个任务展开讨论,并发帖至慕课平台的讨论区。

表5-1　作业清单

频次	作业
第一次 导论	假如你现在是一名教师,结合当下的疫情,谈谈你将怎样利用现代教育技术开展在线教学工作。
第二次 搜索与获取	搜索与你学科相关的文档、图片、视音频、PPT模板等素材并下载。 从国内外慕课平台中选择与你专业近似或感兴趣的课程并截图显示学习记录。 检索与你学科相关的教研论文并下载。
第三次 思维导图	请阐述思维导图的概念、功能及其用途。 请阐述思维导图的构成要素及其绘制方法。 分别用手绘和软件的方法各绘制一幅思维导图。
第四次 图片处理	使用美图秀秀或你熟悉的图像处理工具加工三幅图片。 使用 Abode Photoshop 软件制作三幅图片。
第五次 音频处理	录制一段朗诵,重点练习调整音量、降噪等处理。 搜索一段歌曲,重点练习截取音频、降调、声道分离、消除歌曲中的原唱并提取其伴奏。 将朗诵及伴奏混合成一首配乐诗朗诵。
第六次 视频处理	使用摄像机或单反相机或手机,拍摄不同景别的5段小视频(包含远景、全景、中景、近景、特写等)并截图显示。 利用 EV 或 Camtasia Studio 工具录制与编辑一段微视频,不少于3分钟。 利用一款手机视频剪辑 APP(小影、巧影、lnShot、快剪辑等)制作一段微视频,不少于3分钟。 录制两段小视频,导入 Adobe Premiere 中,其中一段作为主体视频,另一段为带有纯色背景的视频,使用抠像技术,合成两段视频。

----

① 任友群,闫寒冰,李笑樱.《师范生信息化教学能力标准》解读[J]. 电化教育研究,2018,39(10):5—14+40.

频次	作业
第七次 动画处理	阐述制作 MG 动画视频的关键步骤。 利用万彩动画大师制作一个教学动画,不少于三个场景。
第八次 PPT 应用	练习 PPT 中的演示快捷键、对象选择、文字超链接等常见操作。 将 Word 中的教学文稿快速转换为 PPT 讲稿并进一步美化讲稿。 制作一页声画同步的"配音诗朗诵",初步体验多媒体课件制作。 利用 PPT 创建一个微课视频。
第九次 信息化教学设 计与方法	针对你的学科,选择适合的知识点,设计微课教案。 针对你的学科,选择适合的知识点,设计一节翻转课堂的教案。 针对你的学科,选择适合的知识点,设计一节混合学习的教案。
第十次 微课制作	依据设计的微课教案,利用 Camtasia Studio 或你熟悉的工具制作微课,时间要求在 5—8 分钟。

◇ 策略设计

教学组织策略是指有关教学内容应按何种方式组织、次序应如何排列以及具体教学活动应如何安排的策略。课程目标是教学内容的筛选与组织的重要依据,面对当前信息技术的迅猛发展,新兴教学理念、教学技术和方法不断推陈出新。在学时有限的情况下,我们充分考虑了教师在真实的教学活动中常见的实务操作,即教学资源的搜索与获取、教学素材的加工与处理、教学素材的整合与表达、信息化教学设计、实施及评价等环节,同时兼顾"先易后难、循序渐进"的递进原则进行内容的次序安排。在此,我们为学生提供了两款软件:一款易学易用,以激发学习兴趣;另一款是相对专业的软件,有一定的难度,但通过专业工具的学习与作品创作,学生能获得一定的成就感。比如图像处理、音频处理、视频处理、微课制作等部分,我们分别提供了"美图秀秀—Abode Photoshop""Audacity—Adobe Audition""手机视频编辑 APP—Adobe Premiere""EV 录屏—Camtasia Studio"等。

教学内容传递策略需要考虑以什么样的媒体形式、按照什么样的顺序传递给学生以及在线教学过程如何展开。关于技术采用的问题,戴维斯(Davis)提出过一个有影响力的技术接受模型(Technology Acceptance Model,简称 TAM),其中有两个主要的因素决定着用户是否采用这项技术:其一是有用性;其二是易用性。[①] QQ 是师生最为常用和易用的社交工具,且运行稳定,因此我们最先确定采用 QQ 群的分享屏幕辅助以钉钉群的视频会议,以完成教师的直播、录播活动。同时设计了"导学单",类似于人们观看晚会演出时的节目单,它能让学生清晰了解每节课的教学进度,即签到打卡、内容精讲、上节课作业展示、点评及互动、本节课作业布置、考核要求以及提

---

① Davis F D. Perceived Usefulness, Perceived Ease of Use, and User Acceptance of Information Technology [J]. MIS Quarterly, 1989,13(3): 319 - 340.

交方式和截止时限。

此外,利用 QQ 群的作业功能布置作业,以方便学生提交作业以及教师及时反馈等;异步课堂的慕课,包括了课程公告、学习进度(开课进度、我的进度、学习记录、我的成绩)、章节内容(微课、讲稿、往届学生的优秀作品)、作业(作业名称、发布时间、截止时间、得分/总分)、讨论(综合讨论、班级讨论)、笔记(我的笔记、我的收藏)、学习资料(拓展资料)、课程评价等功能板块,以供学生自主使用,其中包括课前预习、课后复习以及对重难点教学视频的反复观看,同时通过完成作业及讨论区的主题分享,实现同步课堂与异步课堂的无缝连接、正式学习与非正式学习的贯通。

疫情期间的居家教学,为教学管理提出了严峻的挑战。教师面对屏幕授课,看不到学生的眼神和表情,也不知学生在线的另一端学习的状况究竟如何? 因此建立在线教学的规约有助于教学活动的顺利进行。比如限定课前 10 分钟内通过 QQ 群接龙打卡签到,并算入平时成绩;教师直播期间,要求学生关闭话筒,以免嘈杂的背景声音传入直播间;在网速允许的情况下,要求学生打开摄像头,营造上课的仪式感,以免学生陷入懒散状态;教师上课前咨询学生是否能正常看到画面和听到声音,约定回复"1"为正常,"0"为不正常;聘请研究生或班级学委作为助教,辅助教师在线答疑,以发挥学习支持服务的作用,尤其是当师生端出现网络掉线、卡顿、非正常播放等意外情况时,可电话提醒及时处理。

教学组织、内容传递及管理策略设计之后是根据相应的内容编制教学资料,其中包括教学讲稿、导学单、作业清单、系列微课、文档、图片、音视频、典型案例及往届学生优秀作品等,具体书写与编制过程,此处不再赘述。

◇ 实施与评价

疫情中的教学是在学期的第 1—11 周进行。为使学生尽快适应在线学习,我们首先在导论中对课程采用的教学方法向学生做出详细说明,以便让学生迅速转变学习观念,主动适应居家学习。同时介绍课程的整体概要、往届学生优秀作业、课程要求及考核方法等,以便学生了解课程概貌及教学目标。在随后 10 周的教学中,我们按照上述的教学设计与安排,以完全在线教学的方式进行了"搜索与获取""思维导图""图片处理""音频处理""视频处理""PPT 应用"等六大模块的在线教学活动。

其间就实施效果及存在问题,我们对每位学生提交的作业逐一进行了评价和反馈,以便及时改进教学。总体而言,这段时期学生的整体作业表现良好,无论是从提交次数,还是完成质量来看,较往届平行班均有所提高;QQ 访谈中,大多数同学认为课程资源丰富、内容安排合理,学习愉悦,喜爱教师线上直播演示过程,有教室"临场感",尤其强调无需更多的直播互动,以免浪费无谓的时间;认为作业适量,有利于知识的掌握与巩固,但对于作业的评价方式提出了质疑,建议教师在发布作业的同时公布评价标准,以便学生知晓向优秀作业努力的方向。针对作业不佳的同学,虽然只是少数人,但依然引起了我们的关注,随后对其进行了 1 对 1 的深度访谈,开始他们无意透露自己的实情,表示希望疫情能快点结束,返校后会补足作业或重新提交。后经深入沟通,打消其顾虑,得知他们家居偏远山区、设备不足(有的只有一部手机)、网速较差、流量不足,直播课堂有卡顿,听课效果不佳,但不妨碍他们课后对慕课的随时访问与互动。

■ 后疫情中的混合教学

◇ 教学问题

2020 年 5 月份,疫情在我国大部分地区得到了良好控制,各高校开始返校复课,但依然处于疫情防控期,各人员仍需保持一定的社交距离。师生虽然回到久违的校园,但暂时回不到传统课堂"聚集型"的集体授课。因此后疫情中的教学由完全在线转为混合教学成为必然的选择,此时该如何借助信息技术做好线上线下的教学融合,又该如何帮助学生尽快适应混合教学,这些是后疫情中的教学必须面对和解决的新问题。

◇ 教学分析

返校后的学习情境面临着诸多的不确定。为降低传染风险,学校提倡教师将线下大班教学调整到了较大的教室,学生单排错落而坐,尽量保持一定的间隔。同时对受疫情影响不能及时返校或不能到教室上课的学生,我们同步开启直播并延续疫情期间的线上教学方式。

学生经历 11 周的"居家"线上学习,已开始适应线上教学的方式,但依然习惯有组织的传统课堂授课,希望回到他们熟悉的教室,聆听教师现场的授课、指导以及师生、生生真实的交流与互动。在课程内容方面,学生已了解与掌握课程的基本知识与技能,但从其整体作业表现来看,尚缺乏知识的灵活应用,即根据学科教学的现实需要,编制指向信息技术与学科教学深度融合的教学作品。

从教学进度看,学期行程过半,我们尚需要进行"信息化教学设计与方法"和"微课设计与制作"两大模块的教学,这部分课程内容的设计其实也是对学生前期所学知识与技能的检验、深化与提升。

◇ 策略设计

这个阶段的学习更具挑战性,需要给他们更多的自主学习与创作空间,也恰好符合疫情防控下的实际情况。因此我们采用混合教学模式,以期平衡好"线上与线下、教师主导与学生主体"的关系,充分体现弹性教学和主动学习的特点。具体的做法是:"隔周线下、在线始终",即每隔一周进行一次线下集中授课,主要是引导学生进行微课教案设计与创作、辅导答疑以及为其提供模板和样例,以便学生知道从何处开始,又该如何去做。线上教学则延续了疫情期间的在线教学方式并贯彻始终;同时鼓励学生自愿结成微课创作小组(3—4人),积极开展线上线下的互动交流,通过协作学习活动,分析解决微课教学作品创作过程中遇到的真实问题,以此增强学生的"社会临场感"和"认知临场感"。

◇ 实施与评价

后疫情期的教学是在第12—17周进行。为使学生尽快适应混合学习模式,我们在学生返校的首堂课便结合"信息化教学设计"模块,介绍该模式的概念、原理及方法,以便学生尽快完成从"在线学习"到"混合学习"的转变。历经课程最后两大模块的学习,学生通过完成"信息化教案设计"与"微课创作"两个大作业,贯通线上线下教学的深度融合。

该课程总体的评价采用了线上和线下、形成性与总结性、电子·档案袋法等多元评价相结合的方式。线上是以"视频观看时长、完成作业量及论坛发帖数"的情况为依据,各项目占比如下:视频观看时长占15%、平时作业占20%、发帖量占5%;线下成绩占60%,主要是期末的两个大作业。最终成绩按照形成性评价(40%)+总结性评价(60%)计算。同时为掌握学生详细的学习状况,我们为每位同学建立了电子·档案袋,以便跟踪其学习过程、及时反馈并相应地调控教学活动及进程。其中包括课程平台提供的学习情况统计分析报告(已观看视频总时长、已提交作业数、笔记、发帖/回帖数等)、QQ群提交的作业量以及QQ群的聊天记录等数据。对于期末大作业,则要求学生能根据信息技术的特点和学科教学的现实需要,设计与开发指向信息技术与学科教学深度融合的教学作品,作品评价分别从思想性(20%)、教学性(30%)、技术性(20%)、艺术性(10%)和创作性(20%)五个一级指标予以评价。

■ **总结性评价**

◇ 效果评价

为调查课程实施最终的教学效果,我们针对本次课程的教学效果及目标达成度、内容的设计及编排、平台资源的使用情况、掌握程度、教学方法、学习兴趣及投入等方面编制了调查问卷及访谈提纲。课程结束后,立即通过问卷星向66名同学发放了问卷,回收有效问卷57份,回收率达86.36%。

其中有91.23%的学生认为课程教学效果良好,达到了预期目标;82.46%的学生表示内容实用有趣,组织编排适当,对他们未来从事教师工作很重要,并表示课程资源丰富、易访问,对他们的学习很有帮助,有利于完成作业、发帖讨论、拓展学习等;对课程内容掌握程度方面,依次为:PPT的应用(85.71%)、搜索与获取(71.43%)、微课制作(57.14%)、视频处理(57.14%)、图像处理(57.14%)、音频处理(42.86%)、思维导图(28.57%)、动画制作(28.57%)。进一步访谈,有学生表示美图秀秀、EV

录屏等软件操作简单,相对易于掌握,但是图像处理软件(Adobe Photoshop)、微课制作软件(Camtasia Studio)、音频处理软件(Adobe Audition)、视频处理软件(Adobe Premiere)等工具掌握有难度。对于思维导图、动画制作等部分的学习,认为软件操作不复杂,但是对于知识管理、设计动画、脚本编写等要求较高,因此画好思维导图、制作优美的教学动画并非易事。

有关教学方法的调查,85.97%的学生认同课程所采用的教学方法,即"慕课的异步学习+线上直播+线下作业以及返校后的自由创作+辅导答疑"等,甚至有同学表示开始喜欢线上学习,认为没有时空限制,不必穿梭于各个教室之间,使他们的学习更加自主灵活,资源查阅也很方便、师生交流顺畅、问题可以快速得到解答、不懂之处可以到课程平台上反复观看微课、会的地方可以跳过等。当进一步问到"你觉得学习这门课程的难处何在"时,有57.14%的同学认为是自主学习能力不强,28.57%的同学认为是教学内容难、不易掌握,仅有14.29%的同学认为是"设备不足、网络卡顿"等。

针对课程的建议,表示教师应及时明晰作业评价标准,这样学生可以知道做到什么程度算是优秀,尤其是"微课教学设计与制作"模块,开始不知道从何着手,浪费了一些时间,希望教师增加对学生学习过程的动态指导。关于直播工具,建议教师可多采用具有录制功能的工具,这样课后学生有不懂之处,可以再看直播视频回放;也有同学建议课程内容趣味化、游戏化等,以弥补"居家学习"的"无聊无助感"。

此外,该研究对课程平台讨论区学生所发的779个帖子进行了文本分析,大体可以归为两方面的变化。其一,是学生对"现代教育技术"有了观念上的转变。课前大部分学生认为这是一门类似于计算机文化基础的课程。通过一学期的学习,普遍认识到它不仅仅是对计算机以及相关媒体技能的了解和掌握,已开始转向关注技术的教育价值。正如一名学生所言:"我想说的是在这次疫情的影响下,如果没有信息技术的支持,'停课不停学'的号召,将仅仅是一句'口号',不能落到实处。"其二,是学生的"现代教育技术"知识与能力水平有明显提升。正如学生所言:"课程结束后,我感觉自己受益匪浅,在图片、音频、视频,PPT等方面都学到了很多方便实用的技巧与方法,无疑对未来的教学会有很大的帮助,这门课让我的技术能力提升了很多。"同时我们对学生提交的十次作业进行了整体分析与评分,最终18级财务会计教育师范班平均分84.86,18级英语师范班平均分84.83,两个班的成绩并无明显差异,但比往届平行班的作业表现及平均分79.60均有所提升。同时18级英语师范班的小组协作学习尤为突出,即使课程已经结课,依然保持着小组学习活动,其中有两组学生共8人愿意参加省大学生多媒体竞赛,最终一组学生完成了教学作品创作,并以"诗画浙江"微课参加省大学生多媒体作品竞赛。

◇ 改进建议

加强在线课程资源建设：课程数字化资源建设是在线教学活动顺利展开的根本保障，也是实施在线教学、混合教学、翻转课堂等新兴教学模式的"基石"。这次疫情突袭，我们的教学并未"自乱阵脚"，而是得益于先期开展的在线课程资源建设与新型教学模式的尝试与探索，已积累了较为丰富的教学资源和线上教学的经验；同时我们也积极向学生推荐国内各大平台上的相关慕课，作为课程资源供学生进行拓展学习。课程资源的丰富与访问便利，为"学生—内容"的高频互动提供了资源保障，后期的调查与访谈尤其得到了学生的认可与肯定。这也印证了远程交互理论的基本观点，即只要三种形式的交互(学生—教师；学生—学生；学生—内容)中的一种处于高水平，即使其他两种形式的交互水平较低，有意义的学习也能够得到支持。也就是说，在线教学中，如果能够优化组合自建课程资源、相关优质资源，再配合适当的教师辅导、作业设计及教学管理措施等，让"学生—内容"处于良好的互动，也可产生有效学习，以保证与传统课堂教学的同质等效。

注重在线学习支持服务设计：在线学习支持服务是学生能否持续有效学习以及获得良好学习体验的重要环节。这次疫情下的教学，我们设置了导学单、助教、课程平台讨论区、QQ打卡、优秀作品展示与点评等环节，并利用课程平台的统计分析功能，及时跟踪和了解每位同学的学习情况，以便及时调整教学进度及策略，这些手段的使用在导学、促学、助学、督学等方面均起到了一定的学习支持作用。但由于时间、精力的限制，教师未能对学生在课程平台中的发帖进行及时有效的回复，以致于学生得不到及时反馈，失去了在论坛中持续参与讨论的动力和热情，因此并未如愿产生有意义的师生、生生互动，仅仅成为学生作业的展示区。

后期改进可考虑加强在线学习支持服务的设计，激发和维持学生参与在线教学的内生动力，比如设置有趣的在线活动主题、引入同伴互评以及智能答疑机制、增设选人/抢答和投票/问卷等环节，以加强"学生—教师、学生—学生"的在线互动，因为教学不仅仅是知识的传授与获取，更是师生在社会交往中的知识建构过程。

缩短数字鸿沟，提升大学生自主学习能力：在线居家学习给大学生拥有数字化设备及自主学习能力提出了很高的要求。通过对学生进行访谈、观察以及评估其作业表现，显示拥有较好的数字化设备及上网条件，同时具备较高自主学习能力的学生，在这次疫情中能很快适应并接受在线学习方式，过程性的作业和最终完成的作品质量都相当高。这些学生有着清晰的学习目标和自主学习意识与能力，正如有同学说："大目标是我当时刚开学看了老师放的优秀作品，希望自己也能做出这种比较出彩的综合性作品。小目标就是尽力做好每一次作业啦。我觉得目标基本上可以算达成啦！学习时的目标计划可能相对来说比较小和细，每次写作业的时候我都是抱着多学习、多练习、以提升能力为主的态度,而不是为了完成作业而写作业。"与此相反,来自偏远落后地区、家境较差、上网设备及条件差、自学能力弱的学生,虽不占多数,但在这次疫情中,加剧了他们与其他学生的"数字鸿沟",作业表现更差,甚至表现出对在线学习的不适应、焦虑不安。"实不相瞒,网课作业多、注意力不集中、对着电子产品学不进去、理解吃力,重点不清晰,感觉没有线下那么有效率!"有学生这样说。

这迫切需要对自主学习能力弱的学生进行诸如时间管理、制定学习计划、自我监督与评价、养成良好学习习惯等方面的引导并建立督促机制,以促进他们自主学习意识和能力的提升;对于贫困学生应提供适当的技术装备援助,使其尽快适应在线学习、混合教学等新兴学习模式,缩短其"数字鸿沟",以进一步保障教育公平。

■ **研习任务**

◇ 谈谈你对教学设计的理解并简述其基本步骤。

◇ 依据一种教学设计模型,针对具体学科内容开发教学案例并阐述其过程。

■ **网络学习资源**

◇ 谢幼如,"教学设计原理与方法",中国大学 MOOC,课程网址:https://www.icourse163.org/course/scnu-1002528016? tid = 1002702022。

◇ 盛群力等人,"掌握教学设计",中国大学 MOOC,课程网址:https://www.icourse163.org/course/icourse-1003595004? tid = 1003819006。

◇ 闫寒冰等人,"信息化教学设计",中国大学 MOOC,课程网址:https://www.icourse163.org/course/ECNU-1002142003? tid = 1461139454。

5.2 混合学习

5.2.1 基本理念

美国学者柯蒂斯·邦克在他编著的《混合学习手册》中曾对混合学习(Blending Learning)作过一个界定,他认为混合学习就是面对面教学和计算机辅助在线学习的有机结合。[①] 混合学习一般包括两个重要的要素:(1)面对面的线下教学,是指学生至少在某些时间要在学校教室、计算机实验室等实体场所学习,而且必须有成年人亲自到场监督学习,比如教师、助教等;(2)在线学习,是指学生必须体验在线学习,可以自我控制学习的时间、地点、路径和节奏等。[②]

[①] 詹泽慧,李晓华.混合学习:定义、策略、现状与发展趋势——与美国印第安纳大学柯蒂斯·邦克教授的对话[J].中国电化教育,2009(12):1—5。

[②] Bonk C J, Graham C R. Handbook of blended learning:Global Perspectives, local designs. San Francisco, CA:Pfeiffer Publishing. in press. http://curtbonk.com/toc_section_intros2.pdf.

我国著名教育技术学专家何克抗教授则认为："所谓 Blending Learning 就是要把传统学习方式的优势和 E-Learning(即数字化或网络化学习)的优势结合起来,也就是说,既要发挥教师引导、启发、监控教学过程的主导作用,又要充分体现学生作为学习过程的主体主动性、积极性与创造性。"[①]

由此看来,混合学习的基本理念体现在两个方面:融合现代教育技术与传统教学优势,关注教学主导与学生主体的结合,促进教学创新。它在四个方面发生着变化:学习环境、学习行为、教学模式、教学理念。这是一种信息技术驱动下的教学模式,需要教师积极主动地拥抱技术,努力使自身具备学科知识、教学法知识、技术知识等,成为真正的知识传承者和创造者。

混合式学习课程的设计框架一般包括:前端分析(学习者特征分析、学习对象分析和混合学习环境分析)、活动与资源设计(活动设计和资源设计与开发)和教学评价设计(学习过程评价、课程考核和活动组织评价)三个阶段。[②]

5.2.2　混合学习的常见模式

美国在这方面有代表性的研究者是斯泰克和霍恩。2011 年,他们在调查研究了 80 个美国 K－12 阶段混合学习项目的基础上,根据实施混合学习项目的学校的实践,总结了六种混合学习应用模式。后将其缩减为四种模式。[③]

◇ 模式 1：循环模式(Rotation Model)

这种模式指的是在一个灵活的时间表或者教师的指导下,学生在多种学习活动之间轮流,但必须至少有一种学习活动是在线学习。其他的学习活动形式包括:小组学习、大规模教学、小组项目学习、个别指导、手写作业等。该模式包括四种子模式:位置循环模式、实验室循环模式、翻转课堂模式及个体循环模式。

◇ 案例：位置循环混合学习模式项目——宾夕法尼亚州春城小学

2012 年秋季,宾夕法尼亚州春城小学采取了位置循环模式,学生以小组的形式在教师直接教学、小组协作学习及个体自主学习三种学习活动之间循环转换,学生在每种学习活动上停留的时间是 20 分钟。当学生在所有这三种学习活动都循环结束之后,换下一个学科,每天学生在混合学习模式上花费的时间至少占整个在校时间的80%。教师通过在线课程中产生的数据,来确定讲授教学与协作学习活动。同样,教师根据个体自主在线学习产生的数据,来了解学生对于知识和技能的掌握程度,并以此作为学生协作学习分组的依据,因此分组是动态变化的。协作学习通常包括基于

---

① 何克抗. 从 Blending Learning 看教育技术理论的新发展(上)[J]. 中国电化教育,2004(03)：1—6.
② 黄荣怀,马丁,郑兰琴,等. 基于混合式学习的课程设计理论[J]. 电化教育研究,2009(1)：9—14.
③ 白雪梅,马红亮,张立国. 美国 K－12 混合学习的实践及启示[J]. 现代教育技术,2016,26(02)：52—58.

项目的学习,一次项目学习的周期一般需要数天。

◇ 模式 2:灵活模式(Flex Model)

这种模式下,课程内容和教学主要通过网络传输给学生。学生根据为个人特制的进度表,在不同的学习活动之间轮流,有在线教师提供指导。除此之外,在其他学习活动中,本地教师根据学生的需求提供不同程度的面对面的指导。

◇ 案例:灵活混合学习模式项目——犹他州整个盐湖城学区

在犹他州整个盐湖城学区,每年都会有10%的学生中途辍学。辍学的原因在于学生厌烦传统的教学,他们需要更具操控性、更具灵活性、更容易接近教师的教学。为了给学生提供更加个性化的学习环境,使学生能在选择要学习的课程、作息时间、学习路径及学习步伐等方面有更多的自主权,提高学生的参与度,从而使他们具备高中毕业即有机会进入大学的能力或者具备基本的职业生存能力,盐湖城学区于2012—2013年开始实施灵活模式的混合学习。学生和教师根据学生的职业生涯目标一起为学生制定一个学习计划,选择他们要学习的在线课程及面对面课程。学生一次选择4—5门课程,然后根据自己的节奏完成课程;在完成一门课程之后,学生可以选择继续完成没有完成的其他课程,也可以选择新课程。学校和教师会跟踪学生已经获得的学分情况,以确保他们能够达到毕业的要求,按期毕业。在在线学习教室里,现场有8位教师为学生的学习提供面对面的支持。除了在线学习,他们还为学生提供了其他的学习活动,如小组项目学习、教师主导的学习等。

◇ 模式 3:自我导向混合模式(Self-Blend Model)

在这种模式下,学生根据自身情况选择参与一门或者多门完全在线课程来补充传统的面对面在校课程,学生可以选择在学校或在家学习这些在线课程。

◇ 案例:自我导向混合学习模式项目——华盛顿州斯波坎市

2014—2015年,华盛顿州斯波坎市一共有15个学校同时实施了不同形式的混合学习项目。其中若干个混合学习项目已被评为对提高该学区毕业率有着重大的影响,如ICAN项目。ICAN项目主要提供在线补救课程,通过在线评估来检验学生已经掌握了以及还需要弥补的知识和技能,从而提供针对性的补救课程内容。ICAN教师分布在斯波坎市的每一个初高中学校,ICAN教室有专业教师为学生提供面对面的指导。学生可以选择在上学之前或者放学之后到ICAN教室,学习斯波坎市的虚拟在线补救课程,从而达到学校的特定要求。

◇ 模式 4:强化虚拟模式(Enriched-Virtual Model)

这种模式强调一个完整的学校教育经历。学生将自己的时间分成两部分:一部分是参与学校传统的面对面教学,另一部分是参与远程的在线学习。

◇ 案例:强化虚拟混合学习模式项目——科罗拉多州埠德学区

在这种模式下,学生从150多门核心课程与选修课程中选择自己要学习的课程,并且以合适自己的步调在家进行远程学习;每周学生都要花费2—3天的时间在家学习在线课程,同时至少有2天需要参加学校的面对面传统教学——这赋予了学生很大的灵活性。学校的面对面传统教学主要是要求学生参与一些亲身实践项目,如小组讨论和辩论、科学实验室、体育教育及其他方面的学习等。这些多样化的在校学习活动能够最大化地实现师生及生生之间的面对面互动交流。教授在线课程的教师与学校面对面教学的教师是同一位教师,这保证了教师对学生有足够的了解,有利于个性化教学的实施。18位教师不仅指导学生参加学校的实践学习活动,当学生在家学习在线课程时,他们还通过学校的技术平台随时为学生的远程学习提供支持。

5.2.3 国内混合教学的实践探索

清华大学于歆杰教授的"电路原理"课程混合式教学改革探索为混合式教学的实施作了很好的诠释,他以成果导向的教育为理念,提出开展混合课程设计的基本思路:开展混合式教学改革的教师首先需要明确自己希望达成的目标或成果,进而根据目标设计具体实施措施,再用适当的方式来衡量目标的达成度,找到进一步改进之处,从而实现持续改进。[①] 例如在他的"电路原理"课中,有一个重要的求解方法是节点法:

◇ 目标:90%的学生熟练掌握节点电压方程的列写;

◇ 措施:知识点引入、列举例题、布置作业;

◇ 评价:课堂讨论表现、课后作业、期中期末考试;

◇ 持续改进……

华南师范大学胡小勇教授对混合式教学的实践探索:设计了面向私播课的混合学习策略,并通过行动研究进行修正、完善,从而形成了"问题导学、学案助学、小组互学、BYOD辅学、评价促学、微课自学"相结合的六维混合学习策略,同时通过实证检验了其在教学实践中的良好应用效果。[②]

江苏师范大学郭小荟教授对混合式教学的实践探索:提出了一种基于在线网络教学平台的程序设计课程混合学习模式,并以Java程序设计课程的教学为例,从混合学习的前期准备、实施和评价三方面阐述如何基于在线网络教学平台进行混合学习实践,从而提高学生的实际编程能力。[③]

---

① 于歆杰. 论混合式教学的六大关系[J]. 中国大学教学,2019(05):14—18+28.
② 胡小勇,伍文臣,饶敏. 面向私播课的混合学习设计与实证研究[J]. 电化教育研究,2017,38(08):70—77.
③ 郭小荟,梁银,杜明. 基于在线网络教学平台的程序设计课程混合学习模式及实践[J]. 计算机教育,2018(09):140—144.

下面我们结合自身的课改体验进行较为详细的描述,即面向课程的混合教学设计——以 N 大师范生公共课"现代教育技术"为例。①

■ **明确教学目标**

知识与技能:了解和掌握现代教育技术的基本概念及其应用价值。

过程与方法:掌握教学资源的搜索、加工、处理和集成的方法以及有关信息化教学设计的基本方法,以便在未来的教学岗位上能根据自己的学科内容选择相应的方法、技术和工具进行教学设计与教学活动等。

情感态度与价值观:形成对现代教育技术应用的主动意识、理解其对教育改革与发展的重大作用。

■ **学习者特征分析**

大学二年级不同学科的师范生(美术师范、数学师范、体育师范、地理师范、中文师范、音乐师范、科学教育师范、英语师范、财务会计教育等)。学习过计算机文化基础课,对计算机的基础知识有一定的了解和掌握。学生计算机应用水平存在一定差异。

■ **网络教学环境和资源建设**

通过课程内容的选择、组织、编排和数字化资源建设,力图把具体知识的学习和掌握提升为宏观的价值塑造,即把现代教育技术的具体知识的学习转化为融入到学科教学创新的教学理念中,而不仅仅是知识和技能的掌握。

我们依托浙江省高等学校在线开放课程共享平台设计开发了"信息化教学技能训练"课程,具体的教学资源包括六大专题,资源形式主要包括:微课、PPT 和 PDF 讲稿、任务单等。具体模块包括:

◇ 现代教育技术概述:了解和掌握现代教育技术的基本概念及其应用价值。

◇ 信息化教学资源的搜索与获取:掌握教学资源的搜索与获取方法。

◇ 图形图片加工与处理:掌握图形图片加工与处理的方法和技巧。

◇ 视音频加工与处理:掌握视音频加工与处理的方法和技巧。

◇ 微课制作:掌握微课制作方法和技巧。

◇ 信息化的教学设计:掌握信息化教学设计的基本方法。

■ **混合学习活动设计**

线上活动:学生通过在线课程平台进行课前预习、自主学习、完成作业,还可以在讨论区分享作业、观点等;教师可在线答疑、引导和参与讨论、评价作业并反馈等,

---

① 王皓璇,徐晓雄(通讯作者),李天天,陈玉婷.基于设计研究的在线与混合教学实践探索——以疫情期间 N 大"现代教育技术"课程为例[J].中国教育信息化,2021(21):76—82.

以解决学生个性化学习的问题。

线下活动：课堂中师生面对面教学,主要解决重点、难点、疑点等,解决学生共同存在的问题;也可开展学生面对面的交流和讨论以及小组活动。

■ 教学过程

课前(在线学习)：登录课程 MOOC,观看微课,完成课前任务单,以达到预习之目的,如图 5-4 所示。

图 5-4　慕课平台

课中(面对面教学)：对主要知识点、实验、典型作业的讨论,比如分层次展示学生作业,包括对优秀作业、有进步的作业、有问题作业的点评、答疑和讨论等;对重点、难点的讲解、操作与演练等。

课后(在线学习)：观看视频、参与讨论、发帖表达观点、提交作业。

■ 教学评价设计

教学评价主要采用了定量评价与定性评价、电子档案袋与作品评价,注重发展性评价,跟踪学习过程,即时提供反馈,以及形成性评价与总结性评价相结合的方式,其目的是改善学生的学习绩效、促使学生发展。

评价成绩计算方式为：最终成绩＝平时成绩(占 40％)＋期末作品创作(占 60％)。其中平时成绩考核主要由平时表现如出勤率、登录平台观看视频时长、提交作业数、笔记数、发帖/回帖数等构成,通过电子档案袋评价;期末作品创作要求学生能根据信息技术的功能特点和学科教学的现实需要,设计与开发指向信息技术与学科教学深度融合的教学作品,并分别从思想性、教学性、技术性、艺术性和创作性五个方面予以评价。

■ **教学效果**

◇ 学生基本认同这种学习方式,但刚开始不适应,坚持下来收获很大。

◇ 课程内容精致实用、获取资源方便、师生交流及时并有所增强。

◇ 在交流互动环节,优秀作业展示对学生的学习很有启发。但最好给学生详细介绍作业的评价标准,以便让学生清晰地知晓作业的评价标准;同时建议匿名展示作品,以给同学更多的是激励而不是竞争。

◇ 每周都有配套的任务要完成,这样有利于知识与技能的复习和巩固。

◇ 对于课程中的重难点,通过课后反复观看视频,可得以解决和突破。但课程平台有卡顿现象,影响学生学习情绪。建议平台要易用和顺畅,学生才更愿意登录使用。

5.2.4 实施混合式教学项目的关键技术

对于大多数学校和地区而言,如实施混合式教学项目需要做好相应的三年的战略发展规划,具体细节应该涉及如下。

■ **制定学校发展战略**

要将混合教学项目嵌入到学校教改策略中、将在线学习纳入到师生的教学结构之中,尤其是为学生提供个性化和吸引人的学习体验;密切关注学生与教师的比例、学生自主在线学习时间、学生的学习成果。

■ **关注教改先行的教师领导力**

考虑将教师的领导力纳入学校发展战略之中,将学校和教师的发展结合起来。同时合理配置人力、物力、财力的组合与协调。切记转向混合教学的总体目标是关于教学、学习和设计——而不是简单的硬件和软件购买与配置。

■ **平台的选择**

平台的选择将限制教师和学生可用的教学资源和服务类型。建议选择成熟稳定的教学平台作为技术支持,也可以说选择平台相当于选择了服务和合作群体。

■ **打造并学会使用优质的教育资源**

教育资源是实施混合式教学项目的重要载体。目前对于跨学科的 K‐12 教学材料,有越来越多的优质开放资源,比如国外有 CK12. org、PowerMyLearning. org、KhanAcademy. org、Hippocampus. org、Curriki. org、Engageny. org、Oercommons. org、GooruLearning. org 等;国内有国家教育资源公共服务平台、国家中小学网络云平台等。

■ **设备的选择**

设备的选择应该与需求评估相结合,以最佳性价比选定。需要考虑的因素包括硬件、外围设备、操作系统和软件以及安装和维护费用,而且需要考虑希望学生在设备上制作什么样的作品以及设备需要提供哪些类型的工具和资源等。

■ **是否考虑让学生自带设备进入教室**

目前学生每天都会用智能手机、平板电脑、电子阅读器、笔记本电脑等,建议允许教师决定学生何时以及如何在课堂上使用这些设备,这是一个有效利用自带设备的办法。

■ **研习任务**

◇ 谈谈你对混合式教学的理解和看法。

◇ 根据你的学科,选择适合的知识点,设计一个混合式教学方案。

■ **网络学习资源**

◇ 国家教育资源公共服务平台: https://www.eduyun.cn。

◇ 国家中小学网络云平台: https://ykt.eduyun.cn。

5.3 翻转课堂

"翻转课堂"起源于美国科罗拉多州落基山的"林地公园"高中。2007 年春天,学校的化学教师乔纳森·伯尔曼(Jonathan Bergmann)和亚伦·萨姆斯(Aaron Sams)开始使用屏幕捕捉软件录制 PPT 演示文稿的播放和讲解。他们把结合实时讲解和 PPT 演示的视频上传到网络,以此帮助课堂缺席的学生补课,随后两位教师逐渐以学生在家看视频听讲解为基础,节省出课堂时间来为在完成作业或做实验过程中有困难的学生提供帮助。[1]

5.3.1 翻转课堂的定义与特征

所谓翻转课堂,就是在信息化环境中,课程教师提供以教学视频为主要形式的学习资源,学生在上课前完成对教学视频等学习资源的观看和学习,师生在课堂上一起完成作业、答疑、协作探究和互动交流等活动的一种新型的教学模式。[2]

由此看来,翻转课堂教学法的基本特征相较于传统课堂发生了变化,教师不再是知识的传授者而是学生的促进者;学生也不再是被动的接受者而是主动的学习者。将教学顺序由原来的"课堂讲解—课后作业"转变为"课前学习—课中答疑、协作、讨论、探究等",这是教学流程的前置与再造,也是区别于课堂教学法最为显著的特征。

---

① 张跃国,张渝江.透视"翻转课堂"[J].中小学信息技术教育,2012(03):9—10.

② 钟晓流,宋述强,焦丽珍.信息化环境中基于翻转课堂理念的教学设计研究[J].开放教育研究,2013,19(01):58—64.

这种模式下学生课前需要观看教学视频并完成相应的任务单等,课中则通过教师的答疑解惑、小组协作学习、讨论、探究性学习等方式展开,这样教师的讲解更有针对性,学生遇到问题也会得到同学和教师的及时帮助。

5.3.2　翻转课堂的理论基础

乔纳森·伯尔曼和亚伦·萨姆斯在他们的网站上声明,翻转课堂模式并非源自新的教育和学习理论,其采用的仍然是为广大教师所熟悉的掌握学习法。掌握学习理论由本杰明·布卢姆(Benjamin S·Bloom)首先提出。20世纪60年代,他反对过去长期习惯使用正态曲线来给学生分等,他认为只要提供最佳的教学条件、足够的学习时间,学生的成绩将不再是正态分布,绝大多数学生都会掌握学习任务、获得良好成绩。他认为采用掌握学习法,90%以上的学生能够学会课程内容。[①]

翻转课堂就是以掌握学习理论为基础,为学生提供了足够的学习时间,他们可根据自己的实际情况调控自己的学习进度。同时,翻转课堂为每个学生提供所需的频繁反馈和个性化的矫正性帮助。反馈通常采取形成性检测的方式,揭示学生在学习中存在的问题,再通过个性化辅导,协助学生矫正错误,达成学习目标。

5.3.3　翻转课堂的关键环节

设计与实施翻转课堂的关键步骤有:设计与制作教学视频、课堂活动设计与组织、教师的投入与学生的参与,具体阐述如下。

■ **设计与制作教学视频**

根据教学目标,设计、制作与收集教学视频,最好是系列微课,并安排好观看视频之后,学生需要完成的任务单。

■ **课堂活动设计与组织**

将传统课堂的讲授置于课前,那么课堂内的学习活动则需要再设计。可采用重难点讲解、讨论、协作、小组项目学习、探究性学习等教学方式展开,以达成解惑答疑、个性化学习、协作学习及知识建构的目的。只有设计高质量的学习活动,才能使学生有机会在具体环境中应用所学内容。这包括学生创建内容,独立解决问题,开展探究式活动,实施基于项目的学习,及时地获得解惑答疑等。

■ **教师的投入、学生的参与**

录制讲座、制作微课,需要教师额外的投入,也需要教师掌握新的教学技能,只有这样才能设计好课堂内外的衔接;另外要让学生了解翻转课堂教学法的基本理念,以

---

① 施良方.学习论——学习心理学的理论与原理[M].北京:人民教育出版社,1994.

获得学生的理解、接受和积极参与。

实施翻转课堂,需要学生在课外或回家看课程的教学视频,对学生自主学习和自我调节的能力也提出了较高的要求。因此课前的教师引导、任务单的设计相当重要,也就是学生课前观看视频是带有任务的,不能限于泛泛的浏览;课内的学习活动增加了师生、生生的互动与交流,但是如何有效果,还需要教师针对答疑、个性化指导、讨论、小组协作、探究性学习等进行认真地设计与准备,以便让课内的互动实质高效。

5.3.4 案例概述

■ 案例1:美国明尼苏达州斯蒂尔沃特市石桥小学的案例

2011年秋天,美国明尼苏达州斯蒂尔沃特市石桥小学开始了数学翻转课堂试点计划。五、六年级的学生们回家看教师的教学影片,回到课堂上可以在教师和同伴的帮助下完成作业。教师使用 Moodle 跟踪学生在家学习的过程,可以看到谁看了教学影片并完成测验,这样更容易关注那些学习有困难的学生并给出个性化的指导,获得更好的学习体验。①

■ 案例2:美国克林顿戴尔高中的案例

美国克林顿戴尔高中也是一所实施翻转课堂教学成功的学校。学生在家看教师录制的5—7分钟的讲解视频,做笔记并写下遇到的问题。在课堂上,教师会重点讲解多数学生有疑惑的概念,并用大部分时间来辅导学生练习,对学生的作业给予及时反馈。②

■ 案例3:来自加拿大萨斯喀彻温省穆斯乔草原南高中的案例

加拿大萨斯喀彻温省穆斯乔草原南高中的雪莱老师在教英语、科学和技术课时,并不是在每节课中都使用翻转教学。她采取的翻转教学形式不是每晚都分配给学生教学视频,而是有选择地进行。通常分发给学生的是一些用于建立好奇心、启发学生思考的简短片段,只有在学生真正需要新的信息时才使用翻转模式。通过实施这种翻转课堂,学生们都表示在学习时间上更加自由、更加喜欢探究和思考。③

■ 案例4:重庆聚奎中学的翻转课堂教学法的经验

首先搭建了视频和学习管理平台,为每位学生发放了平板电脑作为学习终端,并选择实验班进行翻转课堂的教学改革,④主要体现了以下特点。

---

① 杨刚,杨文正,陈立.十大"翻转课堂"精彩案例[J].中小学信息技术教育,2012(03):11—13.
② 杨刚,杨文正,陈立.十大"翻转课堂"精彩案例[J].中小学信息技术教育,2012(03):11—13.
③ 王红,赵蔚,孙立会,刘红霞.翻转课堂教学模型的设计——基于国内外典型案例分析[J].现代教育技术,2013,23(08):5—10.
④ 李敬川,王中林,张渝江.让课改的阳光照进教育的现实——重庆聚奎中学"翻转课堂"掠影[J].中小学信息技术教育,2012(03):16—18.

◇ 四个转变,四个注重

从"关注知识的传授"向"关注学生的发展"转变;从怎样"教教材"向怎样"用教材"转变;从注重"教"向注重"学"转变;从"传统教学"向"新理念教学"转变。注重学习过程,注重学生活跃的思维方式培养,注重学生自主学习习惯的培养,注重学生合作精神的培养。

◇ 少讲多学,合作共赢

传统课堂 40 分钟的讲解浓缩为 15 分钟,教师少讲、精讲;学生课前已经完成了对知识的学习,在课堂上先独立做作业,对于难题则通过小组协作、教师答疑的方式来解决。

◇ 课余学习与课堂练习

教师提前一周录制好教学视频并上传至学校服务器,学生在自习课或课外使用平板电脑从服务器上下载并观看教学视频,回到课堂上与教师和同学面对面交流、讨论和完成练习。实现对传统课堂的"课堂学习 + 课后练习"的翻转。

◇ 减少教师的重复讲解

学生观看教学视频时,看不懂的反复看,并且可以随时暂停教师的"讲课",有更充裕的时间做笔记和理解,减少教师的重复讲解。

◇ 让优等生可以加速学习

学生在各自的优势学科中,可以加快学习进度,从而更好地发挥自己在这一学科中的优势。

◇ 即时掌握学生的学业情况

教师可知道每位学生对本课知识的掌握情况以及全班学生的整体学习情况,进而帮助教师调整教学进度、难度,制定个别辅导计划。

■ **研习任务**

◇ 谈谈你对翻转课堂的理解和看法。

◇ 据你的学科,选择适合的知识点,设计一份翻转课堂教学方案。

■ **网络学习资源**

◇ 中国大学 MOOC"翻转课堂教学法",授课老师:汪琼。课程网址: https://www.icourse163.org/course/PKU-21016? tid = 21012。

第 6 章　教学评价

6.1　教学评价概述

6.1.1　教学评价的概念及功能

一提到评价,往往想到考试,其实考试只是评价的一种方式。一般来讲,教学评价是依据教学目标,对教学内容、教学进展情况、教学结果进行观察、记录、测量,对教学效果做出鉴定和价值判断,并对教学各环节进行反思和修订的活动。教学评价具有诊断功能、激励功能、导向功能和改进功能。

■　诊断功能

通过教学评价确定学生学业成绩如何、教学是否有效、存在的问题、教学材料及资源是否合适等,起到教学质量诊断与监控的作用。

■ **激励功能**

考试与奖惩手段的结合有利于激励、强化学习动机和提高学生的学习积极性,也有利于调动教师的积极性,进一步激发教师进行教学反思,从而提高教学水平。

■ **导向功能**

评价标准对于师生的教学进程都具有指引方向作用,若标准科学、适宜、合理则对教学产生正面导向作用,反之就会出现误导现象。

■ **调节功能**

通过获得反馈信息,使师生了解教与学的情况。教师及时调整教学行为、修订教学计划,以达成教学目标;学生及时调整努力方式,更正不良学习行为和习惯,进而获得良好的学习效果。

6.1.2 教学评价的类型

按照不同维度,教学评价有多种类型,具体描述如下。

■ **评价作用**

按照评价的作用可分为:诊断性评价、形成性评价、总结性评价。

◇ 诊断性评价:一般是在学年、学期课程教学开始之前进行预测,主要希望能确定学习者已经知道和掌握了什么,从而确定教学起点或者教学组织安排,以便接下来的教学更有针对性,比如新生入学的分班考试、摸底考试等。

◇ 形成性评价:通常是在教学过程中教师为了了解学生学习掌握情况、发现问题,以便教师及时地调整教学内容及步调等,例如实施单元测验。

◇ 总结性评价:一般用于学生学业成绩的判断,也是对相对完整的教学过程的总体结果进行评价。即看学生从中学到了什么以及教学效果如何等。例如期中考试、期末考试、高考等,成绩作为某种资格认定或升学的依据等。

■ **评价标准**

按照评价的标准可分为:常模参照评价、标准参照评价、个体内差异评价。

◇ 常模参照评价:又叫相对评价,是指在集体内以个体的成绩同他人相互比较,从而确定其成绩的适当等级,例如某项考试的班级排名。这种评价有助于师生了解该生在所在集体的排位,树立竞争意识。当然不需要过分追求分数和名次。

◇ 标准参照评价:也叫绝对性评价,是在评价对象群体之外,预定一个客观的或理想的标准,运用这个标准来评价每位对象的评价方式。这种评价方法标准客观、内容规范、程序统一,有利于评价学生某门课程的学习水平,降低常模参照评价排名带来的负面影响。

◇ 个体内差异评价：也叫成长参照评价，是把评价对象个体的过去与现在进行前后纵向比较，或学生不同学科成绩之间、同一学科内的不同方面等进行横向比较的评价。例如不同时间段的写作水平、英语(听、说、读、写)等方面的比较评价。

■ **评价性质**

按照评价的性质可分为：定量评价和定性评价。

◇ 定量评价：是指通过收集数据资料，运用数学分析方法得出评价结论。定量评价一般采用客观性试题、有统一的评价标准，例如考试、测验分数等。通过定量评价可以确定学生学到了多少知识。

◇ 定性评价：是指通过收集非数量化资料信息并运用描述分析的方法得出评价结论。一般采用行为观察记录、档案袋评价等方法，强调观察、分析归纳、描述，能够确定学生学到了什么知识，并作出相应的解释。

6.1.3 教学效果评价

什么样的教学是最好的教学？美国著名教学设计专家梅瑞尔(M. David Merrill)提出了五星级教学设计的标准，以评价教学效果。五个维度具体描述如下：

◇ 聚焦问题：当学习者在现实世界问题的情境中掌握知识和技能时，才能促进学习。

◇ 激活旧知：当学习者回忆已有知识与技能作为新学习的基础时，才能促进学习。

◇ 示证新知：当学习者观察将要学习的新技能的示证时，才能促进学习。

◇ 应用新知：当学习者运用新掌握的技能来解决问题时，才能促进学习。

◇ 融会贯通：当学习者反思、讨论和巩固新习得的技能时，才能促进学习。

同时另一位美国著名的教育心理学专家理查德·E. 梅耶(Richard E. Mayer)进一步就教学效果的评价提出了三类问题，即"是什么在起作用""什么时候起作用""如何起作用"[1]，具体描述如下。

■ **是什么在起作用?**

通常可以采用对照组实验的方法予以验证教学效果，比如 A 班阅读纸质文本(控制组)，B 班阅读同样的文本，但其中的关键词字体加粗(实验组)。经过一段时间的教学之后，施测含 20 道题的测验，采集每个组的均值、标准差等数据进行比较，以验证教师在课堂教学中采用的关键词字体加粗是否起作用、有效果。

---

① 理查德·E. 梅耶. 应用学习科学——心理学大师给教师的建议[M]. 盛群力，等，译. 北京：中国轻工业出版社，2016：99.

■ **什么时候起作用?**

通常可以采用析因实验的方法予以验证,比如两个因子,一个是教学方式的变化(微笑和做手势),另一个是学生的座位类型(前排和后排),通过实验发现,教学方式的变化对前排学生起作用,而对后排学生没有影响。

■ **如何起作用?**

通过上述析因实验,初步验证了教师在课堂上微笑和做手势能够促使学生学到更多的知识,但是如何起作用的,需要通过观察分析、问卷调查或者访谈予以揭示。比如每隔 15 秒观察一位学生并且记录他是在专注任务(看着老师、看着屏幕或记笔记)还是游离任务(四处张望、发短信、乱写乱画、查看邮件)等。

此外,让我们再来看一下两组学生所做的笔记有什么区别,不妨将笔记中的观点分为基本事实和深层启示。还可以要求学生在一堂课结束之后,描述自己在学习过程中的所思所为。

总之,评价方法服务于评价目的,针对评价内容的广泛性,我们综合运用多种评价方法,力图完整、准确、真实地对教与学做出恰当的评价。

6.2 教学评价方法

教学评价的具体方法有多种,主要包括:考试、作业、表现性评价、档案袋评价、量规、反思表、学习契约等。

6.2.1 考试

考试通常是通过试卷的方式,考察学生掌握知识和技能的程度、等级,一般包括:客观性题目,如填空题、选择题、配对题、判断题;主观性题目,如概念题、简答题、论述题、作文题、应用题等。它也是对学生学业成绩考核的常用评价方法,通常以百分制、等级制(优秀、良好、中等、及格、不合格;或 A、B、C、D)记分。

考试应该有相当的效度、信度、客观性和参考性。所谓效度即准确性,它是指测量工具或手段能够准确测出所需测量的事物的程度,测验内容要与预期内容相符,测验分数与后续的学业表现要有相关性。例如,大学入学考试的分数应该与大学成绩有很强的相关性。

信度即可靠性,它指的是采取同样的方法对同一对象重复进行测量时,其所得结果相一致的程度。而客观性则是指每个评分人都是按照一样的标准来评分,不会因人而异,带来主观性。例如,一项测验有 20 位考生参加,每位考生都有两个成绩。测验的客观性则取决于两位老师所给出分数的相关程度。

此外,参考性是指测验分数便于作出适当的解释。例如一次测验所给出的分数,可以让你了解自己的成绩在所有考生中的位置。

6.2.2　作业

作业在中小学教育中,主要是指家庭作业或课外作业,是指学生根据教师的要求,为了完成学习的既定任务而进行的活动。[①] 它是教学活动过程中一个重要的组成部分,其中布置与评价作业则是教师的基本教学技能,也是学生巩固所学、教师发现教学问题、及时提供教学反馈的重要途径。

西方一些教育先进国家的作业形式改革,对我们很有启发意义。英国中小学生课程作业主要有四种类型:(1)实践作业,即指有教师指导的各种实验、独立观察、独立完成美术作品及各种动手能力的测试;(2)书面作业,即指客观性测试,其形式有回答简答题、抢答题、写随笔、论文、观察报告、评论、调查报告、科研项目等;(3)口头、听力作业;(4)表演作业。陈剑华教授就作业具体做法提出实践型作业是旨在让学生在实践过程中提高动手能力和创新精神的作业形式。可结合中小学各个学科,设计得更加具体一些,如录音作业、课本剧作业、画示意图作业、调查采访性作业、分层作业、自主型作业、养成型作业等。同时进一步提倡在作业评价上,也应当考虑针对不同学生的智能情况实施不同的评价方法。有必要采取新的作业评价方式,不单单注重学生的知识学习结果,把小发明、小创作、小论文等纳入评价内容。[②]

随着互联网及移动技术的发展与普及,在线作业开始进入教学系统。所谓在线作业系统是一个基于网络进行作业发布、收集、评价的服务系统。[③] 近些年来,国内外在线作业系统的发展也较为迅速,涌现出了许多优秀的在线作业系统平台,比如Homework-online、Homework Fox、Easy Worksheet、WebAssign 等,国内有"作业帮""大力辅导—小学语数英习题智能批改""快对作业—中小学家长作业检查工具""小猿搜题""作业大师""学霸君""阿凡题"等 APP;国外有 Gradescope、Brainly 等,下面我们就其代表性工具进行简要概述。

◇ "作业帮"主要是面向中小学学生提供答题解析和在线直播等课程和服务,提供了拍照搜题、语音搜题、文字搜题;随机抽取作文,同伴互评;智能出题、生成练习报告;自动错题记录,并生成错题标签等功能。

注册登录后,首先选择你的年级,比如选择"小学三年级"进入主界面,主要包括拍照搜题、作业批改、直播课等板块,以及相应的练习:口算练习、竖式运算、学字词、

---

① 吕婧. 在线作业平台在小学高年级教学中的应用研究[D]. 天津:天津师范大学,2017.
② 陈剑华. 关于中小学作业形式、作业评价问题的思考[J]. 上海教育,2001(24):33—34.
③ 陈华,聂钢. 美国在线作业系统 WebAssign 及其启示[J]. 中国远程教育,2005(10):74—76.

单位换算等,如图 6 - 1 所示。

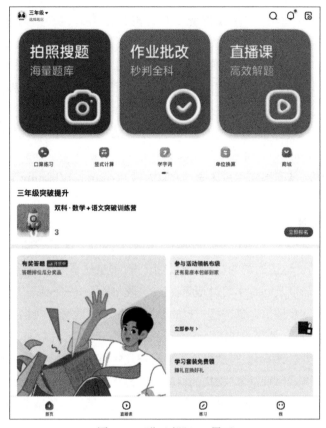

图 6 - 1 "作业帮"APP 界面

单击"拍照搜题",对准题目进行拍照,系统会自动给出相应题目的解答;点击搜索按钮,在出现的搜索框中输入"三位数加减法",就会呈现出有关的定义、应用题、讲解视频等;点击"口算练习",系统会智能出题进行测试,测试结束给出成绩及排名,增加了趣味性;点击"学字词",系统会呈现与课本同步的练习如"生字练习""字词听写""字词打印"。详细的操作步骤和功能使用,可以下载手机"作业帮"APP 或访问其官网:https://www.zybang.com。

◇ Gradescope 是一款在线学习评估工具,通过结合人工智能(AI),简化作业的批改评分流程,帮助教师节省时间、获取有价值的数据分析并改进教学,同时为学生提供及时且高质量的反馈。作为远程教学的解决方案,Gradescope 已被众多高校广泛采用,有数万名活跃教师用户,可帮助教师无缝地管理和评分,无论是在线还是在课堂上,让老师们能够做更多事情。它通过扫描学生作业、提供详细的反馈,同时保持与灵活的评分标准的一致性、发送和导出成绩、获取每个问题和每个量规的统计数据,以了解学生的表现等,彻底改变了教师的评分方式。其官方网站：https://www.gradescope.com。

◇ Brainly 是一家号称全天候作业帮手,其理念是一起更聪明,没有人知道一切,但每个人都知道一些事情。通过 Brainly,学生们可以结合自己的优势和才能共同解决问题。这是一个帮助数以百万计学生展开合作的社交网络,并使用机器学习算法来自动过滤垃圾信息和低质量的内容,允许版主花更多精力为学生提供优质的服务。除了内容监控,Brainly 还利用人工智能算法让平台充满个性。公司将根据学生可能的需求推荐好友,从而提高用户体验。其官方网站：https://brainly.com。

6.2.3　档案袋评价

美国自 20 世纪 80 年代以来广泛推行"档案袋评价",这是一种旨在把握每一个儿童学习的评价。这里所谓的"档案袋"是指针对某生从事的学习活动,旨在用于其评价、信息与表彰以及回顾学习过程而收集的"收集物"——作品与工作案例。[1]

事实上,档案袋评价也是依据一定的教学目的,通过收集反映学生学习过程中所做努力、取得的进步、最终成果以及学习反思的一整套材料,并对其现实表现进行的教学判断。在档案袋中可以存放学生的学习记录资料和若干成果等,如学业信息(学习目标、学习任务、计划、进度、搜集的材料);学习活动记录(学习材料、与教师交流记录、与同伴交流记录);作品集(课程作业、论文、学习心得);评价信息(教师评价、学伴评价、反思与自我评价)。

为便于理解档案袋评价的使用方法,下面我们以黄光扬教授对我国台湾地区三年级小学生语文课程的《我的家庭、感谢老师》学习档案袋制作案例的点评为例予以阐释。[2]

■　档案袋主题:《我的家庭、感谢老师》

◇　评价对象：小学三年级学生

◇　评价目标要素：能自行设计、整理学习档案;能运用所学新词撰写《我的家庭故事》;能写一封信给家人;能运用适切句子来描写教师上课或生活情形;能制作贺卡表达对老师的感谢;能善用美术设计卡片;能自省档案作品。

◇　经评价目标要素转化的档案项目(档案目录)：整理与呈现学习档案;用新词

---

① 钟启泉.建构主义"学习观"与"档案袋评价"[J].课程.教材.教法,2004(10)：20—24.
② 黄光扬.正确认识和科学使用档案袋评价方法[J].课程.教材.教法,2003(02)：50—55.

撰写《我的家庭故事》;写一封信给家人;用句子描写教师上课或生活情形;制作教师贺卡;善于用美术设计;自省档案。最后将档案项目再转化为《我的家庭、感谢老师档案目录》《我的家庭故事》《给家人的一封信》《我的老师》《教师节贺卡》《档案的反省与感想》6 张学习单。这 6 张学习单的评价标准如下。

◇《档案目录》:档案封面符合主题、美观、富于创意;档案呈现整齐、统一、完整;档案目录完整、清晰扼要。

◇《我的家庭故事》:故事题目生动、富有吸引力、内容切合主题、富有创意;段落分明,善用佳词、佳句;每课至少正确使用一个新词;注意用字、标点符号正确。

◇《给家人的一封信》:信的称呼、署名、敬辞、日期正确;信的内容要切合主题、生动;段落分明,善用佳词、佳句;用字、标点符号正确;善用祝福的话,包括信件格式、文章内涵两个向度。

◇《我的老师》:描写的句子要符合主题;词汇优美,用字、标点符号正确。

◇《教师节贺卡》:贺卡称呼、署名、敬辞、日期正确;短文要切合主题、有创意;段落分明,善用佳词、佳句;用字、标点符号正确;设计符合主题、有创意;构图、用色美观大方,包括贺卡格式、卡片设计、文章内涵三个向度。

◇《档案的反省与感想》:内容要具体反省、提出感想;段落分明,善用佳句、佳词;用字、标点符号正确。

上述每张学习单的评价在 2—6 项之间,且评价方式突破传统仅仅呈现能力之[对、错],改为评价"能力"与"努力"两个向度:"能力"向度以符号[O、√、△、?、X]表示[很好、不错、加油、改进、补做(交)];"努力"向度以符号[＋、－]表示[进步、退步]。

随着信息技术的发展,电子档案袋评价(E-Portfolio)的方法开始形成,它是依托于现代网络信息技术而对教育教学过程进行真实性评价,关注评价发展性、反思性功能的一种有效的质性评价方式。[①] 其优势主要表现在:通过数据库、超级链接等信息技术,电子化档案为资料的收集、归档与管理提供了便捷,有效地存储与展示个人的信息,可以被他人阅读、共享和评论,从而促进教师间的交流与相互学习。比如教师博客、微博、微信公众号等,能将教学成就与专业发展展示出来。

对于学生来讲,要鼓励他们创建自己的电子档案袋,其结构如图 6-2 所示[②],比如建立学生博客、微博或个人学习主页,将他们的学习目标、学习计划、读书笔记、学习反思、学年总结等放入其中,随着课程学习的推进,教师和学生通过不断地对其学习空间的内容进行评价与修正,使内容不断更新,电子档案袋的资料也会变得更加丰富,这

---

① 谢安邦,李晓.电子档案袋在教师评价中的应用[J].全球教育展望,2005,34(11):76—80.
② 桑新民.学习科学与技术:信息时代大学生学习能力培养[M].北京:高等教育出版社,2006:189.

实际上是将学生学习过程进行可视化的一种方法,对促进学生的发展极其有帮助。

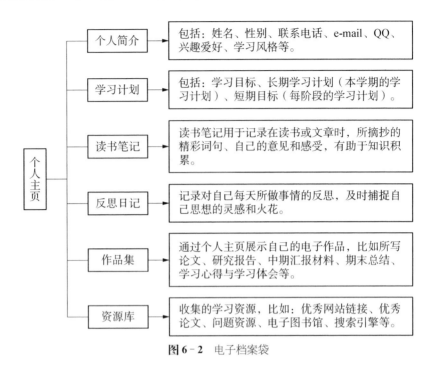

图 6-2 电子档案袋

6.2.4 量规

所谓量规,是对学生学业绩效,包括学习过程中的行为、认知、态度和各种学习结果(如作品、口头陈述、调研报告、论文等)进行评价的一套标准。它通常从与学习目标相关的多个维度规定评价准则和划分等级,并且融定性评价与定量评价于一体。[①]

量规通常以二维表格的形式呈现,更类似于评分细则,往往是从与评价目标相关的多个方面详细规定评级指标,具有操作性好、准确性高的特点。在教育教学中,量规通常表现为一整套的等级标准、评价指标,用来评价教学计划、学习资源、学生的电子作品等。

设计一个量规大体步骤包括:明确评价的内容、分析目标、确定评价元素、确定各评价元素的等级、拟定量规草案、试用评价并修正、制定正式使用的量规。以下是钟志贤教授等研发的“研究型学习评价量规”,如表 6-1 所示。

---

① 钟志贤,王觅,林安琪.量规:一种现代教学评价的方法[J].中国远程教育,2007(10):43—46.

表 6-1 研究型学习评价量规

等级	研究问题	信息收集	信息分类	信息分析	最终产品
4	学生围绕某个主题,自己确定问题	从多种电子和非电子的渠道收集信息,并正确地标明出处	学生为给信息分类,自己开发了基于计算机的分类结构,如数据库	学生分析了信息,并得出了自己的结论	学生有效地使用综合媒体并以多种方式展示了自己的发现,并发布到网上
3	给出主题后,学生自己确定问题	从多种电子和非电子的渠道收集信息	师生为基于计算机的分类结构共同想办法,学生自己创建了这个分类结构	学生分析了信息,并在教师的指导下得出了自己的结论	学生有效地使用综合媒体并以多种方式展示了自己的发现
2	学生在老师的帮助下确定问题	从有限的电子和非电子渠道收集信息	师生共同开发了基于计算机的分类结构	学生在教师的指导下分析了信息,并得出了结论	学生使用综合媒体展示了自己的发现
1	教师给出问题	只是从非电子渠道收集信息	学生使用教师开发的基于计算机的分类结构	学生复述了所收集的信息	学生使用单一媒体展示了自己的发现。如:书面报告

6.2.5 反思表

反思表是以问题或评价条目组成的表单,可以通过预先设计好的问题,使学习者了解到自己学习的完成情况,有效地启发学习者的反思,从而增强反思力和自主学习能力。用于评价的反思表可以是教师提供给学生的一种学习支架,使学生清楚应该从哪些方面去进行学习,更是学习者的自我评价工具,借助反思表,能有效地培养和提高学生的反思技能和元认知能力。

最常用的反思表是单元学习的反思表,如表 6-2 所示[1]。学生通过对一系列问题的回答与反思,思考哪些知识已经掌握,哪些知识尚有遗漏,还需补救措施,这种反思表常用于复习过程。

表 6-2 单元反思表

姓名: 复习单元:
1. 在本单元的学习中,有哪些新的概念、原理?
2. 针对这些概念,哪些概念、原理理解得比较清晰,哪些还没有理解清楚?
3. 这些概念之间的关系如何?
4. 本单元所学知识与以前的哪些知识有联系?
5. 请列出本单元的概念、原理、技能在什么情况下可以应用?

---

① 桑新民.学习科学与技术:信息时代大学生学习能力培养[M].北京:高等教育出版社,2006:201.

6.2.6 学习契约

学习契约也称为学习合同,是一种由学习者与指导教师共同协商、设计、实施和评价的关于某一学习主题的书面协议。[①] 它界定了学生的学习目标、达成学习目标的方法、学习活动进行的时间以及评定学习活动的标准等,实际上,更接近于一份学习合同,是学习者与指导者、促进者(教师、同学、家长等)之间的书面协议或者保证书,其目的主要是为了培养学习者规划自己学习的能力和加强学习者的责任心。

设计一个良好的学习契约一般包括如下几个步骤:诊断学习需要、确定学习目标、规划学习资源和策略、确立目标实现的依据、确立验证依据的标准、确立目标实现日期、实施学习契约等。设计学习契约可以借助相应的设计模板:表格式、自学式、提纲式、同伴辅助式等,如表6-3所示。

表6-3 表格式学习契约设计模板

课程:	学习者:	指导教师:	成绩:	签订时间:
想学习什么? (学习目标)	计划如何学习? (学习资源/策略)	如何证明你学会了? (达到学习目标依据)	判断依据的标准?	实现每个目标的日期?

6.2.7 基于大数据的教学评价

互联网产生的海量数据,使得网络教育日益成为数据密集型的教育领域,这些数据既有结构化数据,也有半结构和非结构化数据,如文本、语音、图片等,有价值的学习数据往往被淹没在海量数据中,因此需要利用大数据技术对其进行挖掘分析,比如从学习行为数据中挖掘学习者的学习行为序列关系等,从而分析影响学习效果的因素。

关于大数据的定义尚未达成共识,目前主要是从大数据的属性及特征进行界定,即规模性(Volume)、多样性(Variety)、高速性(Velocity)、价值性(Value)。[②] 大数据处理过程一般包括:数据采集、数据预处理、数据分析与挖掘、数据可视化等环节。[③]

◇ 数据采集:就是从自然界、计算机、互联网等获取数据的过程,比如日志文件

---

① 钟志贤,林安琪,王觅.学习契约:远程学习效果评价的书面协议[J].中国远程教育,2007(12):36—39.

② 参见 http://videolectures.net/eswc2012_grobelnik_big_data。

③ 孟小峰,慈祥.大数据管理:概念、技术与挑战[J].计算机研究与发展,2013,50(01):146—169.

是计算机系统记录软件运行过程中发生的事件或用户消息的文件,是广泛使用的数据采集方式之一,几乎所有在智能设备上运行的应用程序都会使用日志文件来采集数据,以记录网站用户的点击、键盘输入、访问浏览行为等数据。又如"网络爬虫",是一种按照规则自动抓取互联网各类信息的程序。比如,各类搜索引擎、RSS 等工具可以将网站中的评论信息和相关图片大批量抓取下来,用于后期的数据分析。

◇ 数据预处理:一般来说,通过数据采集方法得到的数据是毫无顺序、没有逻辑关系的,在进行数据分析与挖掘之前,需要将这些数据进行预处理,以降低数据分析与挖掘的复杂性。常用的数据预处理技术主要包括数据抽取(Extract)、数据转换(Transform)和数据加载(Load),简称 ETL。

◇ 数据分析与挖掘:数据分析是利用适当的方法对采集来的大量数据进行分析,提取有用信息的过程。数据挖掘是通过对大量的数据进行分析,以发现和提取隐含在其中的具有价值的信息和知识的过程。数据挖掘中常用的方法有以下四种:

分类:按照某种标准把对象归为某一类别。比如,从实时收集的路况信息来预测这个路段的行车状态是畅通、繁忙还是拥堵,这就是典型的分类过程。

聚类:根据"物以类聚"的原理,将本身没有类别的事物聚集成不同组别。比如,通过网购数据可以得知"00 后"喜欢购买创意礼品,卡通形象是"90 后"女生的首选,"80 后"对烘焙表现出浓厚兴趣。

关联:尝试在数据中发现依赖或者因果关系。例如,电商从用户的购买记录中发现,在购买某种产品的同时,大多数人还会购买哪些产品,从而能够向新用户推荐相关的产品。

回归:根据一个或一个以上的变量(自变量)的值来估计另一个变量(因变量)的值。比如,导航软件能够利用实时收集的路况信息预测某地段当前的行车速度,从而计算出你到目的地所需的时间。这就是一个典型的回归过程。

◇ 数据可视化:把数据分析和挖掘的结果用图表的方式形象、直观地呈现出来,使人们能够清晰、有效地理解分析和挖掘的结果。实际上,我们身边有大量的数据可视化的例子。例如,电视台的天气预报节目和手机上的天气预报应用软件就是利用数据可视化技术呈现天气预报信息的。

有关大数据的教育应用,其中数据驱动的教学策略应用比较广泛,它是指收集、分析、报告和使用数据用于教育教学改进的过程。比如美国普渡大学的课程信号灯项目,是国际知名的大数据诊断学生、提供教育策略的典型案例之一。它主要以成果算法为基础,对学生的课程表现、努力程度、前期学业历史、学习者特征等数据进行采集和计算。实现对课程实时预测,预测的结果通过红、黄、绿三种颜色信号灯的形式,呈现在学生的学习页面以及教师的课程控制页面上。红灯表示课程学习中存在极大失败的可能性;黄灯表示课程学习中存在一定的问题,有失败的可能;绿灯表示学习成功的几率很高。根据不同的信号显示,教师通过发送电子邮件和短信、面谈的方式,对学生的学习进行适当的干预以及适当的帮助。

大数据促进学生发展性评价,它是指通过系统搜集评价信息和分析,对学生的教学活动进行价值判断,以实现其发展目标的过程。利用学生学习全过程的大数据分析,帮助学生发现并提升优势学科,诊断和补救劣势学科,以适应新型的学生评价机制,从而实现个性化、差异化的学生发展目标。大数据技术可以持续跟踪学生的历次考试成绩,通过时间序列分析,对学生的学习数据进行挖掘,从而构建学生的学科知识图谱,进行学习风格和学习行为分析,完成对每个学生学习的能力诊断。

目前,智能学习环境以及具有数据采集能力的学习终端如平板电脑、智能手机、数码笔、可穿戴设备等的应用,为破解学生学习数据采集难题提供了技术方案[①]。

平板电脑是一种便携的智能设备,很多学校将其配备给学生开展数字化学习。通过平板电脑中的电子教材系统、数字资源系统、作业与考试系统和互动交流系统,记录和生成学习行为大数据。[②]

一些学校也尝试在学生最自然的纸笔环境下采集学习数据,而数码笔可以帮助实现这样的目标。数码笔内置高速摄像机,书写时压力传感器可以把笔尖的信息传递到摄像机,从而实时记录和采集书写的轨迹。利用数码笔可以实时记录学生在纸笔环境下的学习行为,并对学生的学习状态和教师教学提供诊断信息;教育领域也可使用RFID芯片、眼动仪以及可穿戴设备如各种手环等技术,真实地采集学生在教室内外的学习信息和学生的日常行为数据,供精确化学习分析和个性化教育评估与管理使用。[③]

6.2.8 区块链技术支持下的教学评价

区块链技术被视为继云计算、物联网、大数据之后的又一项颠覆性技术,受到各国政府、金融机构以及科技企业的高度关注。[④] 区块链技术在本质上是一种通过去中心化、高信任的方式集体维护一个可靠数据库的技术方案,其核心技术包括分布式账本技术、非对称加密算法以及智能合约等,具有去中心化、共识机制、可追溯以及高度信任等特征。[⑤]

① 李葆萍,周颖. 基于大数据的教学评价研究[J]. 现代教育技术,2016,26(06):5—12.
② 章怡,牟智佳. 电子书包中的教育大数据及其应用[J]. 科技与出版,2014(05):117—119.
③ 李葆萍,周颖. 基于大数据的教学评价研究[J]. 现代教育技术,2016,26(06):5—12.
④ Wright A, De Filippi P. Decentralized Blockchain Technology and the Rise of lex crytographia. Available at SSRN 2580664,2015.
⑤ 杨现民,李新,吴焕庆,赵可云. 区块链技术在教育领域的应用模式与现实挑战[J]. 现代远程教育研究,2017(02):34—45.

它实际上是一个开放的分布式公共账本,它有无数副本散布于区块链网络中的每一台计算机里,这个账本其实就是一个电子档案,它记录着所有的交易,这个特性被称为"去中心化"。区块链中发生了新的交易,产生数据变动,就会进行记账。记账遵循半数统一才有效的原则,即区块链网络中要有超过 50% 的计算机同时记录到这个数据变动,数据修改才被认可。而且每个数据区块都带有时间戳,以便利数据溯源。这使得非法篡改数据极其困难,这个特性被称为"自信任"。区块链的这种"去中心化"和"自信任"确保了数据的高度可信且安全,因此借助区块链技术,人们可以在网络空间构建出高度可靠的信任机制,从而帮助人们在网络上完成各种交易。

基于区块链技术的教学评价可以为课程评估提供可靠的数据,由于区块链是按照时间顺序链接的,这样记录了学生在网络学习中的每个时间点上的学习进度和成绩,时间戳为每一份记录加上了水印。学习成绩通过区块链共享给参与网络的各个用户,各用户经过授权后,可查询学习者完整的学习记录。这一过程有效地保证了数据的可靠性,并防止虚假信息传播及欺诈行为的发生。

同时"去中心化"特征使得教育机构的工作更加透明有效率,可实现跨平台和跨系统记录学习行为和结果,也就是说与学生有关的重要信息,比如学习成绩等,除了托管给学校等教育机构,他们还可以选择自主管理学习内容,保存学习记录和数据,利用这些数据和文件证明自己的学习经历,作为升学和应聘时的凭证。这些包括学生详细学习信息的区块链,将为用人单位和机构,提供基于授权的一站式服务,方便他们访问、分享、验证。

区块链技术还便于多形态学习成果的界定和审核,它具有按时间序列记录数据、数据不可随意更改以及可追溯特征,可以构建版权机制,有效地解决抄袭和侵犯版权的行为。比如时间戳用于见证学者的原创作品和成果等。

网络教育涉及大量的未成年人,对他们的隐私信息进行保护至关重要,比如家庭情况、父母工作单位、住宅及健康情况等信息。而区块链技术的应用对于隐私的保护具有很强的针对性,学生和教师都可以给这些信息添加一把锁,即未经授权无法窥探其隐私数据,以便个人隐私信息受到有效保护。

■ **研习任务**

◇ 请结合你的学科知识,创建个人的电子档案袋,并将其发布到你的博客或微博或个人主页或学习空间。

◇ 结合某门课程目标,设计用于本门课程的一种学习评价量规。

■ **网络学习资源**

◇ 量规自动生成工具: https://www. teach-nology. com/web_tools/rubrics。

6.3 常用电子化教学评价工具

6.3.1 问卷星

问卷星是一个强大的网络调查平台,专注于为企业和个人提供问卷调查、在线考试、在线投票等服务,拥有多种问卷调查模板、考试模板、投票模板,以支持教学中制作各种调查问卷和教学测验。其官方地址: https://www.wjx.cn。具体的使用方法简述如下。

第一步:注册登录后,选择"创建问卷",如图 6-3 所示。界面上有调查、考试、投票、表单、360 度评估、测评六个选项。

图 6-3 创建问卷

第二步:选择一种测评方式,比如"调查",进行创建,输入要调查的标题"'现代教育技术'课程教学效果调查",当然你也可以从问卷星提供的模板中创建问卷。

第三步:添加问卷说明,进行题型选择并输入题干及内容。问卷星提供了多种题型的选择,比如选择题、填空题、评分题、排序题、比重题等,如图 6-4 所示。

第四步:完成问卷输入之后,检查无误,点击完成编辑并发布,即可形成问卷链接与二维码。此时你可以将问卷链接与二维码面向被调查者进行在线分享,即可完成问卷的发放工作,如图 6-5 所示。

问卷调查截止时间到了之后,即可对该问卷进行数据统计与分析,统计报告有:默认报告、分类统计、交叉分析以及 SPSS 分析。目前支持信度分析、效度分析、相关

图 6-4　问卷设计

图 6-5　问卷发放

分析、T 检验、回归分析、方差分析等,如图 6-6 所示。数据显示方式有: 表格、饼状图、圆环图、柱状图、条形图等。

6.3.2　利用 Excel 进行数据分析

Microsoft Excel 是微软 Office 办公软件之一,是一款非常出色的集计算、统计、

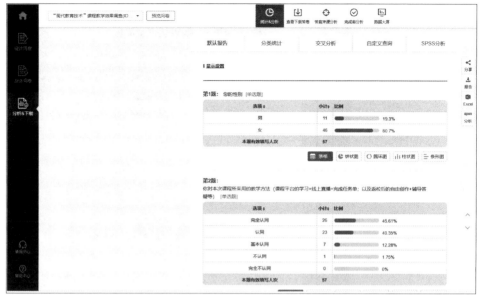

图 6-6 问卷的统计分析

图表于一身的电子表格软件。教师熟练掌握 Excel 的基本功能,就能提高其数据分析处理的能力,从而提高教学评价的效率。

■ **班级成绩排名**

根据学生成绩进行排名,是教师最常见的工作之一,以便了解全班学生学业成绩的基本情况。利用 Excel 对其进行排名的操作如下。

第一步:首先将班级姓名和各科成绩输入 Excel 表中,如表 6-4 所示。

表 6-4 数据输入

	A	B	C	D	E	F	G
1	姓名	性别	语文	数学	英语	总分	排名
2	张同学	男	90	75	88		
3	徐同学	女	80	85	82		
4	钟同学	女	85	83	84		
5	邵同学	女	83	85	83		
6	汤同学	男	88	83	88		
7	杨同学	女	88	85	85		
8	胡同学	男	75	88	77		
9	金同学	女	85	75	80		
10	蒋同学	女	83	76	83		
11	刘同学	女	83	77	84		

第二步：计算每位同学的总分

单击张同学处的总分，找到 Excel 菜单栏中的"自动求和"并单击，在出现的函数中输入"＝SUM(C2：E2)"，然后回车，系统自动算出张同学的总分"253"。此时单击"253"这个单元格，按住鼠标向下拖动单元格句柄，每个同学的总分自动算出，如表6－5 所示。

表6－5　计算总分

	A	B	C	D	E	F	G
1	姓名	性别	语文	数学	英语	总分	排名
2	张同学	男	90	75	88	253.00	
3	徐同学	女	80	85	82	247.00	
4	钟同学	女	85	83	84	252.00	
5	邵同学	女	83	85	83	251.00	
6	汤同学	男	88	83	88	259.00	
7	杨同学	女	88	85	85	258.00	
8	胡同学	男	75	88	77	240.00	
9	金同学	女	85	75	80	240.00	
10	蒋同学	女	83	76	83	242.00	
11	刘同学	女	83	77	84	244.00	
12							

第三步：根据总分进行班级排名。

单击张同学排名处，即 G2 单元格，输入"＝RANK(F2,＄F＄2：＄F＄11)"，回车即计算出张同学的总分排名"3"。然后用鼠标按住排名"3"这个单元格右下角的句柄向下拖动，即可获得全班同学的所有排名情况，相同分数，采用并列排名，如表6－6 所示。

表6－6　班级排名

	A	B	C	D	E	F	G
1	姓名	性别	语文	数学	英语	总分	排名
2	张同学	男	90	75	88	253.00	3
3	徐同学	女	80	85	82	247.00	6
4	钟同学	女	85	83	84	252.00	4
5	邵同学	女	83	85	83	251.00	5
6	汤同学	男	88	83	88	259.00	1
7	杨同学	女	88	85	85	258.00	2
8	胡同学	男	75	88	77	240.00	9
9	金同学	女	85	75	80	240.00	9
10	蒋同学	女	83	76	83	242.00	8
11	刘同学	女	83	77	84	244.00	7

在 Excel 中,RANK 函数的功能主要是返回该数值在数据列表中的排位。使用格式有: RANK(number,ref,[order])、RANK.EQ(number,ref,[order])、RANK.AVG(number,ref,[order]),其中 number 为需要找到排位的数字,ref 为引用的单元格,order 为排位方式。如果 order 为 0 或缺省,则按降序排序;如果 order 不为 0,则按升序排列。RANK 和 RANK.EQ 功能基本相同,而 RANK.AVG 函数则是,如果一个值出现多次,返回平均值排位。

■ 评定成绩等级

教师经常需要根据学生的成绩给出相应的等级,如:优秀、良好、中等、及格、不合格;或 A、B、C、D。利用 Excel 对其进行排名的操作如下。

第一步:首先将班级姓名和需要评定等级的科目成绩输入 Excel 表中,如表 6 - 7 所示。

表 6 - 7　数据输入

	A	B	C	D
				f_x　等级
1	成绩			
2	姓名	性别	数学	等级
3	张同学	男	52	
4	徐同学	女	85	
5	钟同学	女	50	
6	邵同学	女	85	
7	汤同学	男	83	
8	杨同学	女	85	
9	胡同学	男	88	
10	金同学	女	75	
11	蒋同学	女	90	
12	刘同学	女	77	

第二步:单击单元格 D3,并输入" = IF(C3<60,"不及格",(IF(C3<69,"及格",(IF(C3<79,"中等",(IF(C3<89,"良好","优秀")))))))",回车后,此单元出现"不及格"字样。如表 6 - 8 所示。

第三步:单击 D3 单元格,将鼠标移动到右下角,当鼠标变成小" + "形状时,按住左键不放,同时将鼠标向下拖动,以便将此表达式应用到下面各单元格,如表 6 - 9 所示。

表 6 - 8　输入公式

	A	B	C	D	E	F	G	H	I	J	K	L
	D3 ▼		fx	=IF(C3<60,"不及格",(IF(C3<69,"及格",(IF(C3<79,"中等",(IF(C3<89,"良好","优秀"))))))							
1	成绩											
2	姓名	性别	数学	等级								
3	张同学	男	52	不及格								
4	徐同学	女	85									
5	钟同学	女	50									
6	邵同学	女	85									
7	汤同学	男	83									
8	杨同学	女	85									
9	胡同学	男	88									
10	金同学	女	75									
11	蒋同学	女	90									
12	刘同学	女	77									

表 6 - 9　表达式应用到下面各单元格

	A	B	C	D	E	F	G	H	I	J	K	L
	D3 ▼		fx	=IF(C3<60,"不及格",(IF(C3<69,"及格",(IF(C3<79,"中等",(IF(C3<89,"良好","优秀"))))))							
1	成绩											
2	姓名	性别	数学	等级								
3	张同学	男	52	不及格								
4	徐同学	女	85	良好								
5	钟同学	女	50	不及格								
6	邵同学	女	85	良好								
7	汤同学	男	83	良好								
8	杨同学	女	85	良好								
9	胡同学	男	88	良好								
10	金同学	女	75	中等								
11	蒋同学	女	90	优秀								
12	刘同学	女	77	中等								
13												

在这个案例中,我们实际上使用到的是 IF 函数。它的基本语法是: IF(条件,A,B),可解释为如果条件成立(为真),则执行 A,如果条件不成立(为假),则执行 B。如果多层嵌套,可以将原来的 B,也写成一个 IF 函数。需要注意的是,公式的符号输入一定要在在英文状态下输入,即使是输入中文,也一定是外加英文双引号;此外若是在单元格中输入公式,一定先输入"="(等于号)。

■ 统计各分数段情况

有时我们需要统计各个分数段的学生数情况,以了解全班同学的成绩分布,利用 Excel 进行分数段统计的操作如下。

第一步:首先将学生姓名、科目成绩、分数段标准、分数段人数等信息输入 Excel 表中,如表 6 - 10 所示。

第二步:单击 F2 单元格,在这个单元格中输入公式: = COUNTIF(C3:C12,"<60"),回车即可统计出小于 60 分的人数为 2,如表 6 - 11 所示。

表 6－10　数据输入

	A	B	C	D	E	F
1	成绩				分数段	分数段人数
2	姓名	性别	数学		60以下	
3	张同学	男	52		60—69	
4	徐同学	女	85		70—79	
5	钟同学	女	50		80—89	
6	邵同学	女	85		90以上	
7	汤同学	男	83			
8	杨同学	女	85			
9	胡同学	男	88			
10	金同学	女	75			
11	蒋同学	女	90			
12	刘同学	女	77			

P21

表 6－11　计算小于 60 分的人数

F2　　fx =COUNTIF(C3:C12,"<60")

	A	B	C	D	E	F
1	成绩				分数段	分数段人数
2	姓名	性别	数学		60以下	2
3	张同学	男	52		60-69	
4	徐同学	女	85		70-79	
5	钟同学	女	50		80-89	
6	邵同学	女	85		90以上	
7	汤同学	男	83			
8	杨同学	女	85			
9	胡同学	男	88			
10	金同学	女	75			
11	蒋同学	女	90			
12	刘同学	女	77			

　　第三步：以此类推,分别在 F3、F4、F5、F6 单元格中输入,如表 6－12 所示。"＝COUNTIF(C3：C12,"＞＝60")-COUNTIF(C3：C12,"＞＝70")""＝COUNTIF(C3：C12,"＞＝70")-COUNTIF(C3：C12,"＞＝80")""＝COUNTIF(C3：C12,"＞＝80")-COUNTIF(C3：C12,"＞＝90")""＝COUNTIF(C3：C12,"＞＝90")"。

表 6 - 12　计算各分段的人数

F6		f_x	=COUNTIF(C3:C12, "\>=90")		
	A	B	C	D	E	F

	A	B	C	D	E	F
1	成绩				分数段	分数段人数
2	姓名	性别	数学		60以下	2
3	张同学	男	52		60-69	1
4	徐同学	女	85		70-79	2
5	钟同学	女	50		80-89	4
6	邵同学	女	85		90以上	1
7	汤同学	男	83			
8	杨同学	女	62			
9	胡同学	男	88			
10	金同学	女	75			
11	蒋同学	女	90			
12	刘同学	女	77			

在这个案例中,我们使用了 Excel 中的统计个数的 COUNTIF 函数公式,以方便教师了解和掌握各分数段的学生人数。

当然你还可以使用"数据透视表"进行分段统计,具体操作如下。

第一步:首先单击任何数据单元格,然后单击菜单栏中的"插入",选择"数据透视表",在出现的"创建数据透视表"中选择"现有工作表",单击"位置"右边的向上小箭头,选择"透视表分数段"放置的位置,如图 6 - 7 所示。

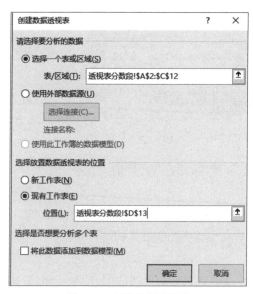

图 6 - 7　创建数据透视表

第二步：单击确定,出现数据透视表。将"数据透视表字段"中的"成绩"拖入下面的"行"区域,将"姓名"拖入"Σ值"区域。此时是按照每一个成绩进行的单独统计,如表 6-13 所示。

表 6-13　数据透视表字段

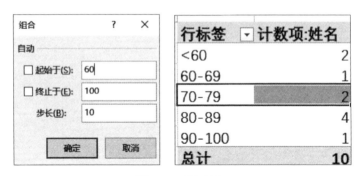

第三步：接下来,单击行标签下面的任意数值。单击菜单栏中的"分析"选项,选择"分组选择",在弹出的对话框中将"起始于"改为"60","终止于"改为"100","步长"为"10",单击确定,即可实现分段统计的功能,如图 6-8 所示。

图 6-8　分组选择

第四步：最后分别单击"行标签""计数项:姓名",输入"分数段""分数段人数"即可完成分段统计的工作。

■ 计算学生总评成绩

有时我们需要统计每位学生的成绩,以了解学生的学习情况,利用 Excel 进行总成绩统计的操作如下。

第一步：首先将学生姓名、性别、平时成绩、期末成绩、总成绩等信息输入 Excel

表中,如表 6 - 14 所示。

表 6 - 14　数据输入

	A	B	C	D	E	F
1	英语成绩					
2	姓名	性别	平时成绩	期末成绩	总成绩	
3	张同学	男	52	63		
4	徐同学	女	85	85		
5	钟同学	女	50	60		
6	邵同学	女	85	83		
7	汤同学	男	83	83		
8	杨同学	女	85	88		
9	胡同学	男	88	90		
10	金同学	女	75	75		
11	蒋同学	女	90	95		
12	刘同学	女	77	80		
13						
14	总成绩=平时成绩*40%+期末成绩*60%					

（G23 单元格）

第二步：单击总成绩下方的 E3 单元格,并输入公式：= C3 * 40% + D3 * 60%,回车计算出张同学的总评成绩,如表 6 - 15 所示。

表 6 - 15　输入计算公式

（SUM　fx =C3*40%+D3*60%）

	A	B	C	D	E	F
1	英语成绩					
2	姓名	性别	平时成绩	期末成绩	总成绩	
3	张同学	男	52	63	=C3*40%+D3*60%	
4	徐同学	女	85	85		
5	钟同学	女	50	60		
6	邵同学	女	85	83		
7	汤同学	男	83	83		
8	杨同学	女	85	88		
9	胡同学	男	88	90		
10	金同学	女	75	75		
11	蒋同学	女	90	95		
12	刘同学	女	77	80		
13						
14	总成绩=平时成绩*40%+期末成绩*60%					

第三步：单击张同学总成绩单元格，即 E3，将鼠标移动到单元格右下角，当鼠标变成小"＋"形状时，按住左键不放，同时将鼠标向下拖动，以便将此表达式应用到下面各单元格，如表 6－16 所示。

表 6－16　表达式应用到各单元格

	E3		:	✕	✓	*fx*	=C3*40%+D3*60%		
◢	A	B	C	D	E	F	G		
1	英语成绩								
2	姓名	性别	平时成绩	期末成绩	总成绩				
3	张同学	男	52	63	58.6				
4	徐同学	女	85	85	85				
5	钟同学	女	50	60	56				
6	邵同学	女	85	83	83.8				
7	汤同学	男	83	83	83				
8	杨同学	女	85	88	86.8				
9	胡同学	男	88	90	89.2				
10	金同学	女	75	75	75				
11	蒋同学	女	90	95	93				
12	刘同学	女	77	80	78.8				
13									
14	总成绩=平时成绩*40%+期末成绩*60%								

第四步：如果想进一步分析学生成绩情况，可以使用 Excel 中的筛选功能，比如想了解不及格同学的情况，即可单击 A2：E12 范围内任意单元格，然后单击菜单栏中的"数据—排序和筛选"，选择"筛选"功能，此时各项标题出现一个向下的小箭头，如表 6－17 所示。

第五步：单击"总成绩"单元格向下小箭头，在弹出的下拉框中选择"数字筛选"，选择"小于"，在弹出的对话框中输入"60"，按下确定，即可筛选出该班总成绩不及格的学生，以便教师有针对性地对其进行辅导和帮助，如表 6－18 所示。

第六步：再次单击筛选，取消筛选功能。此时如果想全面了解学生成绩情况，可采用可视化的方式呈现。单击 F2 单元格，输入"及格线"。单击 F3，在这个单元格中输入：＝E3－60，回车并向下拖动鼠标，使每位同学的成绩都减去 60，如表 6－19 所示。

第七步：单击工具栏中的"条件格式"，选择"数据条"中的"实心填充"，即可以可视化的方式观察每位学生的成绩情况，短线和亮红线的学生应引起教师的更多关注。如表 6－20 所示。

表 6 - 17 "数据—排序和筛选"

E3			× ✓ fx	=C3*40%+D3*60%	

▲	A	B	C	D	E	F
1	英语成绩					
2	姓名 ▼	性别 ▼	平时成绩 ▼	期末成绩 ▼	总成绩 ▼	
3	张同学	男	52	63	58.6	
4	徐同学	女	85	85	85	
5	钟同学	女	50	60	56	
6	邵同学	女	85	83	83.8	
7	汤同学	男	83	83	83	
8	杨同学	女	85	88	86.8	
9	胡同学	男	88	90	89.2	
10	金同学	女	75	75	75	
11	蒋同学	女	90	95	93	
12	刘同学	女	77	80	78.8	
13						
14	总成绩=平时成绩*40%+期末成绩*60%					

表 6 - 18 筛选小于 60 分的学生

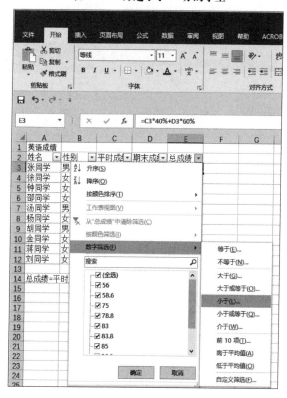

表 6 - 19　设定"及格线"

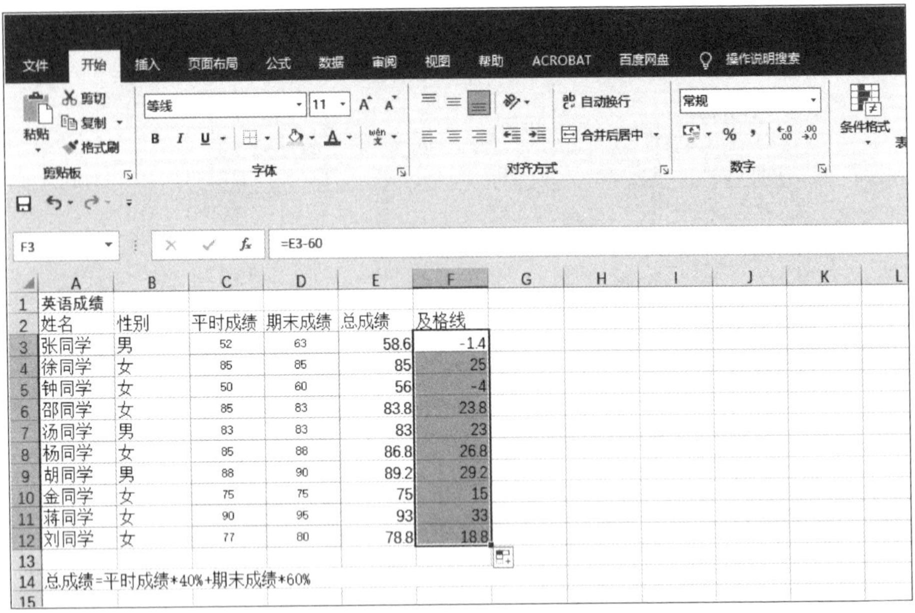

表 6 - 20　学生成绩可视化

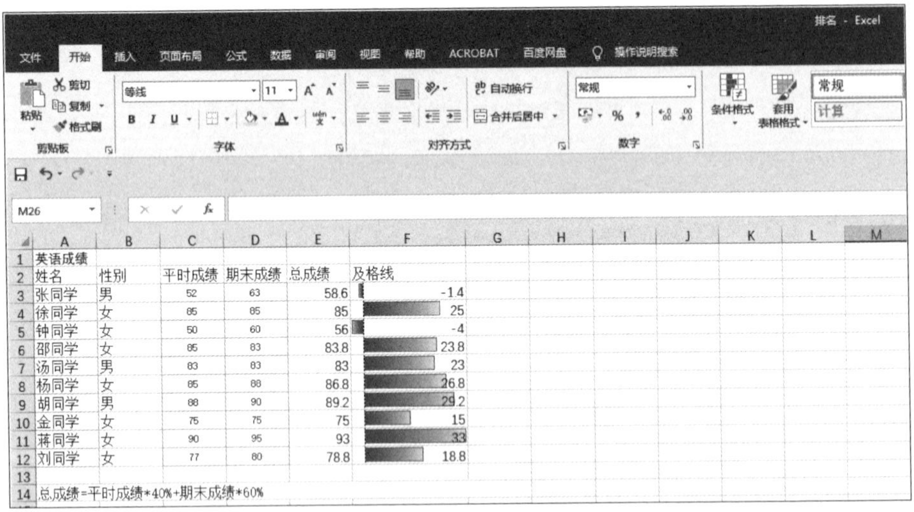

第八步：若希望对学生的平时成绩和期末成绩进行对比，拖动鼠标选择 A2：D12 区域，点击菜单"插入"，选择"图表"中的"二维柱形图"，即可清晰地绘出每位同学前后成绩的对比。更多操作可以点击图右上角的"＋"号，可以添加数据标签、趋势

线等信息,如图 6-9 所示。

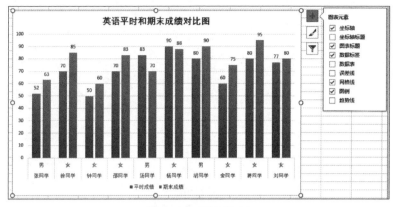

图 6-9 成绩对比图

■ **学生成绩的雷达图**

有时我们需要将学生的成绩以可视化的方式展示,以便清晰可见,利用 Excel 进行总成绩统计的操作如下。

第一步:首先将班级每位同学的各科成绩输入到 Excel 之中,拖动鼠标选中 A1: K2 区域,如表 6-21 所示。

表 6-21 数据输入

	A	语文	数学	英语	物理	化学	生物	政治	历史	地理	体育
1		语文	数学	英语	物理	化学	生物	政治	历史	地理	体育
2	张同学	90	70	80	65	70	75	90	85	85	90
3	徐同学	65	90	70	85	80	95	70	65	70	60
4	钟同学	80	85	88	88	82	85	80	83	80	88
5	...										

第二步:单击菜单栏中的“插入”,选择“图表”选项卡中的“填充雷达图”,张同学的各科成绩就可以直观、形象的雷达图的方式展示出来,如图 6-10 所示。可以初步判断该生的文科成绩比较优异,但数学、物理是短板,成绩较差,需要努力改进。

第三步:接下来我们希望看到更多其他同学的个性化雷达图。右键单击“张同学”雷达图,选择“复制”,然后在 Excel 其他空白区域单击鼠标,进行粘贴。此时将鼠标移至“张同学”这行的数据上,当鼠标变成十字移动箭头时,拖动鼠标至其他同学那一行数据,比如拖至“徐同学”这行数据上,徐同学的雷达图即可呈现,如图 6-11 所示。

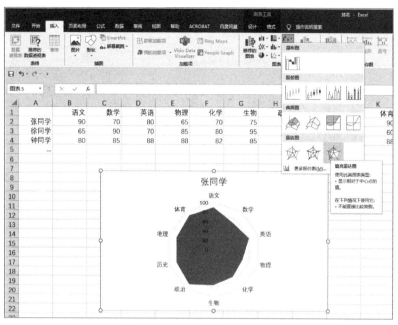

图 6 - 10　学生各科成绩雷达图

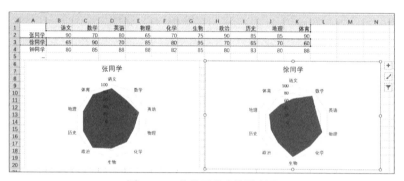

图 6 - 11　其他同学成绩雷达图

第四步：雷达图的使用不仅让我们清晰地看到各科成绩的分布，同时还可以进行学生同伴之间的比较分析。

■ **学生成绩动态趋势图**

有时我们需要观测学生成绩的动态变化，以便开展有针对性的指导和帮助，利用 Excel 制作动态趋势图的操作如下。

第一步：首先将学生某科目的成绩录入 Excel 之中，比如学生的数学月考成绩，如表 6 - 22 所示。如果班级学生人数很多，我们很难通过一堆数字，判断学生的成绩变化情况。

表 6 - 22　月考成绩

	A	B	C	D	E	F	G	H
1	数学月考成绩	1月	2月	3月	4月	5月	6月	变化图
2	张同学	94	94	78	90	70	62	
3	徐同学	81	86	54	93	79	51	
4	钟同学	100	74	73	75	85	56	
5	邵同学	71	100	81	61	61	89	
6	汤同学	74	79	54	57	100	90	
7	杨同学	59	59	90	73	70	66	
8	胡同学	52	73	76	96	93	91	
9	金同学	79	67	81	52	89	82	
10	蒋同学	75	73	90	90	73	95	
11	刘同学	57	68	98	94	66	92	

第二步：单击 H1 单元格，输入"变化图"。单击菜单栏中的"插入"，选择功能选项卡中的"折线迷你图"，单击创建迷你图中的"数据范围"的向上小箭头，选择 B2：G11 区域。然后单击"迷你图"放置的"位置范围"的向上小箭头，选择 ＄H ＄2：＄H＄11 区域。如表 6 - 23 所示。注意 Excel 2010 以上的版本才具备此项功能。

表 6 - 23　创建迷你图

	A	B	C	D	E	F	G	H
1	数学月考成绩	1月	2月	3月	4月	5月	6月	变化图
2	张同学	94	94	78	90	70	62	
3	徐同学	81	86	54	93	79	51	
4	钟同学	100	74	73	75	85	56	
5	邵同学	71	100	81	61	61	89	
6	汤同学	74	79	54	57	100	90	
7	杨同学	59	59	90	73	70	66	
8	胡同学	52	73	76	96	93	91	
9	金同学	79	67	81	52	89	82	
10	蒋同学	75	73	90	90	73	95	
11	刘同学	57	68	98	94	66	92	

创建迷你图

选择所需的数据

数据范围(D): B2:G11

选择放置迷你图的位置

位置范围(L): $H$2:$H$11

确定　取消

第三步：单击确定，每位学生的成绩变化图就会出现在"变化图"这一列。点击设计，可以选择一款靓的样式进行更改。此时的变化图有助于教师观察每位同学成绩动态变化的情况，以便有针对性地进行辅导和帮助，如表6-24所示。

表6-24　月考成绩变化情况

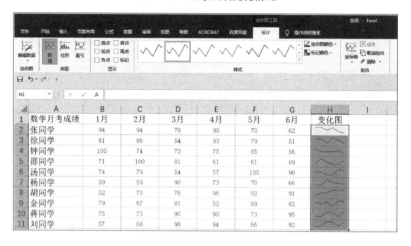

	A	B	C	D	E	F	G	H	I
1	数学月考成绩	1月	2月	3月	4月	5月	6月	变化图	
2	张同学	94	94	78	90	70	62		
3	徐同学	81	86	54	93	79	51		
4	钟同学	100	74	73	75	85	56		
5	邵同学	71	100	81	61	61	89		
6	汤同学	74	79	54	57	100	90		
7	杨同学	59	59	90	73	70	66		
8	胡同学	52	73	76	96	93	91		
9	金同学	79	67	81	52	89	82		
10	蒋同学	75	73	90	90	73	95		
11	刘同学	57	68	98	94	66	92		

■ **研习任务**

◇ 注册并登录问卷星，制作一份包括客观题、主观题等在内的测验或问卷，发放问卷并回收，进行统计分析与报告。

◇ 用Excel对某班学生各科的成绩进行统计分析，包括每位学生的总分、成绩排名及等级等。

第7章　人工智能教育应用初步

7.1　人工智能概述

　　人工智能是计算机科学的一个分支,目前该术语的公认起源是由著名的计算机科学家约翰·麦卡锡(John McCarthy)于 1956 年在"达特茅斯人工智能夏季研究项目"中首次提出,从那时起,随着该领域的研究和技术的发展,人工智能的定义发生了广泛的变化。[①]

7.1.1　人工智能的定义

　　人工智能的英文名为 Artificial Intelligence,简称为 AI。至今没有统一的定义,

---

① 参见:https://emerj.com/ai-glossary-terms/what-is-artificial-intelligence-an-informed-definition。

一般认为人工智能就是"机器可以展现人类智能"[①],旨在通过诸如视觉感知、语音识别以及智能行为,如评估可用信息,然后采取最明智的行动并与世界互动的计算机系统。[②] 2018年,中国电子技术标准化研究院发布《人工智能标准化白皮书》,其中给出的定义是:人工智能是利用数字计算机或者数字计算机控制的机器模拟、延伸和扩展人的智能,感知环境、获取知识并使用知识获得最佳结果的理论、方法、技术及应用系统。[③]

由此看来,研究和使用人工智能的目的就是要让计算机模仿人去从事有关智能方面的工作。那么我们如何衡量机器是否具有智能呢?英国数学家、逻辑学家,被称为计算机科学之父、人工智能之父的艾伦·麦席森·图灵,最早提出了一个著名的思想实验,也称为"图灵测试",即在一个房间里有一台计算机和一个人,计算机和人分别通过各自的打印机与外界联系。外面的人通过打印机向屋里的计算机和人提供信息,屋里的计算机和人分别作答,所有回答都是通过打印机用语言描述出来。如果屋外30%人误将计算机的回答判作人,就可以判定这台计算机具有智能。[④]

7.1.2 人工智能的类型及学派

根据人工智能实现推理、思考和问题解决的程度,当前人工智能大致可以分为弱人工智能、强人工智能。

■ 弱人工智能

弱人工智能,也称为狭义人工智能,认为计算机可以具有反映或模仿思维或思维过程的功能,使它们成为了解我们自己的大脑如何工作的有用工具。狭义的人工智能系统还通过比人脑更有效地提供计算、模式和分析来增强或增强人类的"智能"。[⑤] 通常它专注于解决特定领域的问题,如搜索引擎、导航系统、阿尔法狗、扫地机器人等。

■ 强人工智能

强人工智能,又称通用人工智能,认为计算机可以制造或提升到与人类相匹配的智能水平。[⑥] 这种智能是力图可以胜任人类所有工作的人工智能,有知觉和自我意识,这种人工智能尚处于研发阶段,特别是当计算机程序通过不断自我发展,甚至可

---

① 参见 https://www.gettingsmart.com/wp-content/uploads/2017/11/Ask-About-AI-The-Future-of-work-and-learning-1.pdf.

② Luckin R,Holmes W,Griffiths M,et al.Intelligence Unleashed:An argument for AI in education,2016.

③ 中国电子技术标准研究院.人工智能标准化白皮书(2018版)[C].2018人工智能标准论坛,2018.

④ 李德毅,于剑.人工智能导论[M].北京:中国科学技术出版社,2018:09.

⑤ 参见 https://emerj.com/ai-glossary-terms/what-is-artificial-intelligence-an-informed-definition/.

⑥ 参见 https://emerj.com/ai-glossary-terms/what-is-artificial-intelligence-an-informed-definition/.

以比世界上最聪明、最有天赋的人类还聪明之时,这在哲学、伦理等领域存在着巨大的争议。

■ **三大学派**

当前人工智能主要涉及三大学派:符号主义学派、连接主义学派、行为主义学派。

◇ 符号主义是指只要在符号计算上实现了相应的功能,那么在现实世界就实现了对应的功能,通俗一点说,指名对了,指物自然正确。这个学派最重要的成就就是专家系统和知识工程。所谓专家系统是指一个智能计算机程序系统,其内部含有大量的某个领域专家水平的知识与经验,因此可以利用人类专家的知识和解决问题的方法来处理该领域问题。

◇ 连接主义主要关注人的大脑神经元及其连接机制,试图发现大脑的结构及其处理信息的机制、揭示人类智能的本质机理,进而在机器上实现相应的模拟。连接主义得益于深度学习的发展。在围棋领域,采用了深度学习技术的阿尔法狗战胜了李世石和柯洁,在机器翻译、语音识别、图片识别等领域已经取得工业级的进展。

◇ 行为主义假设智能取决于感知和行动,不需要知识、表示和推理,只需要将智能行为表现出来就好。不同行为表现出不同的功能和不同的控制结构。这一学派的早期代表是 Brooks 的六足爬行机器人,目前是谷歌的机器狗,它能在恶劣环境下躲避障碍物。

总之,人工智能技术希望能实现模拟人的行为,让智能机器对外界的刺激做出反应、模拟人的行为,使智能机器具备运动能力和操控能力;模拟人的感知,让智能机器模拟人的感觉器官,通过视觉、听觉等感知客观世界;模拟人的学习,让智能机器具备学习能力,从数据中学习知识和经验;模拟人的思维,让智能机器模拟人脑,具有思维能力,通过模拟人的思维能力,智能机器就具有了知识推理能力。

7.2　人工智能的关键技术

人工智能的应用离不开关键技术的支持,一般来讲,包含关键通用技术和关键领域技术,其中关键通用技术主要围绕机器学习、知识图谱、类脑智能计算、量子智能计算、模式识别等方面,为人工智能应用提供通用技术支撑;关键领域技术则主要围绕自然语言处理、语音识别、计算机视觉、生物特征识别、虚拟现实/增强现实、人机交互等。[①]

---

① 国家标准化管理委员会,中央网信办,国家发展改革委,等.五部门联合印发《国家新一代人工智能标准体系建设指南》[J].智能制造,2020(09):10—16.

7.2.1　人工智能关键通用技术

人工智能关键通用技术包含机器学习、知识图谱、类脑智能计算、量子智能计算、模式识别等。

■ 机器学习

机器学习（Machine Learning）是指利用经验来改善计算机系统自身的性能，其目的是让机器能像人一样具有学习能力。[1] 也就是让计算机不依赖确定的编码指令，模拟或实现人类的学习行为，以获取新的知识或技能，重新组织已有的知识结构使之不断改善自身的性能。[2]

这项关键技术涉及统计学、系统辨识、逼近理论、神经网络、优化理论、计算机科学、脑科学等诸多领域，研究计算机怎样模拟或实现人类的学习行为，是人工智能技术的核心。基于数据的机器学习也是现代智能技术中的重要方法之一，从观测数据（样本）出发寻找规律，利用这些规律对未来数据或无法观测的数据进行预测。根据学习模式可以将机器学习分类为监督学习、无监督学习和强化学习等；根据学习方法可以将机器学习分为传统机器学习和深度学习；此外，机器学习的常见算法还包括迁移学习、主动学习和演化学习等。[3]

目前，人工智能机器学习主要是靠大量的数据训练，依靠大量的实践总结出事物的规律，获取直接知识。类比人类获取知识的历程来看，机器学习还处于发展的初级阶段，相当于人从大量的实践活动中总结经验提炼知识的阶段，还未进入从知识产生知识的阶段。

近年来，机器学习也出现了少量的直接获取规律性的知识，并应用于实践的模式，特别是深度学习逐渐成为人工智能领域的研究热点和主流发展方向，极大地提升了图片分类技术、语音识别技术、机器翻译技术等其他相关技术能力。[4]

比如，猫的外貌特征中包含了猫耳朵长度的特征。如图 7-1 所示，不同种类的猫的耳朵有长有短。在计算机中，我们假设猫耳朵的长度范围是 20—30 毫米。在训练模型的过程中，若输入的猫耳朵长度为 30—40 毫米，计算机就会认为这种耳朵不是猫耳朵。因此，需要对计算机中猫耳朵的长度范围做出调整，修正为 20—40 毫米。这个过程就是参数调整，猫耳朵的长度就是一个参数，机器学习就是通过反复调整参数最终完成模型训练。

---

① 李德毅,于剑.人工智能导论[M].北京：中国科学技术出版社,2018：94.
② 深圳市人工智能行业协会.2021 人工智能发展白皮书[EB/OL].（2021-05）[2021-06-29].http://www.gaie.com.cn/companyfile/4.
③ 中国电子技术标准化研究院.人工智能标准化白皮书(2018 版)[C].2018 人工智能标准论坛,2018.
④ 深圳市人工智能行业协会.2021 人工智能发展白皮书[EB/OL].（2021-05）[2021-06-29].http://www.gaie.com.cn/companyfile/4.

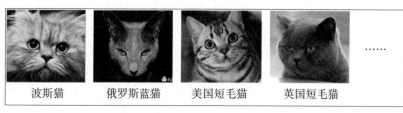

波斯猫　　俄罗斯蓝猫　　美国短毛猫　　英国短毛猫

图7-1 猫的外貌特征

再举一个"等人问题"的例子,即当你跟一个爱迟到的人约会吃饭时,为避免浪费过多时间,你会选择什么策略?假设我跟小 Y 约过 5 次,他迟到的次数是 1 次,那么他按时到的比例为 80%,我可以认为这次小 Y 应该不会迟到,因此我按时出门。如果小 Y 在 5 次约会中迟到的次数中占了 4 次,也就是他按时到达的比例为 20%,由于这个值很低,低于我的忍耐能力,因此我选择推迟出门的时间。

对于机器学习来讲,它至少需要考虑两个变量:一个是因变量,也就是我们希望预测的结果,在这个例子里就是小 Y 迟到与否的判断。另一个是自变量,也就是用来预测小 Y 是否迟到的变量。假设把时间作为自变量。譬如发现小 Y 所有迟到的日子基本都是星期五,而在非星期五情况下他基本不迟到。于是可以建立一个模型,来模拟小 Y 迟到与否跟是否是星期五的概率,如图 7-2 所示,这样的图就是一个最简单的机器学习模型,称为决策树。

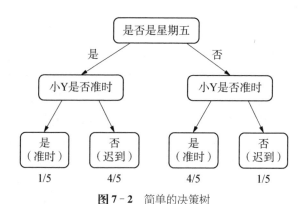

图7-2 简单的决策树

如果再增加一些自变量,比如小 Y 家离饭店的距离、当天路况、天气等,在这样的情况下,决策树就无法很好地支撑了,因为决策树只能预测离散值。此时需要更换模型,例如用机器学习中的线型回归来预测。机器学习是根据所有输入的自变量和因变量自动生成模型,再根据当前的情况,给出是否需要推迟出门、需要推迟几分钟的决策。实际上,机器学习方法是计算机利用已有的数据(经验),得出了某种模型(迟到的规律),并利用此模型预测未来(是否迟到)的一种方法。

机器学习的方法包含监督学习、无监督学习、半监督学习和深度学习等。监督学习是通过有标签的数据训练,构建一个模型,然后通过构建的模型,给新数据添加上特定的标签;监督学习的核心环节包括:准备数据(数据采集、数据筛选、数据标记)、训练模型(建立模型、输入数据、训练模型)、验证模型(输入未被训练的数据,验证准确率)。

无监督学习就是给定一批数据,但是不告诉计算机这批数据是什么,让计算机自己通过学习构建出这批数据的模型,至于能够学到什么,取决于数据本身所具备的特性。

半监督学习方法同时使用了有标签数据和非标签数据。半监督学习是先在有监督的环境下初步构建好模型后再进行监督学习,它是大数据时代的发展趋势。

深度学习是机器学习训练模型的一种算法,是人工神经网络算法的拓展。典型的深度学习模型就是各层神经网络。就像人工神经网络一样有输入层、输出层,中间是神经网络构成的隐层。隐层的工作流程是一个一层一层不断递进的处理过程。一般情况下,我们把超过四层的人工神经网络称为深度学习。深度学习通过构建具有很多隐层的机器学习模型和海量的训练数据,来学习更有用的特征,从而最终提升计算机处理新数据的准确性。

■ 知识图谱

2012 年,谷歌率先提出了知识图谱(Knowledge Graph)的概念,是一个将现实世界映射到数据世界,由节点和边组成的语义网络。其本质上是结构化的语义知识库,是一种由节点和边组成的图数据结构,以符号形式描述物理世界中的概念及其相互关系,其基本组成单位是"实体-关系-实体"三元组,以及实体及其相关"属性-值"对。比如说"故宫位于北京",其中"故宫"和"北京"就是实体或概念,"位于"是两者之间的关系。这个结构足够简单,容易被计算机处理和加工,也容易被人们所理解。基于这样的已有三元组,还可以推到出新的关系,这对于构建知识图谱来说很重要。不同实体之间通过关系相互联结,构成网状的知识结构。在知识图谱中,每个节点表示现实世界的"实体",每条边为实体与实体之间的"关系"。通俗地讲,知识图谱就是把所有不同种类的信息连接在一起而得到的一个关系网络,提供了从"关系"的角度去分析问题的能力。

再比如在百度上输入"奥运会",随后会在"奥运会-百度百科"中出现有关奥运会的相对结构化知识,包括奥运会的视频介绍、相关图片、定义、赛事简介,涉及宣言、标志、奖牌、圣火、吉祥物、仪式、会徽、发展历程等内容的介绍。通过构建知识图谱,将知识进行关联,能够帮助人们获取和理解相应的知识。

目前知识图谱应用的分类包括:语义搜索、智能问答、可视化决策支持。在教育领域有广泛的应用价值,比如在智能教学系统中,可以利用知识图谱技术挖掘与答案相关的知识点,为学习者提供更合适的导学建议。

语义搜索是利用知识图谱所具有的良好的定义结构形式,以有向图的方式提供满足用户需求的结构化语义内容。能够捕捉用户的搜索意图,解决自然语言输入带来的表达多样性问题和实体的歧义性问题。如谷歌、百度等搜索引擎就是嵌入了知识图谱。

智能问答系统是对用户输入的自然语言进行解析、将非结构化问句解析成结构化的查询,在已有结构化的知识库中获取答案。

可视化决策支持是指通过提供统一的图形接口,结合可视化、推理、检索等,为用户提供信息获取的入口,比如在金融领域可以将信贷欺诈可能涉及的字段设计成为图谱节点,进行关系探测与识别,通过可视化的关联分析、推理等,发现潜在的欺诈风险。

知识图谱还可用于反欺诈、不一致性验证、组团欺诈等公共安全保障领域,需要用到异常分析、静态分析、动态分析等数据挖掘方法。特别地,知识图谱在搜索引擎、可视化展示和精准营销方面有很大的优势,已成为业界的热门工具。但是,知识图谱的发展还有很大的挑战,如数据的噪声问题,即数据本身有错误或者数据存在冗余。随着知识图谱应用的不断深入,还有一系列关键技术需要突破。[1]

■ **类脑智能计算**

类脑智能就是以计算建模为手段,受脑神经机理和认知行为机理启发,并通过软硬件协同实现的机器智能。类脑智能系统在信息处理机制上类脑,认知和智能水平上类人,其目标是使机器以类脑的方式实现各种人类具有的认知能力及其协同机制,最终达到或超越人类智能水平。

类脑智能研究主要有硬件和软件两个方面。软件研究又有两个角度,一是使智能计算模型在结构上更加类脑,另外一方面是在认知和学习行为上更加类人。两个角度的研究都会产生有益的模型和方法。比如,模拟人的小样本和自适应学习,可以使智能系统具有更强的小样本泛化能力和自适应性。硬件方面的研究主要是研发类脑新型计算芯片,如神经网络计算芯片,也称为类脑计算,包括神经形态芯片、忆阻器仿脑芯片、量子神经芯片等,目标是相比当前的 CPU 和 GPU 计算架构,提高计算效率和降低能耗。

人脑有 880 亿的不同类型的神经细胞,类脑计算芯片通过结构上仿脑,复杂到一

---

① 中国电子技术标准化研究院.人工智能标准化白皮书(2018 版)[C]. 2018 人工智能标准论坛,2018.

定程度,有望涌现出自我意识,实现强人工智能。类脑计算和类脑智能将是未来实现强人工智能,突破"奇点"的有效途径和手段。[①]

■ **量子智能计算**

图灵奖得主姚期智院士曾指出,"量子计算和人工智能两个领域的结合,将会是未来的重大时刻"。人工智能机器学习技术可以用于解决量子信息难题,可以帮助量子物理学家去处理很多复杂的量子物理数据分析,比如机器学习识别相变、神经网络实现量子态的分类、凸优化用于海水量子信道重建等。另一方面,目前同样广为关注的方向,就是如何运用量子计算技术去推动人工智能的发展。量子计算科学家研究了很多可以基于量子计算机的算法,往往可以把原本计算复杂度为 NP 或更高的问题转化为多项式复杂度,实现平方甚至指数级的加速,目前不少经典的机器学习问题,如主元素分析、支持向量机、生成对抗网络都有了量子算法的理论加速版本,并且有的还在专用或通用的量子计算机中进行了原理性实验演示。[②]

■ **模式识别**

所谓模式识别就是用计算的方法根据样本的特征对不同类别的样本进行分类,[③]就是通过计算机用数学技术方法来研究模式的自动处理和判读,把环境与客体统称为"模式",其核心为分类器(训练及算法),即我们把通过分类器模型(算法)从样本中采集出的能代表此样本的数据称为特征。若将一个样本的特征比喻成一个点,则许许多多不同类别的样本特征点就构成了一个样本空间。在样本空间中,我们根据特征之间的相似度来划分类别,特征相似度高的样本被判别为同一类。[④] 随着计算机技术的发展,人类有可能研究复杂的信息处理过程,其过程的一个重要形式是生命体对环境及客体的识别,并以图片处理与计算机视觉、语音语言信息处理、脑网络组、类脑智能等为主要研究方向,研究人类模式识别的机理以及有效的计算方法。

7.2.2 人工智能关键领域技术

人工智能关键领域技术包含自然语言处理、语音识别、计算机视觉、生物特征识别、虚拟现实/增强现实、人机交互等。

---

① 莫宏伟. 类脑计算与类脑智能[EB/OL]. (2018 - 02 - 01)[2021 - 09 - 24]. 微信公众号:我们的智能时代.
② 唐豪,金贤敏. 量子人工智能:量子计算和人工智能相遇恰逢其时[J]. 自然杂志,2020,42(04):288—294.
③ 张学工. 模式识别(第三版)[M]. 北京:清华大学出版社,2010:3.
④ 安之 ccy. 人工智能之模式识别(一)[EB/OL]. (2019 - 10 - 26)[2021 - 07 - 04]. https://blog.csdn.net/qq_43523725/article/details/102753789.

■ 自然语言处理

自然语言处理(Natural Language Process,简称 NLP)是计算机科学领域与人工智能领域中的一个重要方向,研究实现人与计算机之间用自然语言进行有效通信的各种理论和方法,涉及的领域较多,主要包括机器翻译、语文理解和问答系统等。

◇ 机器翻译

机器翻译是指利用计算机技术实现从一种自然语言到另外一种自然语言的翻译过程。基于统计的机器翻译方法突破了之前基于规则和实例翻译方法的局限性,翻译性能取得巨大提升。基于深度神经网络的机器翻译在日常口语等一些场景的成功应用已经显现出了巨大的潜力。随着上下文的语境表征和知识逻辑推理能力的发展,自然语言知识图谱不断扩充,机器翻译将会在多轮对话翻译及篇章翻译等领域取得更大进展。

目前非限定领域机器翻译中性能较佳的一种是统计机器翻译,包括训练及解码两个阶段。训练阶段的目标是获得模型参数,解码阶段的目标是利用所估计的参数和给定的优化目标,获取待翻译语句的最佳翻译结果。统计机器翻译主要包括语料预处理、词对齐、短语抽取、短语概率计算、最大熵调序等步骤。基于神经网络的端到端翻译方法不需要针对双语句子专门设计特征模型,而是直接把源语言句子的词串送入神经网络模型,经过神经网络的运算,得到目标语言句子的翻译结果。在基于端到端的机器翻译系统中,通常采用递归神经网络或卷积神经网络对句子进行表征建模,从海量训练数据中抽取语义信息,与基于短语的统计翻译相比,其翻译结果更加流畅自然,在实际应用中取得了较好的效果。

当前机器翻译应用领域为人类的交流提供了方便,也降低了语言学习和使用的困难,比如谷歌翻译、百度翻译、有道翻译等,能快速将一种自然语言翻译成另外一种自然语言。

◇ 语义理解

语义理解技术是指利用计算机技术实现对文本篇章的理解,并且回答与篇章相关问题的过程。目前它在智能客服、产品自动问答等相关领域发挥着重要作用。语义理解更注重于对上下文的理解以及对答案精准程度的把控。随着 MCTest 数据集的发布,语义理解受到更多关注,取得了快速发展,相关数据集和对应的神经网络模型层出不穷。

在数据采集方面,语义理解通过自动构造数据方法和自动构造填空型问题的方法来有效扩充数据资源。为了解决填充型问题,一些基于深度学习的方法相继提出,如基于注意力的神经网络方法。当前主流的模型是利用神经网络技术对篇章、问题进行建模,对答案的开始和终止位置进行预测,抽取出篇章片段。对于进一步泛化的答案,处理难度进一步提升,目前的语义理解技术仍有较大的提升空间。

◇ 问答系统

问答系统分为开放领域的对话系统和特定领域的问答系统。问答系统技术是指让计算机像人类一样用自然语言与人交流的技术。人们可以向问答系统提交用自然语言表达的问题,系统会返回关联性较高的答案。尽管问答系统目前已经有了不少应用产品出现,但大多是在实际信息服务系统和智能手机助手等领域中的应用,在问答系统鲁棒性方面仍然存在着问题和挑战。

目前面临的四大挑战有:一是在词法、句法、语义、语用和语音等不同层面存在不确定性;二是新的词汇、术语、语义和语法导致未知语言现象的不可预测性;三是数据资源的不充分使其难以覆盖复杂的语言现象;四是语义知识的模糊性和错综复杂的关联性难以用简单的数学模型描述,语义计算需要参数庞大的非线性计算。

■ 语音识别

语音识别技术是机器通过处理和识别过程,把语音信号转变为相应的文本或信息的技术。根据识别任务不同,语音识别可以分为孤立词识别、关键词识别、连续语音识别;根据发音对象不同,语音识别可以分为特定人语音识别和非特定人语音识别。语音识别主要包括两个步骤:训练和识别,训练的主要任务就是建立声学模型及语言模型;识别是根据系统类型选择合适的识别方法,提取语音的特征参数,按照一定的准则与系统模型进行比较,通过判断得出识别结果。

语音识别技术发展至今,主流算法模型已经经历了四个阶段:模板匹配阶段、模式和特征分析阶段、概率统计建模阶段和现在主流的深度神经网络阶段。中国语音识别技术近年来一直紧跟国际水平,在多个国际大赛中多项技术指标取得领先。机器学习特别是深度学习技术极大地促进了语音识别技术的发展,具有强大的抗噪、表征和建模能力的深度学习让语音识别在非严格可控的环境下也能准确、高效地识别。2018年中国人民银行颁布的《移动金融基于声纹识别的安全应用技术规范》,为声纹识别技术进入金融领域突破了障碍,极大地扩充了语音识别技术的应用。目前语音识别技术已经发展到了较为成熟的水平,有着较为完善的产品体系,实现了较大范围的应用落地。

■ 计算机视觉

计算机视觉是使用计算机模仿人类视觉系统的科学,让计算机拥有类似人类提取、处理、理解和分析图片以及图片序列的能力。自动驾驶、机器人、智能医疗等领域均需要通过计算机视觉技术从视觉信号中提取并处理信息。近来随着深度学习的发展,预处理、特征提取与算法处理渐渐融合,形成端到端的人工智能算法技术。根据解决的问题,计算机视觉可分为计算成像学、图片理解、三维视觉、动态视觉和视频编解码五大类。

◇ 计算成像学

计算成像学是探索人眼结构、相机成像原理以及其延伸应用的科学。在相机成像原理方面,计算成像学不断促进现有可见光相机的完善,使得现代相机更加轻便,可以适用于不同场景。同时计算成像学也推动着新型相机的产生,使相机超出可见光的限制。在相机应用科学方面,计算成像学可以提升相机的能力,从而通过后续的算法处理使得在受限条件下拍摄的图片更加完善,例如图片去噪、去模糊、暗光增强、去雾霾等,以及实现新的功能,例如全景图、软件虚化、超分辨率等。

◇ 图片理解

图片理解是通过用计算机系统解释图片,实现类似人类视觉系统理解外部世界的一门科学。根据理解信息的抽象程度,通常可分为三个层次:浅层理解,包括图片边缘、图片特征点、纹理元素等;中层理解,包括物体边界、区域与平面等;高层理解,根据需要抽取的高层语义信息,可大致分为识别、检测、分割、姿态估计、图片文字说明等。目前高层图片理解算法已逐渐广泛应用于人工智能系统,如刷脸支付、智慧安防、图片搜索等。

◇ 三维视觉

三维视觉即研究如何通过视觉获取三维信息(三维重建)以及如何理解所获取的三维信息的科学。根据重建的信息来源,三维重建可以分为单目图片重建、多目图片重建和深度图片重建等。三维信息理解,即使用三维信息辅助图片理解或者直接理解三维信息。三维信息理解可分为,浅层:角点、边缘、法向量等;中层:平面、立方体等;高层:物体检测、识别、分割等。三维视觉技术可以广泛应用于机器人、无人驾驶、智慧工厂、虚拟/增强现实等方向。

◇ 动态视觉

动态视觉即分析视频或图片序列,模拟人处理时序图片的科学。通常动态视觉问题可以定义为寻找图片元素,如像素、区域、物体在时序上的对应关系,以及提取其语义信息的问题。动态视觉研究被广泛应用在视频分析以及人机交互等方面。

◇ 视频编解码

视频编解码是指通过特定的压缩技术,将视频流进行压缩。视频流传输中最为重要的编解码标准有国际电联的 H. 261、H. 263、H. 264、H. 265、M‑JPEG 和 MPEG 系列标准。视频压缩编码主要分为两大类:无损压缩和有损压缩。无损压缩指使用压缩后的数据进行重构时,重构后的数据与原来的数据完全相同,例如磁盘文件的压缩。有损压缩也称为不可逆编码,指使用压缩后的数据进行重构时,重构后的数据与原来的数据有差异,但不会影响人们对原始资料所表达的信息产生误解。有损压缩的应用范围广泛,例如视频会议、可视电话、视频广播、视频监控等。

近年来,随着算法的更迭、算力的升级、数据的爆发,计算机视觉技术快速发展。特别是在深度学习算法出现后,计算机视觉技术得到了很大的突破,当前已处于相对比较成熟的阶段。计算机视觉通过深度学习来形成神经网络,模仿人类视觉系统进行图片配准、处理和分析。经过全面训练的计算机视觉模型可以开展对象的分类、检测、识别甚至跟踪,具有更强大的特征学习和表示能力。现在的计算机视觉技术已经可以在大多数应用场景中部分或全部替代人工,零售领域用视觉智能技术分析人的行为,机器人领域用于物流搬运的机器人,智能驾驶领域辅助人类驾驶等。

目前,计算机视觉技术发展迅速,已具备初步的产业规模。未来计算机视觉技术的发展主要面临以下挑战:一是如何在不同的应用领域和其他技术更好地结合,计算机视觉在解决某些问题时可以广泛利用大数据,已经逐渐成熟并且可以超过人类,而在某些问题上却无法达到很高的精度;二是如何降低计算机视觉算法的开发时间和人力成本,目前计算机视觉算法需要大量的数据与人工标注,需要较长的研发周期以达到应用领域所要求的精度与耗时;三是如何加快新型算法的设计开发,随着新的成像硬件与人工智能芯片的出现,针对不同芯片与数据采集设备的计算机视觉算法的设计与开发也是挑战之一。

■ **生物特征识别**

生物特征识别技术,是指通过计算机利用人体所固有的生理特征(指纹、虹膜、面相、DNA 等)或行为特征(步态、击键习惯等)来进行个人身份鉴定的技术。生物特征识别技术是最为方便与安全的识别技术,不需要记住复杂的密码,也不需随身携带钥匙、智能卡之类的东西。由于每个人的生物特征具有与其他人不同的唯一性和在一定时期内不变的稳定性,不易伪造和假冒,所以利用生物识别技术进行身份认定,安全、可靠、准确。此外,生物识别技术产品借助现代计算机技术来实现,很容易和安全、监控、管理系统整合,实现自动化管理。[①]

从应用流程看,生物特征识别通常分为注册和识别两个阶段。注册阶段通过传感器对人体的生物表征信息进行采集,如利用图片传感器对指纹和人脸等光学信息、麦克风对说话声等声学信息进行采集,利用数据预处理以及特征提取技术对采集的数据进行处理,得到相应的特征并存储。识别过程采用与注册过程一致的信息采集方式对识别人进行信息采集、数据预处理和特征提取,然后将提取的特征与存储的特

① 深圳市人工智能行业协会. 2021 人工智能发展白皮书[EB/OL]. (2021 - 05)[2021 - 06 - 29]. http://www.gaie.com.cn/companyfile/4.

征进行比对分析,完成识别。从应用任务看,生物特征识别一般分为辨认与确认两种任务,辨认是指从存储库中确定待识别人身份的过程,是一对多的问题;确认是指将待识别人信息与存储库中特定单人信息进行比对,确定身份的过程,是一对一的问题。①

生物特征识别技术涉及的内容十分广泛,包括指纹、掌纹、人脸、虹膜、指静脉、声纹、步态等多种生物特征,其识别过程涉及图片处理、计算机视觉、语音识别、机器学习等多项技术。目前生物特征识别作为重要的智能化身份认证技术,在金融、公共安全、教育、交通等领域得到广泛的应用。下面将对指纹识别、人脸识别、虹膜识别、指静脉识别、声纹识别以及步态识别等技术进行介绍。

◇ 指纹识别

指纹识别过程通常包括数据采集、数据处理、分析判别三个过程。数据采集通过光、电、力、热等物理传感器获取指纹图片;数据处理包括预处理、畸变校正、特征提取三个过程;分析判别是对提取的特征进行分析判别的过程。

◇ 人脸识别

人脸识别是典型的计算机视觉应用,从应用过程来看,可将人脸识别技术划分为检测定位、面部特征提取以及人脸确认三个过程。人脸识别技术的应用主要受到光照、拍摄角度、图片遮挡、年龄等多个因素的影响,在约束条件下人脸识别技术相对成熟,在自由条件下人脸识别技术还在不断改进。

◇ 虹膜识别

虹膜识别的理论框架主要包括虹膜图片分割、虹膜区域归一化、特征提取和识别四个部分,研究工作大多是基于此理论框架发展而来。虹膜识别技术应用的主要难题包含传感器和光照影响两个方面:一方面,由于虹膜尺寸小且受黑色素遮挡,需在近红外光源下采用高分辨图片传感器才可清晰成像,对传感器的质量和稳定性要求比较高;另一方面,光照的强弱变化会引起瞳孔缩放,导致虹膜纹理产生复杂形变,增加了匹配的难度。

◇ 指静脉识别

指静脉识别是利用了人体静脉血管中的脱氧血红蛋白对特定波长范围内的近红外线有很好的吸收作用这一特性,采用近红外光对指静脉进行成像与识别的技术。由于指静脉血管分布随机性很强,其网络特征具有很好的唯一性,且属于人体内部特征,不受外界影响,因此模态特性十分稳定。指静脉识别技术应用面临的主要难题来自成像单元。

---

① 中国电子技术标准化研究院.人工智能标准化白皮书(2018 版)[C]. 2018人工智能标准论坛,2018.

◇ 声纹识别

声纹识别是指根据待识别语音的声纹特征识别说话人的技术。声纹识别技术通常可以分为前端处理和建模分析两个阶段。声纹识别的过程是将某段来自某个人的语音经过特征提取后与多复合声纹模型库中的声纹模型进行匹配,常用的识别方法有模板匹配法、概率模型法等。

◇ 步态识别

步态是远距离复杂场景下唯一可清晰成像的生物特征,步态识别是指通过身体体型和行走姿态来识别人的身份。相比上述几种生物特征识别,步态识别的技术难度更大,体现在其需要从视频中提取运动特征,以及需要更高要求的预处理算法,但步态识别具有远距离、跨角度、光照不敏感等优势。

近年来生物特征识别学术成果稳步增长,新模态(脑电、心电、人耳等)、新方向(深度伪造、对抗攻击等)、新理论(生成对抗网络等)等创新成果不断涌现,为生物特征识别技术的发展奠定基础。中国在生物特征识别领域已处于世界先进水平,取得多项国际大赛第一,随着技术的不断突破,应用场景更加丰富。生物特征识别是人工智能落地最快和商业市场规模最大的主要方向之一,人脸、虹膜、指纹等生物特征已成为人们进入万物互联世界的数字身份证,广泛应用于公安反恐、金融支付、社保认证、安检通关等国家重要领域,在一些安全等级要求较高的应用场景中,往往会采用两种甚至两种以上的生物特征识别技术进行验证。但由于生物特征识别涉及公众利益攸关的隐私、道德、法律等问题,逐渐引起了广泛的社会关注。[1]

■ **虚拟现实/增强现实**

虚拟现实/增强现实是以计算机为核心的新型视听技术。结合相关科学技术,在一定范围内生成与真实环境在视觉、听觉、触感等方面高度近似的数字化环境。用户借助必要的装备与数字化环境中的对象进行交互,相互影响,获得近似真实环境的感受和体验,通过显示设备、跟踪定位设备、触力觉交互设备、数据获取设备、专用芯片等实现。

虚拟现实/增强现实从技术特征角度,按照不同处理阶段,可以分为获取与建模技术、分析与利用技术、交换与分发技术、展示与交互技术以及技术标准与评价体系五个方面。获取与建模技术研究如何把物理世界或者人类的创意数字化和模型化,难点是三维物理世界的数字化和模型化技术;分析与利用技术重点研究对数字内容进行分析、理解、搜索和知识化的方法,其难点在于内容的语义表示和分析;交换与分

---

① 深圳市人工智能行业协会.2021人工智能发展白皮书[EB/OL].(2021-05)[2021-06-29].http://www.gaie.com.cn/companyfile/4.

发技术主要强调各种网络环境下大规模的数字化内容流通、转换、集成和面向不同终端用户的个性化服务等,其核心是开放的内容交换和版权管理技术;展示与交换技术重点研究符合人类习惯数字内容的各种显示技术及交互方法,以期提高人对复杂信息的认知能力,其难点在于建立自然和谐的人机交互环境;标准与评价体系重点研究虚拟现实/增强现实的基础资源、内容编目、信源编码等的规范标准以及相应的评估技术。[①]

国内虚拟现实技术起步较晚,但发展迅速,目前中国的虚拟现实、增强现实技术在国际上已处于"并跑"状态,总体来说,虚拟(增强)现实技术包含近眼显示、渲染计算与内容制作、感知交互、网络传输等。近眼显示方面,快速响应液晶屏、折反式已规模量产。渲染计算方面,云渲染、人工智能与注视点技术等进一步优化渲染质量与效率间的平衡。内容制作方面,WebXR、OS、OpenXR 等支撑工具稳健发展。感知交互方面,内向外追踪技术已全面成熟,手势追踪、眼动追踪、沉浸声场等技术开始逐步成熟。网络传输方面,5G 构筑虚拟现实双千兆网络基础设施支撑。但是目前虚拟现实技术仍然存在感知的延伸技术不成熟、实时三维建模技术缺乏、精确定位技术误差大、眩晕和人眼疲劳明显等问题。虚拟现实技术聚焦文化娱乐、教育培训、工业生产、医疗健康、商贸创意等领域,终端出货量稳步增长,增强现实与一体式增速显著。[②]

■ **人机交互**

人机交互主要研究人和计算机之间的信息交换,主要包括人到计算机和计算机到人两部分的信息交换,是人工智能领域的重要的外围技术。人机交互是与认知心理学、人机工程学、多媒体技术、虚拟现实技术等密切相关的综合学科。传统的人与计算机之间的信息交换主要依靠交互设备进行,包括键盘、鼠标、操纵杆、数据服装、眼动跟踪器、位置跟踪器、数据手套、压力笔等输入设备,以及打印机、绘图仪、显示器、头盔式显示器、音箱等输出设备。人机交互技术除了传统的基本交互和图形交互,还包括语音交互、情感交互、体感交互及脑机交互等技术,以下对后四种与人工智能关联密切的典型交互手段进行介绍。

◇ 语音交互

语音交互是一种高效的交互方式,是人以自然语音或机器合成语音同计算机进行交互的综合性技术,结合了语言学、心理学、工程和计算机技术等领域的知识。语音交互不仅要对语音识别和语音合成进行研究,还要对人在语音通道下的交互机理、

① 中国电子技术标准化研究院. 人工智能标准化白皮书(2018 版)[C]. 2018 人工智能标准论坛,2018.
② 深圳市人工智能行业协会. 2021 人工智能发展白皮书[EB/OL]. (2021 - 05)[2021 - 06 - 29]. http://www.gaie.com.cn/companyfile/4.

行为方式等进行研究。语音交互过程包括四部分：语音采集、语音识别、语义理解和语音合成。语音采集完成音频的录入、采样及编码；语音识别完成语音信息到机器可识别的文本信息的转化；语义理解根据语音识别转换后的文本字符或命令完成相应的操作；语音合成完成文本信息到声音信息的转换。作为人类沟通和获取信息最自然便捷的手段，语音交互比其他交互方式具备更多优势，能为人机交互带来根本性变革，是大数据和认知计算时代未来发展的制高点，具有广阔的发展前景和应用前景。

◇ 情感交互

情感是一种高层次的信息传递，而情感交互是一种交互状态，它在表达功能和信息时传递情感，勾起人们的记忆或内心的情愫。传统的人机交互无法理解和适应人的情绪或心境，缺乏情感理解和表达能力，计算机难以具有人一样的智能，也难以通过人机交互做到真正的和谐与自然。情感交互就是要赋予计算机类似于人的观察、理解和生成各种情感的能力，最终使计算机像人一样能进行自然、亲切和生动的交互。情感交互已经成为人工智能领域中的热点方向，旨在让人机交互变得更加自然。目前，在情感交互信息的处理方式、情感描述方式、情感数据获取和处理过程、情感表达方式等方面还有诸多技术挑战。

◇ 体感交互

体感交互是个体不需要借助任何复杂的控制系统，以体感技术为基础，直接通过肢体动作与周边数字设备装置和环境进行自然的交互。依照体感方式与原理的不同，体感技术主要分为三类：惯性感测、光学感测以及光学联合感测。体感交互通常由运动追踪、手势识别、运动捕捉、面部表情识别等一系列技术支撑。与其他交互手段相比，体感交互技术无论是硬件还是软件方面都有了较大的提升，交互设备向小型化、便携化、使用方便化等方面发展，大大降低了对用户的约束，使得交互过程更加自然。目前，体感交互在游戏娱乐、医疗辅助与康复、全自动三维建模、辅助购物、眼动仪等领域有了较为广泛的应用。

◇ 脑机交互

脑机交互又称为脑机接口，指不依赖于外围神经和肌肉等神经通道，直接实现大脑与外界信息传递的通路。脑机接口系统检测中枢神经系统活动，并将其转化为人工输出指令，能够替代、修复、增强、补充或者改善中枢神经系统的正常输出，从而改变中枢神经系统与内外环境之间的交互作用。脑机交互通过对神经信号解码，实现脑信号到机器指令的转化，一般包括信号采集、特征提取和命令输出三个模块。从脑电信号采集的角度，一般将脑机接口分为侵入式和非侵入式两大类。除此之外，脑机接口还有其他常见的分类方式：按照信号传输方向可以分为脑到机、机到脑和脑机双向接口;按照信号生成的类型,可分为自发式脑机接口和诱发式脑机接口;按照信号源的不同还可分为基于脑电的脑机接口、基于功能性核磁共振的脑机接口以及基于近红外光谱分析的脑机接口。

7.3 人工智能在教育领域中的应用

7.3.1 人工智能在教育中的应用

自人工智能技术兴起以来,人工智能技术在教育领域得到了广泛的应用,以下根据丹尼尔·法格拉(Daniel Faggella)在 2019 年发表的一篇博文《教育中的人工智能案例》,从智能内容、智能导师系统、虚拟教师和学习环境三种应用形式进行简要概述。[①]

■ 智能内容

智能内容(Smart Content),试图将教科书制作成有用的备考工具,例如真题、教科书的数字化指南,个性化定制的电子学习交互界面等。专注于业务流程自动化和智能指令设计的人工智能开发公司 CTI(Content Technologies Inc.)创建了一套用于中学及以上教育的智能内容服务。[②] 例如其产品 Cram101 通过人工智能技术将教科书内容整合为更加易于理解接受的"智能"学习指南,其中包含了章节摘要、判断题集、选择题集和知识点卡片等。JustTheFacts101 的功能类似,但更加简化,它可以突出重点、创建文本和章节摘要,进而结构化为内容包,并可以让用户在亚马逊上获取内容。NursingEd101 则利用 CTI 的 AI 技术帮助护理学生减轻学习压力。护理专业的学生需要在短时间内阅读和保留大量信息,并试图找出重要的内容,这是一项艰巨的任务,NursingEd101 系统将内容分解为更小的增量,以帮助学生减轻压力并保留更多信息。使得学生需要的所有学习材料都触手可及……抽认卡、章节摘要、练习考试等。

创建智能数字内容平台,包括内容交付、练习以及实时反馈和评估。Netex 公司提供了一个为现代职场设计的个性化学习云平台,雇主可以在其中设计可定制的带有应用程序的学习系统、游戏化和模拟、虚拟课程、自我评估、视频会议等工具。现代工作场所的学习平台旨在让员工掌握更多技能并接收持续和自动的反馈,在战略性使用时有可能帮助提高绩效和增加产量,并允许教育工作者跨设备设计数字课程和内容,集成视频和音频等富媒体,以及自我或在线教师评估等。[③]

---

① 参见 https://emerj.com/ai-sector-overviews/examples-of-artificial-intelligence-in-education。
② 参见 http://contenttechnologiesinc.com。
③ 参见 https://www.netexlearning.com/en。

■ **智能导师系统**

智能导师系统(Intelligent Tutoring Systems),可以根据学生的学习风格和兴趣爱好来定制个性化的电子辅导。自 19 世纪 70 年代以来,开发可满足一对一辅导的系统一直是 AI 研究人员梦寐以求的目标。如今,智能导师系统已经取得了很大的进步。例如,Carnegie Learning 公司的软件运用认知科学和 AI 技术,为中学后教育中的学生,尤其是需要补习的大学新生,提供了个性化的辅导和实时反馈。[1]

与伦敦大学学院知识实验室(University College London Knowledge Lab)合作的皮尔森(Pearson)公司,指出当今基于模型的自适应系统也越来越透明易用,使教育工作者能够了解系统如何做出下一步决策,并使它们成为课堂教学更有效的工具。例如,由卡内基梅隆大学设计和测试的 iTalk2Learn System16 系统,应用了一个学习者模型,这个模型包含学生数学知识、认知需求、情绪状态、系统反馈以及学生反应等信息。

■ **虚拟教师和学习环境**

虚拟辅导员和学习环境(Virtual Facilitators and Learning Environments),创建虚拟教师或辅导员并用于各种教育环境中,仍然是一个大有可为的发展领域。这个领域中的终极研究目标是创建一个类似于人的角色,这个角色可以自然地思考、行动、反应和互动,可以理解和使用各种语言和非语言交流方式。南加州大学创新技术研究所在智能虚拟环境、人工智能应用、3D 游戏和电脑动画领域有一定的技术优势,是开发虚拟人物和社会互动的先驱。南加州大学的研究团队在该领域有许多在研究的项目,这些项目也显示了未来二十年该领域的应用发展方向。[2] 例如,"虚拟培训指导"是一种分布式学习策略,旨在将实时课堂教学与最适合的虚拟技术(包括虚拟辅导员、增强现实、智能导师系统等)集成到远程学习和培训中。在南加州大学创新技术研究所的官方网站可以了解到更多有价值的信息和正在开发的项目,如为军队领导人提供的沉浸式培训咨询、终身学习个人助理等。

7.3.2　人工智能教育工具的用户体验

教学过程中经常会出现这样的问题,当学生遇到难题时,由于羞于发问无法得到及时的教学指导;面对众多学生的不同提问,教师没有足够的时间予以及时的解疑答惑;大班教学由于教学进度统一,往往出现优秀的学生"吃不饱",后进生"吃不了"的状态,个性化教学难以实现;很多家长由于自身的学识限制,很难在家指导自己的孩

---

[1] 参见 https://www.carnegielearning.com/solutions/math/mathiau。

[2] 参见 https://ict.usc.edu。

子;当前英语教学中存在的主要问题是缺乏良好的语言环境,造成语言交流障碍,及"听不懂,说不出"的状态;化学、物理学科中有些危险的实验无法在真实的环境中操作和体验,以致于对知识难以理解。人工智能技术的出现与应用,为解决上述诸多教学问题提供可能。

下面我们优选了当前一些有代表性的学科智能工具进行功能体验式的概述,期望对一线教师及时了解和掌握这些工具,助力学科教学能有所帮助。当然教师一旦将这些智能工具引入教学中,需要遵循国家对移动互联网应用程序管理的有关规定,特别是要注意保护好师生的个人隐私、信息安全以及伦理道德等,同时根据自身的学科特点,科学、合理地使用智能工具。

■ 语文智能学习工具

◇ 百度汉语

百度汉语是百度旗下的一款可以用于语文智能教学的工具。在"百度汉语"的搜索框中输入要查询的"词语、成语、诗词",以实现内容的智能搜索,如图7-3所示。比如输入"花",即可得到"花"字的读音、笔画顺序、基本释义、详细释义、相关组词、相关谜语等关联知识;如果输入"花的成语",即可获得有关花的成语,百花齐放、落花流水、五花八门……而且还配有每个成语的解释和读音;如果输入"花的诗词",就会呈现出带有"花"字的诗词,如牧童遥指杏花村、稻花香里说丰年等,点击相应诗词即可进入每首诗词更加详细的页面。

图7-3 百度汉语

"百度汉语"APP,功能更加丰富,如图7-4所示。主要功能有:听写助手、背诵检查、拍照识字、拍照朗读、学写字、朗读练习等;点击首页"课程",选择你的学习阶段,包括学前至高中段,即可进入相应阶段的学习。详细的操作步骤和功能使用,可以下载手机"百度汉语"APP或访问其官网:https://hanyu.baidu.com。

图7-4 "百度汉语"APP

◇ 出口成章

"出口成章"APP是以AI和大数据驱动的大语文在线教育平台,如图7-5所示。主要包括朗读测评、诵读经典、故事大王、家长课堂、字词诗文等板块,致力于培养和增强学生的沟通与写作能力,同时注重中华优秀传统文化的传承。特色在于AI伴学、实时反馈、个性推荐;注重经典与历史相结合、兴趣与素养并重;课程内容涵盖学前至九年级,选择某年级教材,即可进入该教材的相应课文,每个课文下方都有"生字、范音、朗读、练习"四个选项。点击该课的"生字"就会出现"生字表",点击下方的"听写"进行听写练习;点击"范音"就会播放标准的课文朗诵,此时你也可以点击"我也要读",逐段进行朗读之后,APP会给出你朗读的评分;点击"练习",会出现与本课有关的选择题,答题结束会及时给出正确率,此时你可以选择是否再来一次练习。

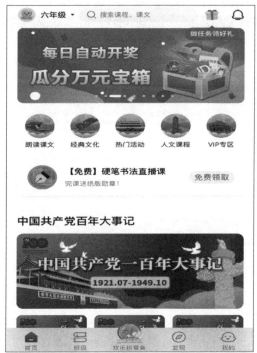

图7-5 "出口成章"APP界面

点击APP首页下方的"发现",找到相应的高手进行挑战,通过游戏化的方式进行语文学习。详细的操作步骤和功能使用,可以下载手机"出口成章——专注小学生大语文一站式学习"APP或访问其官网:http://www.talk2best.com。

    ◇ 百度智能创作平台

百度智能创作平台是一款融智能策划、智慧采编、智能审校和发布的一站式平台。智能策划为用户提供丰富的选题思路,涵盖全网新闻资讯及海量大数据分析等;智慧采编为用户提供文章创作、写作辅助、视频生产等服务,主要包括写作工作区、图文转视频、AI声优机器人、天气预报机器人、体育赛事机器人等。

单击主页面中的"立即体验",选择其中的一种功能,例如进入"文章写作助手"界面,如图7-6所示。在标题处写入你最初的标题想法,如"端午节",然后在下方文章摘要处,写入不少于200字的描述。此时可以点击右侧的"标题推荐",系统会根据你提供的内容推荐标题,你可以根据智能推荐的标题进行替换或追加粘贴,使得文章的题目与内容更加符合和贴切,比如替换为"端午节的两大礼俗"。接下来点击"润色全文",系统会推荐更丰富的同义用词。

图7-6 百度智能创作平台

点击"AI声优机器人",进入配音界面。将需要配音的文本贴入文字内容区域,右边有声音、语速、音量、音调选择,点击"试听",即可播放配音,若配音符合你的要求,可以下载到本地机上。

智能审校提供了文章审校助手,由AI负责稿件的审阅校对工作,通过文章纠错、审核、数值比对等功能,以达文章自动审校的目的。

分发助手可以根据文章内容自动生成摘要、文章标签、文章分类、主题短语、地域识别等有关文章的重要信息。

详细的操作步骤和功能使用,请访问其官网：https://ai.baidu.com/creativity/index。

◇ 九歌——人工智能诗歌写作系统

"九歌——人工智能诗歌写作系统"是由清华大学自然语言处理与社会人文计算实验室研发的一款诗歌写作系统。在搜索框中输入"句子、段落或关键词",然后点击"生成诗歌",系统就会根据用户选择的诗歌体裁及风格进行创作。比如选择"藏头诗—五言藏头—喜悦",在搜索框中输入"春天",点击右侧的"生成诗歌",等待一会儿,九歌系统就会自动为你创作一首诗歌,如图7-7所示。

图 7-7　"九歌"诗歌系统界面

详细的操作步骤和功能使用,可以访问其官网：http://jiuge.thunlp.org。

◇ 悟空识字

"悟空识字"是由宁波启点教育科技有限公司研发的一款专门为小朋友准备的儿童识字游戏。为了实现快乐高效地认识汉字,整个软件以中国传统经典《西游记》为背景,将儿童的识字过程融合在西游记故事当中。进入其官网 https://www.gongfubb.com,可以看到识字、拼音、悟空数学、宝贝数学、应用、自然拼读等系列教育产品。我们仅以最热门的"悟空识字"为例进行用户体验,单击"识字"进入软件下载页面,这里提供了桌面端和移动端的版本。

下载、安装并运行"悟空识字"Windows 版,进入其主界面,如图7-8所示。这里根据《西游记》的故事情节设计了识字的游戏化教学,比如"大闹天宫""五行山""万年人参果"等。

单击某一情节开始识字学习,这里包括故事朗读、识字游戏、阶梯阅读等。在"识字游戏"中可以进行"选字练习""读音练习""组词游戏""句子游戏"等,其中识字环节

图 7 - 8 "悟空识字"主界面

的设计非常有特点,通过游戏、动画的方式展开"初始汉字—快速巩固—跟读汉字—听音辨字—认字辨音—组词填空"的识字过程,让儿童在游戏中认识更多的汉字。更详细的操作步骤和功能使用,可以访问其官网。

■ **数学智能学习工具**

◇ 小猿口算

小猿口算是一款可通过拍照实现检查小学作业的 APP,目前已全面覆盖小学阶段数学、语文、英语等各种题型,有助于帮助家长、老师减轻作业检查负担。下载安装"小猿口算"APP,有三种身份登录方式:家长、老师和学生。选择一种身份进行登录,例如选择"我是老师",选择教学年级"小学三年级",点击"拍照检查",对准作业进行拍照,就会呈现作业检查结果。错误之处,用红色圆圈标出。此时,点击查看答案解析,就会给出正确答案以及相应的错题解析。还可以将其加入错题本,以备复习,如图 7 - 9 所示。

此外,该款 APP 还包括"口算练习""语文听写""作文搜索""字词学习"等板块。同类的产品还有"小猿搜题""猿辅导""猿题库""斑马"等 APP,遇到不会做的题,轻松一拍,就能获取详细解析,更有老师视频讲解,以帮助学生解决难题的困扰。

比如下载安装"小猿搜题"APP,其两大主要功能是"拍照搜题""作业检查"。点击"拍照搜题",会出现"名师讲解""答案解析""举一反三",进入"名师讲解"即可观看该题目的名师讲解、答案解析,如图 7 - 10 所示;点击"举一反三"可以挑战相似题。作业检查与"小猿口算"基本相同。该款 APP 还包括"语文作业""智能计算器""英语作文""课程辅导"等功能,详细的操作步骤和功能使用,可以下载手机"小猿搜题"APP 或访问其官网:https://www.yuansouti.com。

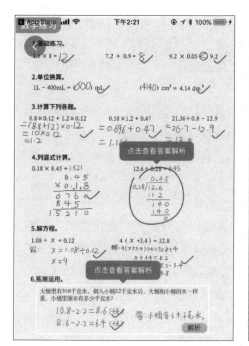
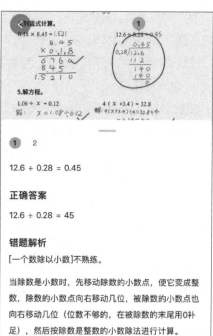

图 7 - 9 "小猿口算"APP

图 7 - 10 "小猿搜题"APP

当然这类工具自身目前还有其局限性,比如搜不到对应的题目、工具对特殊符号识别度不够高、易使学生产生依赖心理,尤其是自制力不强的学生在做题时直接拍照抄答案,长此以往学生可能会丧失独立思考的能力,因此需要合理、科学地使用拍照答疑工具。

◇ 数感星球

数感星球是专为 4 至 10 岁儿童打造的数学思维训练 APP,聚焦数感意识、数形结合、逻辑推理、生活应用、空间想象等,以游戏化、沉浸体验式的学习方式,旨在让孩子从小就爱上数学。通过个性推荐、边学边玩、精美动画、激励反馈等环节,实现查漏补缺、引发思考、自主学习的目的。

运行该款 APP,首先选择自己的年级段,比如"三年级",随后选择训练项目,包括"提高运算能力""巩固课内所学内容""锻炼逻辑思维能力""提升空间几何能力""提升对数学的兴趣",选择其中的一项,如"提高运算能力",继续选择学过的知识点,如"分数",选择数学学习水平,如"平均水平",然后进入主界面,就会呈现与锻炼运算能力相关的每日口算、挑战场、几何拼拼乐、疯狂超市、推荐练习、趣味动画,其中的AI 讲解比较有特色,能够根据你输入的题目讲解计算过程,彩花蛋中的数学系列动画是重要知识点的教学动画,趣味性很强,如图 7-11 所示。

图 7-11 数感星球

此外,该款 APP 还提供了同步练(同步知识、章节测试)、相关知识点的游戏,详细的操作步骤和功能使用,可以下载手机"数感星球"APP 或访问其官网：https://ahaaamath.com。

◇ 葱喵儿数学

该款 APP 拥有海量题库,并带有解题分析,可在线答题并可自动批卷打分,能训练小学生的逻辑思维能力。它涵盖小学一至六年级的数学培优课程,不同年级的学生都能在这里找到相对应的数学培优课程,开动脑筋的过程中培养学习兴趣。每个年级都包含模拟考场、解题讲堂、错题集三个模块,如图 7 - 12 所示。

图 7 - 12　葱喵儿数学

解题讲堂：每个年级段都有 40 讲课程,专题丰富,行程问题、工程问题、浓度问题、抽屉原理等全都有,但是课程需要付费才能使用。"解题讲堂"是一个系列化的学习流程,包括"课程引导""例题讲解""经典练习"和"强化训练"四部分。知识点的讲解详细又清晰,还有经典练习题供学生自测,现学现用,及时了解对知识点的掌握程度,及时巩固、强化、吃透知识点。

"课程引导"是以文字和图片进行课程引入,简单介绍将要学习的知识点、学习目标以及用到的解题方法,如果想要停下来思考或者记笔记等,可以点击"暂停"键。

"例题讲解"通过分析例题,引导学生思考、寻找解题的切入点,介绍方法和技巧的运用,并在这个过程中规范学生的答题步骤。

"经典练习"是一个趁热打铁的环节,这里一共有三道经典练习题,如果实在没有头绪,可以看右上角的"题目分析"。

"强化训练"是一份供学生检测学习情况的巩固卷,里面一共有五道题目,开考不到一分钟不能交卷,答完后系统除了会计算最终成绩,还会记录答题用时,错题会自动添加到错题集。

"模拟考场"中每个年级都有 100 多份模拟卷,一份里面有五道题目,随机选取 40 讲课程当中的知识点,能够更好地考察学生对所学知识、方法与技巧的灵活运用。"模拟考场"适合学生们学习完一个年级段的课程后使用,同样会计算答题成绩、记录答题用时,错题会自动添加到错题集。

"错题集",无论是在哪个板块中答错的练习题,系统都会自动将其收录到错题集里面,学生随时可以进行回顾、复习、再测。每道错题都配有详细的题目分析,答对之后会标注已解决,并在下一次打开错题集时自动移除这一道题目。

◇ 小学科学奥数

"小学科学奥数"APP 配有丰富的奥数常见题型讲解,并采用启发式教学方法,老师更多地从解题原理与解题思路角度出发,引导学习,启发学生思考,激发学生对奥数的兴趣。该款 APP 涵盖了小学各年级的奥数教学视频,并将不同年级的奥数题型进行归纳,方便学生根据年级与专题选择课程进行学习;同时注重有趣的动画与科学知识相结合,以提高学生对视频课程的兴趣,让学习变得更加的轻松、快乐、高效,如图 7-13 所示。

图 7-13 "小学科学奥数"APP 界面

◇ Mathfuns

"Mathfuns"APP 支持数学公式编辑、编程、计算及几何画板,致力于将复杂的数学问题简单化,让数学简单得超乎想象。

该款 APP 界面简洁,分为计算器、几何画板、知识库、教程四大板块。该计算器支持键盘输入,算法丰富,具有强大的公式编辑能力与计算能力,能实现三角函数、集合运算、微积分等普通计算器不具备的算法,还能将计算过程通过图片或链接的形式进行分享,并且还能绘图。

利用几何画板可以构造多种几何图形,平移、旋转、放缩都是基础操作,还可以利用度量和计算功能对所绘制的对象进行测量,弧长、面积、点到线的距离立马就能算出来,如图 7-14 所示。

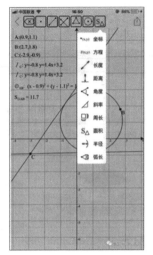

图 7 - 14 度量和计算功能

知识库：数学公式越学越多，如果学生没有整理公式的习惯，想不起来的时候就要把书本翻个遍，甚至还要上网查，知识库就给大家归纳好了"代数""三角函数""微积分"和"矩阵"的常用公式，随时随地就可以翻看、识记，效率更高。

该款 APP 的设计很简洁，但是功能强大，其教程就是帮助大家发现各种宝藏功能的贴心小册子，让大家快速且全面地了解它的使用方法，有下划线的地方都可以点击进去了解详情。

◇ GeoGebra 图形计算器

该 APP 功能强大，能将几何、代数、数学工作表、作图、统计、微积分以直观易用的方式集于一体，并且使用方法简单、交互性强。GeoGebra 经典版的功能区域有代数区、绘图区、运算区、3D 绘图区、概率与统计区和电子表格区等，如图 7 - 15 所示。这些功能区域分别对应实现不同的数学需求。

它的绘图工具丰富，绘制几何图形方便快捷：绘图工具栏中的每个图标都是一个工具箱，只要在所选的工具上长按几秒，在工具栏下面的区域就会显示相应的操作方法，对于初学者非常有帮助。在绘图区内每绘制出一个几何对象，都会在代数区中自动生成与之对应的代数表达式。

代数区、绘图区双向显示：GeoGebra 的代数区主要用来显示在绘图区绘制图形的坐标及参数方程，也可以编写脚本来实现高级判断和运算功能。在命令输入框中直接输入代数表达式，所输入的代数表达式就会在代数区中显示，所对应的图形会在绘图区出现。

Thirdspace Learning、Thinkster Math、Carnegie Learning、iTalk2Learn 等产品, 感兴趣可以去体验试用。

Thirdspace Learning, 是一家在线数学辅导平台, 该平台收集了数百万堂课上的师生互动数据, 并推出了一个 AI 项目, 旨在找到主动的教学和学习模式。该公司的目标是创建一个平台, 提供实时反馈, 并帮助在线导师掌握更好的教学技巧。官方网址: http://thirdspacelearning.com。

Thinkster Math, 该网站会使用人工智能和机器学习来研究学生在处理一个问题时是如何思考的。据称, 这有助于辅导人员在处理学生学习问题时, 可以快速定位, 提高效果。网站还提供一个应用程序, 帮助父母了解孩子的学习进度。官方网址: https://hellothinkster.com。

■ 英语智能学习工具

在英语学习中, 我们常常会碰到发音不够标准、单词不认识、书写不准确、交流不顺畅等问题, 下面给大家介绍几款有利于英语学习的智能小工具, 可轻松实现拍照识别单词、实时语音翻译、智能听写单词、智能对话训练等功能, 比如"微软小英"公众号, "英语趣配音""慧满分""腾讯英语君""腾讯翻译君""AI 听写""英语流利说"等 APP, 以及"批改网"在线服务系统。

◇ 微软小英

微软小英是微软亚洲研究院开发的免费的英语学习公众号, 包括英语口语和词汇的专项训练, 以及中英翻译等多种功能, 登录它的官方网站 (https://www.engkoo.com), 关注其微信公众号, 以试用它的各项功能。

关注"微软小英"微信公众号之后, 首先为你提供 AI 智能英语定级测试, 然后根据你的水平为你定制个性化英语课程, 此外还能帮助你批改英语作文。点击"测试你的英语水平", 它将从词汇量、发音能力、表达能力、历史测试记录来考查你的英语水平, 如图 7-18 所示。

通过词汇量测试给出你的词汇量水平, 由此可以自行选择单词书, 比如 TOEFL 单词、IELTS 单词、GMAT 单词、GRE 单词、四六级单词、考研单词、高考单词、中考单词等, 创建你自己的学习计划。

通过发音能力测试给出你的发音水平, 在练习之前, 为你提供基本发音的教学视频, 包括前元音、中元音、后元音、合口双元音、爆破音、摩擦音、破擦音、鼻音、舌边音、半元音, 然后进行易混音练习, 以达到矫正发音的目的。

通过表达能力测试给出你的表达能力水平, 并为你推荐相应课程, 包括人物特征、休闲娱乐、基本需求、人在旅途、职场办公、日常生活等板块, 你可以选择相应的板块进行对话练习, 系统会自动给出你对话的分数; 若不知道如何表达, 还可以点击提

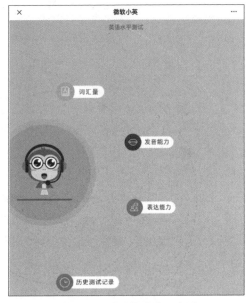

图 7 - 18 测试你的英语水平

示中的"求助",以获得示范音频。

使用微软小英批改作文时,建议使用 Web 端,体验更加流畅。其网址：https:// aka. ms/zuowen,进入"微软爱写作网站",如图 7 - 19 所示。

图 7 - 19 微软爱写作网站界面

点击开始写作,进入写作模式,可以直接录入、编辑文档,可以将写好的作文拍照上传。点击"保存和批改",系统自动给出作文评分以及需要修改的拼写、语法、用词等错误,并进行从句统计、篇章结构分析,详细的评分报告带你深入解析文章的精彩与不足之处。详细的操作和功能使用,可以访问其官方网站:https://aimwriting. mtutor. engkoo. com,并关注它的微信公众号"微软爱写作"。

◇ 英语趣配音

"英语趣配音"APP 是一款智能的英语听说学习软件,学习者通过给 1 分钟左右的短视频(包括最新的美剧、电影、动漫、歌曲等)配音,告别枯燥乏味的填鸭式英语教学,自由选择模仿,跟读喜欢的视频内容,让英语学习充满乐趣,从而真正喜欢上英语,该款教育 APP 有以下特点:

教学内容丰富,教学对象广泛:该款 APP 涵盖多种类型的英语视频资源,按专题划分,可以满足不同类型人群的兴趣,使学习者人数更多、类型更加广泛。每天都有最新最热门的视频更新,紧跟热点趋势,让学习者在学英语的同时了解各个领域的新动态,拓宽视野,如图 7 - 20 所示。

图 7 - 20　"英语趣配音"APP 界面

学习"门槛"低:为了让没有配音基础的学习者快速上手,"英语趣配音"将台词一句句单独列出,学习者在规定时间内逐句完成,以此锻炼学习者的口语能力。系统会对原台词的还原程度给出评分,如果单词错得很离谱,系统还会重点纠正,这对于口语能力较弱的学习者来说是特别有益的。在"英语趣配音"中,学习者还可以建立自己的生词本,对台词中的生词可以直接点击翻译,一键加入生词本,随时可以进入学习中心巩固词汇,在不知不觉中增加自己的词汇量。

学习内容由简到难:"英语趣配音"中的视频片段都有各自的难度系数,从一颗星到五颗星,星级越高表示难度越大,这种由简到难的层次划分,符合学习能力的发展规律,使学习者可以尽快上手,并且在潜移默化中提高学习者的口语水平。同时满足学习者个性化的需求,学习者可以自行选择自己能够挑战的难度。

优秀的教师队伍:在"英语趣配音"中,学习者可以依据自身情况加入一个自己感兴趣的小组,与志同道合的伙伴一起学习,还可以将作品分享到微博、微信等社交网络上,与他人交流分享。根据学习者的配音情况,会在榜单上进行排名,同时还有高手秀场,学习者之间可以相互挑战,这样的社交性可以对学习者产生一种激励,让他们在荣誉感的驱动下主动学习。如图 7 - 21 所示。

图 7 - 21 兴趣小组及秀场

在"英语趣配音"中,每个人都可以上传自己喜爱的英语视频,供其他学习者学习,使学习者在娱乐的同时,不知不觉地提高英语口语能力,同时学习者的个性也得到发展。详细的操作步骤和功能使用,可以下载手机"英语趣配音"APP 或访问其官网:https://www.qupeiyin.cn。

◇ 批改网

"批改网"是智能批改英语作文的在线服务系统,它通过将学生的作文和海量标准语料库进行对比分析,对英语作文给出分数、总评、按句纠错的批改反馈。该系统能有效帮助老师提高工作效率,帮助学生有效提高英文写作能力。点击"秒批作文",可以快速体验,如图 7 - 22 所示。

图 7-22　批改网

教师可以使用批改网进行快速布置作文、共享题库、批改作文、相似检测、跑题检测、学生互评、诊断、班级管理等；学生可以提交教师布置的作文，也可以使用批改网进行自测作文和相互评价。批改网会根据学生提交作文的词汇、句子、篇章结构、内容相关等给出一个分数及相应的评语，并按句进行点评。对于减轻教师评阅作文负担、提高学生英语作文写作水平非常有帮助。

详细的操作步骤和功能使用，可以下载手机"批改网-开心学英文"APP或访问其官网：http://www.pigai.org。

◇ 慧满分

"慧满分"是一款基于AI的英语同步学产品，系统采用动画教学方式，模拟人机对话场景，给学生提供一个沉浸式英语学习环境。这款APP的特色在于英语"听力口语"能力的训练与提高，主要板块包括全动画名师精编内容、人工智能模拟场景化学习、中考听说模拟考试、听说专项练习、音标学习、教材同步、同步听说、拓展听说等内容，并伴随AI教师参与记录学习过程，同时提供学习分析报告，如图7-23所示。

详细的操作步骤和功能使用，可以下载手机"慧满分"APP或访问其官网：https://www.huimanfen.com。

◇ 腾讯英语君

"腾讯英语君"是腾讯推出的面向K12英语教育的APP产品，它基于形成性评价的教育理念，依托行业领先的人工智能技术，旨在提升学生的英语语用能力，辅助老师进行适应性教学。在英语发音辅导、课标知识归纳、实时学情收集、智能教辅分析等方面很有特色。它有教师端、学生端两个入口。实现的功能主要有：拍照英语课本教材、

图 7 - 23　慧满分

智能推荐学习资源;与 AI 教师互换角色开展情景口语对话;通过智能联想推荐同类词汇。比如从小学三年级学生端口进入,如图 7 - 24 所示,就可以进入相应年级的英语专项学习,包括专项词汇训练、情景对话、单词拼读、新概念语法课等,也可以通过拍摄整页的英语课本,智能识别拍摄的英语课本内容,以帮助学生听读课文、复习预习等。

图 7 - 24　腾讯英语君

同类产品有"腾讯翻译君"APP,能够实现拍照翻译、口语跟读测评、语音翻译、同声传译、实时字幕记录等功能。详细的操作步骤和功能使用,可以下载手机"腾讯英语君、腾讯翻译君"APP或访问其官网：https://study.qq.com。

◇ AI 听写

"AI 听写"是一款用于练习听写英文单词的 APP,主要功能包括拍照取词、教材选词、疯狂挑战等功能,如图 7 - 25 所示。

图 7 - 25 "AI 听写"APP 界面

拍照取词,能够将图片中的英文进行取词,并自动语音播放,实现听写;教材选词,包括人教版、外研社版、译林版、北师大版、冀教版等 K12 各种版本的教材的英语单词听写,即可以在屏幕上书写听到的单词,也可以连接智能笔获得更好的书写体验,还可以将你听到的单词工整地写在纸上,然后拍照上传。作答方式可以选择"乱序听写"和"慢速发音",听写完成后,"AI 听写"APP 自动批改。"疯狂挑战"中每个年级段都有一个单词听写排行榜,你可以根据自己的单词水平选择相应的阶段比拼,比如单击"开启小学单词疯狂挑战"听写,看看你的单词听写是否能排入前几名。详细的操作步骤和功能使用,可以下载手机"AI 听写"APP 进行试用体验。

■ **理科综合智能工具：物理、化学、生物等**

◇ NB 小学科学

NB 小学科学基于"HTML5"技术,兼容 PC 端与移动端,兼容 Windows、Linux、

Android 和 iOS 系统。实验可轻松移植到各种不同的开放平台以及应用平台上,摆脱硬件的限制,随时随地在各种不同的设备上展示内容。实验适合国内小学科学主流版本的教材;内容分为生命科学、地球与宇宙、物质世界三大模块,包含观察类、演示类、动手操作、探究类实验 234 个,是目前市面上先进的小学科学教学资源,可以培养小学生对科学的探究能力,是老师备课上课的好帮手。

　　注册并登录其官方网站:https://www.nobook.com/xiaoke.html,进入首页,然后单击"在线使用—免费体验",进入免费体验实验区,如图 7 - 26 所示。选择一个实验进行体验,比如体验静电现象,将呈现实验导入、实验材料、实验步骤、实验结论等环节,学生可以通过虚拟仿真的方式操作实验过程,以模拟真实的实验,从而验证实验结论。

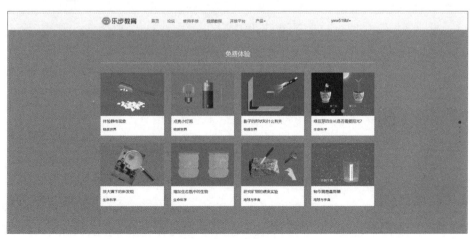

图 7 - 26 NB 小学科学界面

NB 小学科学实际上只是 NOBOOK 虚拟实验平台的一个教育产品,该平台还包括 NB 物理实验、NB 化学实验、NB 生物实验、NB 小科实验等板块,涉及小学、初中、高中各学段的有关物理、化学、生物、小学科学等的大量的虚拟仿真实验,如图 7 - 26 所示。对于实验教学非常有帮助,详细的操作步骤和功能使用,可以访问其官网:https://www.nobook.com/xiaoke.html,或下载手机版。

◇ 化学智能工具

"烧杯- BEAKER"是一款能将你的手机变成烧杯,让你可以安全地随时随地做各种虚拟化学实验的 APP,如图 7 - 27 所示。它提供 150 多种药剂、300 多种神奇的化学反应任你尝试,拥有烧杯应用就像是拥有一个真正的移动化学仪器一样,轻摇设备、滑动手指模拟实验操作,安全、有趣生动、随时随地做各种化学实验。该 APP 可以帮助那些对化学有浓烈兴趣但是又弄不到试剂或材料的学生,而且可以远离危险的化学反应,避免试剂、药剂的浪费,让学习化学变得更加轻松,颠覆传统学习方式,让化学变得生动直观、充满乐趣。

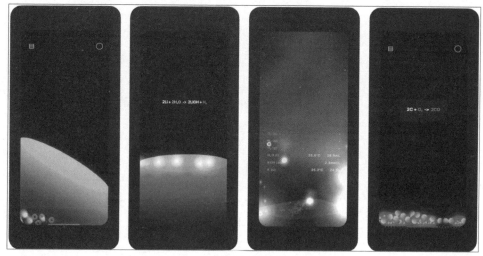

图 7-27 "烧杯-BEAKER"APP界面

打开这个应用,让你的手机一秒变烧杯。你可以进行摇晃、加热、加盖、加试剂等操作。该款 APP 主要使用几个手势来对应实验操作:

点燃,就像划火柴一样快速滑动屏幕并按住,就会产生燃烧效果,比如"Mg、C、Al 燃烧""$H_2 + O_2$(爆鸣)"。

加热,从右下角划入会打开加热垫并产生对烧杯进行加热的效果,比如"Fe + HNO_3(变色)""烧开 H_2O"。

摇晃,利用重力感应摇晃手机,模拟出来回摇晃烧杯的状态,可以加速化学反应;比如"$CuSO_4 + H_2O + Mg$(变色)""$AgNO_3 + H_2O + NaCl$(沉淀)""$Cu + AgNO_3 + H_2O$(沉淀)"。

烧杯 APP 还具有一个独特的 AirMix 功能,当两台设备连入互联网时,开启定位服务,然后打开"烧杯"应用,你就可以把两个设备都当做烧杯使用,让两个烧杯 APP 的设备靠近,它们会自动连接,然后你就可以把化学试剂从这个"烧杯"倒入另一个"烧杯",例如将装有"$NaCl + H_2O$"的烧杯倒入装有"$AgNO_3 + H_2O$"的烧杯(发生沉淀);将装有 Na 的烧杯倒入装有 Cl_2 的烧杯(发生燃烧)等。[①]

详细的操作步骤和功能使用,可以下载手机"烧杯-BEAKER"APP 或访问其官

---

① 参见 https://www.anfensi.com/news/116881.html。

网：https://apps. apple. com/cn/app/id961227503。

◇ 物理智能工具

"物理实验室 AR"是一款无需器材就能进行高精度中小学物理实验的开放应用。从小学科学课上的通电灯泡实验，到高中测量电流表、电压表电阻的经典演示实验，该应用的首个版本不仅让你可以温习中小学阶段的主要电学实验，更能设计属于你的专属电路,专业引擎精准计算模拟结果。

该款软件的特色在于：随意设计你的电路,不受教材或经验限制;完美复现电学元件的每个细节,模型、外观到电学性质;器件属性自由设置,完整复原你的电路图;高精度引擎自动模拟计算,更有实时示波器支持;从实物连接生成可编辑的精确电路图;自由创建属于你的星系或现实太阳系;实时呈现电场线和静电场中的电荷运动情况;在你的房间中进行增强现实实验(需要设备支持)等。

运行"物理实验室 AR"APP,进入物理实验课桌面,如图 7 - 28 所示,包括电学、天体物理、电与磁等板块。你可根据自己的需要选择相应板块进行实验练习,比如选择"电学",会出现一个桌面,此时你可以在桌面上设计电路。点击右下角的"＋",可以将你想要的各种元器件拖放至桌面上,然后连接电路等。点击右下角,也可以进入相应的电路图进行查看。此外,该系统还提供精选实验、电学实验、天体实验、电磁实验、知识库等内容。详细的操作步骤和功能使用,可以下载手机"物理实验室 AR"APP 或访问其官网：https://apps. apple. com/cn/app/id1298984261。

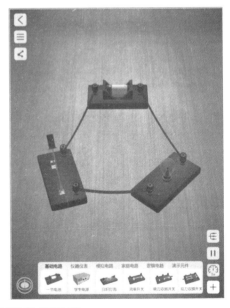

图 7 - 28 "物理实验室 AR"APP

◇ 生物智能工具

"生物记"是由中国科学院动物研究所生物多样性信息学研究组开发的 APP 与网络平台,旨在推动公民科学素质提升,让公众更便捷地获取生物百科知识,能够随时随地参与野生生物观测与调查,为科学研究提供数据支持,保护生物多样性,践行生态文明。[①]"生物记"收集整理了野外鸟类生态图片 20 万幅,经过分类学专家标注筛选,最终选出 12 万幅,覆盖 700 多个中国鸟类物种,采用物种智能识别工具与分类专家的专业知识相结合的方式,大大提高物种识别的效率和可靠性,以支持用户观测记录、拍照识别、共享记录身边的各种生物等,如图 7-29 所示。具体流程如下[②]:

图 7-29 "生物记"界面

第一步:用户进行野外观测,通过相机或手机对野生动物进行拍照;

第二步:用户通过登录"生物记"官网(http://nol. especies. cn),上传观测记录及相关照片;

第三步:用户提交照片时调用百度的图片审核接口,做初步判断;

第四步:"生物记"将通过审核的图片提交到百度 EasyDL 模型 API 接口,并返回识别结果;

第五步:用户可以选择合适的识别结果,获取物种的名称,或者选择无正确结果;

第六步:无正确识别结果的图片将提交到物种鉴定平台中,由分类专家进行鉴定;

① 参见 http://nol. especies. cn/aboutus。
② 参见 https://ai. baidu. com/forum/topic/show/893220。

第七步：获取的图片及物种位置信息将服务于"地球大数据科学工程"中的物种多样性信息平台。

详细的操作步骤和功能使用，可以下载手机"生物记"APP 或访问其官网：http://nol.especies.cn。

相似的产品还有"懂鸟""昆虫百科""动物识别器"等 APP，其中"懂鸟"利用了人工智能技术中的语音识别技术，能够进行"听音辨鸟"。同时支持对鸟类的相机识别、相册识别，能识别全球鸟类 1 万多种，并推送"懂鸟计划"系列课程资源，如图 7 - 30 所示。

图 7 - 30　"懂鸟"APP

"百度"APP 中有一个"识万物"功能，可帮助学生轻松识别各种动植物。打开"百度"APP，点击搜索框中右侧的"小照相机"，选取下方的"识万物"，对准物体拍照，比如对准一株不知名的花拍照，系统经过识别后，就会呈现相应的结果，"紫玉兰"相似度 88%，并列出该花的百科知识：花语、别名、花期、科目、拉丁学名等信息，需要更加详细的信息，可进入"查看更多"。"百度"APP 还有一个特色功能就是"生成美图"并配有诗文，选择其中你喜爱的一种点击即可生成，并可分享美图和保存图片。同时还提供了与其他种相似花的区别、短视频、养花达人都在看的有关信息等，如图 7 - 31 所示。

图 7 - 31 "百度"APP 中的"识万物"

相似的产品还有:"识花君""形色识花""识别全能王"等 APP,感兴趣可以下载安装试用。

■ 文科综合智能工具:地理、历史

◇ 秒懂初中地理

"秒懂初中地理"是一款基于 AR 技术的学习地理知识的 APP,可以使用这款软件来查看 3D 地图,并结合 AR 技术和个性化游戏闯关比赛巩固知识。让场景虚拟展现,学习记忆更加深刻。"秒懂初中地理"上面还有着各种考点和趣味游戏,以帮助学生快速提高地理成绩。从三维效果来学习地理,给学生不一样的视觉体验,生动有趣的 AR 或 3D 等多媒体内容,让学生轻松达到"学习更有趣、理解更简单、记忆更快速"的理想状态。

进入该款 APP 的主界面,如图 7 - 32 所示,可以看到以下板块:

AR 难点妙懂:通过 AR 场景虚拟呈现立体模型,让知识难点得以直观剖析。点击 AR 难点秒懂,将镜头垂直对准 AR 识别彩图,镜头距离彩图约 30 厘米,可以使地理教材的书皮、教辅封面、相关知识的彩图等,呈现出相应的虚拟立体模型。

3D 考点妙记:这块内容覆盖了七八年级的地理课程,以三维动画的方式展现,重难点以红字标注。点击"3D 考点妙记",选择相应的章节,进行观看。锁定状态需

图 7-32 "秒懂初中地理"APP 界面

购买才能观看。

PK 地理妙赛：含有行政区域挑战记忆、玩转铁路虚拟射击等。单击"PK 地理妙赛"，选择需要竞赛的项目，比如行政区域挑战记忆，就可进入有趣的竞赛过程。

Q&A 小题妙做：选择对应的竞技房间实时在线题海竞技，对战交锋深刻掌握，层层闯关即学即练，兼具趣味性和挑战性。

详细的操作步骤和功能使用，可以下载手机"秒懂初中地理"APP，以进一步试用。

◇ 全世界-站在高处看世界(原名全历史)

"全世界"是一款包含了丰富知识的百科 APP，让你了解历史的魅力，深入人类的历史中洞察各种各样的事件，通过时间轴和世界地图来了解世界的发展，同时所有的历史都是关联的，你可以了解到各种历史时间背后的联系，将时间、地图与历史全面地结合，多维度地展现世界的发展。该款软件拥有 TOP100、时空地图、关系图谱、AB 路径、国别史等诸多功能特色，如图 7-33 所示。

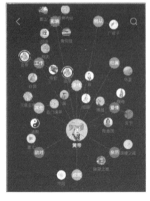

图 7-33 "全世界"APP

TOP100：运用严谨算法精选出每系的TOP100,便于学习者用最少的时间,掌握最重要的知识,比如中国历史必知100事、必看百福东方画、不可不知道的百大古迹等。

时空地图：将时间、地图和历史全面结合,多维度地展示了世界发展史。

关系图谱：有推荐人物和事件,就你关心的人物或事件进行点击,就会呈现相应的知识图谱,清晰直观地展示人物、事件之间的关系,让学生自由探索历史规律。

AB路径：分别在A点和B点输入你想要知道关联的人物或事物,带你探寻任意两点之间的关系。

国别史：介绍了世界各国的朝代更迭、疆域变迁、文明演进,以解读每个国家的文明密码,探索全人类的未来。

全艺术：包含了全音乐、全画作、音乐史、美术史等超级丰富的内容。

详细的操作步骤和功能使用,可以下载手机"全世界-站在高处看世界(原名全历史)"APP,以进一步试用。

■ 艺术、体育智能工具

◇ 一起练琴

"一起练琴"APP是一款智能音乐陪练APP,该款软件主要功能有：智能跟随,评测练习的过程中,可不看屏幕,APP实时跟随练习的进度,光标指示已经进展到的乐谱位置,并且自动滚动乐谱;跟音练习,人跟着光标练琴,逐个音实时校准,拉往往后移动,拉错立即提示,适用于不熟悉乐谱时;AI评测与报告,APP识别琴声,为每次练习打分并给出详细的评测报告,像陪练老师一样指出音高、节奏、速度的错误;伴奏&重奏,APP提供海量电子乐谱,大部分提供伴奏或重奏;乐谱支持播放,任意切换多声部、自由调节速度;练琴监督,老师既可以查看学生的练琴概况,掌握学生在家练琴的时间和得分,也可以查看具体练习的详情,听练习录音;机构管理,APP可以辅助琴行、机构监督学生练琴,统计团队练习时长、合格率等多维度数据,同时生成学生练琴排行榜。

详细的操作步骤和功能使用,可以下载安装"一起练琴"APP,选择"学生"或"教师"身份注册,然后选择乐器："弦乐""钢琴&声乐""管乐",开始使用,如图7-34所示,或访问其官网：https://www.17lianqin.cn。

◇ Keep-跑步健身计步瑜伽

Keep是一款手机健身APP,它会根据用户的性别、身高、体重、运动目标(全身减脂、瘦肚子、腹肌等)、运动水平(入门、进阶、高阶)设置运动提醒,定制你的每日目标并更快实现它,包括评估每日完成情况、个性制定每日训练、饮食记录与分析。Keep会根据你身体的基本情况,想达成什么目标,比如"全身减重""全身增肌""腰腹改善"

图 7 - 34 "一起练琴"APP

"肩臂改善""胸部改善"等,制定相应的训练计划,如果让 Keep 使用蓝牙,还可以连接你的心率设备。

Keep 还为用户提供了各种的科学健身训练计划,只需要几分钟就可以完成;真人同步训练指导;全程语音;全程记录你的训练情况;还可以分享你的健身成果给好友,记录你的变化。详细的操作步骤和功能,可以下载安装 Keep,以进一步试用,如图 7 - 35 所示。

■ 综合类

◇ 百度 AI 体验中心

打开你的微信,点击"发现",最下面就会出现"小程序"字样。点击它,进入搜索小程序的界面,若未出现"小程序",请参看第一节"搜索微信上的资源"。在搜索小程序框里,输入"百度 AI 体验中心",就会出现"百度 AI 体验中心"小程序,如图 7 - 36 所示。

百度 AI 体验中心目前有四大板块:图片技术、人脸与人体识别、语言技术、知识与语义。每个板块又包含了超级丰富的功能,下面我们进行简要概述。

◇ 图片技术:文字识别、图片识别、图片效果增强、图片审核等。

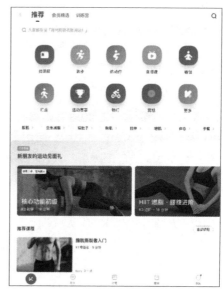

图 7 - 35 "Keep"APP

图 7 - 36 百度 AI 体验中心

文字识别：通用文字识别、身份证识别、银行卡识别、营业执照识别、行驶证识别、驾驶证识别、车牌识别、网络图片文字、数字识别、二维码识别、手写字识别、火车票识别、手写识别等,比如单击"通用文字识别",可以通过拍照和上传图片,识别图片中的文字。

图片识别:图片主体检测、植物识别、动物识别、菜品识别、车型识别、地标识别、货币识别、通用物体场景识别、果蔬识别、图片多主体检测等。比如点击"植物识别",可以通过拍照和上传植物照片进行结果识别。

图片效果增强:黑白图片上色、图片去雾、图片对比度增强、拉伸图片恢复、图片风格转换、图片无损放大、图片清晰度增强、人物动漫化、天空分割等,比如点击"人物动漫化",可以通过拍照和上传你的大头照,得到你的动漫化照片。

图片审核:主要是对图片的色情、暴恐、恶心、水印码、条形码、敏感词等要素进行审核。

◇ 人脸与人体识别:人脸识别和人体分析等。

人脸识别:人脸检测、人脸对比、情绪识别等。比如点击"人脸检测",拍照和上传人脸图片,识别结果为年龄、性别、种族、颜值、表情等信息;人脸对比可实现两张照片的比对,分析结果给出相似度,以判断是否为同一个人;情绪识别则可以给出人的情绪状态。

人体分析:人体属性识别、人体关键点、手势识别、人像分割、人流量统计、驾驶行为分析、手部关键点、指尖检测等。比如点击"人像分割"可以轻松实现抠图效果;"人流量统计"是识别出图片中的人数。

◇ 语言技术:语音识别和语音合成。

语音识别:按住话筒录入语音,最长30秒,即可获得语音的文本。

语音合成:用于将输入的文本转化为语音,合成选项可以选择你喜欢的声音,男生、女生、童声等,音量、语速和语调可以调整。

◇ 知识与语义:自然语言基础技术、文本审核、知识理解等。

自然语言基础技术:词法分析、情感倾向分析、短文本相似度、文章标签、评论观点抽取等。比如"情感倾向分析"能够对一段文本进行情感倾向分析并给出偏正向、偏负面、偏中性的分析结果。

文本审核:可以对文本涉嫌暴恐违禁、文本色情、恶意推广等信息进行审核。

知识理解:是对文本进行的理解和知识抽取。

详细的操作步骤和功能使用,可以打开微信小程序"百度 AI 体验中心"或访问其官网百度 AI 开放平台:https://ai.baidu.com。

此外,百度云智学院 K12 版为教师备课提供了智能空间,如图 7-37 所示。它可以根据教师的备课需要智能推荐教学资源,并提供同步备课、热点专题、名师空间、精品题库、AI 教育实验室等服务,比如教师使用"同步备课"功能,首先选择所教授的年级、学科和知识单元,比如小学三年级下学期数学人教版中的"位置与方向",系统就会自动推荐相关的课件、教案、导学案、套卷、单题、教学借鉴等教学资源,如图 7 - 37 所示。详细的操作步骤和功能使用,可访问其官方网站:https://study.baidu.com。

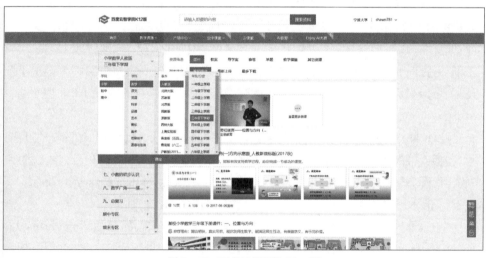

图 7 - 37 百度云智学院 K12 版

◇ 腾讯 AI 体验中心

打开你的微信,点击"发现",最下面就会出现"小程序"字样。点击它,进入搜索小程序的界面,在搜索小程序框里,输入"腾讯 AI 体验中心",就会出现"腾讯 AI 体验中心"小程序,如图 7 - 38 所示。

图 7 - 38　腾讯 AI 体验中心

　　"腾讯 AI 体验中心"的热门推荐非常有特色,其中人脸融合提供了单人模版和多人模版的人脸替换;人脸年龄变化可将上传的人脸进行"变年轻—变老点"的处理;人像动漫化能够将上传的人脸动漫化,非常有意思。其他功能还有慧眼人脸核身、文字识别、人脸识别、人脸特效、图片识别智能语音等智能技术。详细的操作步骤和功能使用,可以打开微信小程序"腾讯 AI 体验中心"或访问其官网腾讯 AI 开放平台:https://ai. qq. com。

　　此外,腾讯还推出了一个类似的微信小程序"腾讯优图 AI 体验",如图 7 - 39 所示,包括人脸人体服务、文字识别、图片识别,详细的操作和功能请打开微信小程序"腾讯优图 AI 体验"或访问它的官方网站:https://open. youtu. qq. com/ ♯ /open。

　　◇　讯飞开放平台

　　"讯飞开放平台"是科大讯飞推出的以语音技术为核心的开放平台(https://www. xfyun. cn),登录主界面,点击"产品服务",如图 7 - 40 所示。主要包括语音识别、语音合成、语音分析、自然语言处理、图像识别、人脸识别、语音硬件、文字识别、医疗服务、基础服务、A. I. 开发栈、A. I. 百宝箱等板块。

　　语音识别包括语音听写、语音转写等功能,其中语音听写能将短音频(≤60 秒)精准识别成文字,除中文普通话和英文外,还支持 35 个语种、24 种方言和 1 种民族语言,实时返回结果,达到边说边返回的效果;"语音转写"可将音频文件转换成文本数据,若不是开发者,可以访问:https://www. iflyrec. com/? from = kfpt,以使用

图7-39 腾讯优图AI体验

讯飞开放平台 OPEN PLATFORM

产品服务　解决方案　行业专题　服务市场　AI大学堂　1024　AI大赛　生态平台　服务与支持　最新活动

语音识别	自然语言处理	人脸识别	文字识别	医疗服务	A.I.百宝箱
语音听写	AIUI人机交互	人脸验证与检索	手写文字识别	云医声	OCR文字识别 NEW
语音转写 HOT	机器翻译	人脸比对	印刷文字识别	医疗麦克风	在线配音制作 HOT
实时语音转写	机器翻译 niutrans	人脸比对 sensetime	银行卡识别	医疗听写SDK	
语音唤醒	文本纠错 NEW	人脸水印照比对	名片识别	导诊机器人	
离线命令词识别	词法分析	静默活体检测 Beta	身份证识别 intsig	口腔语音电子病历	
离线语音听写	依存句法分析	静默活体检测 sensetime	营业执照识别 intsig		
	语义角色标注	人脸检测和属性分析 NEW	增值税发票识别 Intsig	基础服务	
语音合成	语义依存分析（依存树）	人脸特征分析 tuputech	拍照速算识别	云服务器 CVM Beta	
在线语音合成	语义依存分析（依存图）	配合式活体检测	公式识别	讯飞文档协同编辑SDK	
离线语音合成	情感分析		指尖文字识别 NEW	iFLYIoT物联网平台	
发音人自训练平台 NEW	关键词提取 Beta	语音硬件	驾驶证识别 JD NEW	零信任远程访问平台	
	NLP能力生产平台	智能语音面板	行驶证识别 JD NEW	广告平台	
语音分析			车牌识别 JD NEW		
语音评测	图像识别		身份证识别 NEW	A.I.开发栈	
性别年龄识别	场景识别		增值税发票识别 NEW	A.I.引擎托管	
声纹识别	物体识别		营业执照识别 NEW	A.I.服务编排	
歌曲识别	场所识别 NEW		火车票识别 NEW	认知中台	
A.I.客服平台能力中间件	图像自训练平台 Beta		出租车票识别 NEW		
			印刷文字识别（多语种）		
			印刷文字识别（多语种）intsig		

图7-40 讯飞开放平台

"讯飞听见",将你的录音转为文字,并快速生成文本。

语音合成包括在线语音合成、离线语音合成、发音人自训练平台等功能,其中在线语音合成,你可以将文本输入文本框内,然后选择发音人,调整语速、音量,点击"立即合成",即可播放相应的语音效果。

自然语言处理包括 AIUI 人机交互、机器翻译、文本纠错等功能,其中机器翻译支持多达 70 + 个语言与中文互译;文本纠错能自动对汉语文本中的拼写、语法、标点、敏感词等多种问题进行纠错校对,提示错误位置并返回修改建议;词法分析能基于大数据和用户行为,提供分词、词性标注、命名实体识别,定位基本语言元素,全面支撑机器对基础文本的理解与分析;情感分析即文本倾向性分析,就是计算机判断人们的看法或评论是属于对事物的积极、消极还是中性意见;关键词提取是把文本中包含的信息进行结构化处理,并将提取的信息以统一形式集成在一起。

文字识别包括手写文字识别、印刷文字识别、公式识别、指尖文字识别等,其中公式识别可以将图片(来源如扫描仪或数码相机)中的数学公式及题干,转化为可编辑的标准 LaTeX 公式及文本;指尖文字识别可以检测图片中指尖位置的文字,将指尖处文字转化为计算机可编码的文字;印刷文字识别(多语种)可将图片上的多语种文字内容,直接转换为可编辑文本。

AI 百宝箱包括 OCR 文字识别、在线配音制作,其中 OCR 文字识别图片中的文字,支持格式有 jpg/jpeg/png/bmp;在线配音制作可以将文本输入右侧文本框中,左侧选择场景和声音年龄,点击播放按钮,试听讯飞语音合成。

科大讯飞还推出了相应的微信小程序"讯飞 AI 体验栈"。打开该程序,如图 7 - 41 所示。

图 7 - 41　讯飞 AI 体验栈

语音合成,在文本框中输入要合成的文字,然后选择发音角色,点击立即播放,试听语音合成效果,支持普通话和方言、多语言系列。

语音听写,按住录音,开始朗读,结束后,呈现语音识别结果,支持普通话和方言。

手写文字识别,拍照和上传手写字图片,自动识别图片中的文字。

印刷文字识别,拍照和上传印刷文字图片,自动识别图片中的文字。

实用工具推荐包括拍照翻译、语音翻译、垃圾分类、拍照阅读、速算题批改、颜值分析。点击垃圾分类将打开"讯飞智能垃圾分类"小程序,通过语音或输入文字的方式询问智能垃圾分类的相关知识。

拍照阅读,是一款专为学前幼儿提供的阅读学习小工具,方便宝贝阅读绘本、随时随地学习生活中的常用字词。

速算题批改,支持小学应用题、填空题、口算、竖式、方程、脱式等 15 种题型。拍照或上传答题纸图片,这个小程序自动给出正确和错误的结果。

在智能语音中的语音评测,能对中英文的朗读语音效果进行评测,并分别用绿色、黑色、红色标出非常标准、一般、不标准的部分,以及总得分、准确度的星级。

在智能语音中的声音鉴定,长按话筒跟读屏幕中的文本,将鉴定声音年龄和性别。

讯飞快读,也是一款用于制作朗读的小程序。打开"讯飞快读"微信小程序,如图 7-42 所示。

点击"传图读字",小程序会从拍照和上传的图片中识别文字并且转化为语音,而且为你提供了背景音的选择,点击"朗读文字"试听朗读制作效果。你还可以将制作好的朗读分享给微信好友,当然如果你是讯飞快读的会员,还可以将作品下载保存。

点击"粘贴/输入文字",可以在朗读制作的文本框中粘贴/输入需要朗读的文字,然后选择相应的背景音和音量大小,点击"朗读文字"即可进行朗读制作。

点击"PDF/Word/PPT 朗读""网页文章朗读",可以朗读微信聊天中的电子文档、网络文章并配上背景音,点击"朗读文字"即可进行朗读制作。

功能相类似的还有"讯飞听见""讯飞语记""讯飞有声"等 APP,打开"讯飞听见"APP,点击"开始录音",然后开始你的朗读或说话,软件会自动将语音转为文字,也可以将你录音的文件分享给微信好友,如图 7-43 所示。

打开"讯飞语记",如图 7-44 所示,这是一款专注语音输入的综合类云笔记,支持实时语音听写、撰写,能随时记录你的灵感,提高输入效率。点击首页下面的"+",进入新建笔记页面,页面下方呈现四个功能,"录音速记""语音输入""文字识别""外部录音撰写"等。点击"录音速记"即可说话,软件几乎是同步将其转变为相应文字,随后你还可以对文字进行修改和编辑;"语音输入"不仅可以将说话转为文字,而且还

图7-42 "讯飞快读"微信小程序

图7-43 录音转文字

可以对文本进行图文编排,比如插入图片、讲解录音、链接、附件,还可以通过"OCR文字识别"将拍照图片中的文字识别为可编辑状态的文字,大大提升了文字的输入效率。

图7-44 "讯飞语记"APP

"讯飞有声"是一款帮助用户以"听"来获取信息的文字转语音朗读软件,如图7-45所示。将需要朗读的文字输入到编辑朗读框中,还可以选择主播类型(个人主播、优质主播)、语速等,同时可以添加背景音乐,然后点击"一键收听",即可播放朗读;图片朗读可以识别图片中的文字并朗读;"听书"是一个有声小说的功能,你可以到"书城"选择你喜爱的书籍,然后点击"立即朗读",就可以听书了。

图7-45　"讯飞有声"APP

　　◇　希沃白板5

　　希沃(seewo)是视睿科技在教育领域的自主品牌,诞生于2009年,是国内交互智能平板品类首创者。目前其旗下教育产品包括三大类:数字化环境、数据管理与服务、常态化应用。其中一线教师的常态化应用主要包括:教学核心应用、教学辅助应用、幼教资源应用等,如图7-46所示。

　　"希沃白板5"是一款由希沃自主研发,专为老师打造的互动教学平台。针对信息化教学场景,提供课件制作、互动授课、在线课堂、微课录制、课件资源库等多项功能,满足线上、线下教学的多个场景,让老师能一站式完成教学环节的主要流程。该软件的主要特点包括:开启云课堂直播,实时分享知识;简易功能设计,让备授课更高效;海量学科资源库,令课程设计更丰富。下面我们以"希沃白板5"为例进行工具体验。

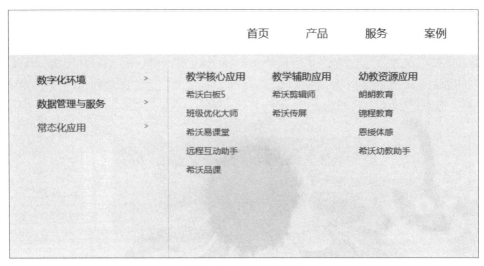

首页   产品   服务   案例

数字化环境   教学核心应用   教学辅助应用   幼教资源应用
数据管理与服务   希沃白板5   希沃剪辑师   朗朗教育
常态化应用   班级优化大师   希沃传屏   锦程教育
                      希沃易课堂   恩授体感
                      远程互动助手   希沃幼教助手
                      希沃品课

图 7 - 46　希沃教育产品

◇ 新建课件

若你希望利用希沃白板 5 创建教学课件,基本操作如下。

第一步:浏览其官网(https://e.seewo.com),下载并安装"希沃白板 5"。

第二步:首次运行"希沃白板 5",需要账号注册,完成注册之后,就可以进入软件界面。

第三步:单击右上角的"＋新建课件",选择一种模板或"新建空白模板",进入课件制作环境,这个环境类似 PPT 的制作环境,左侧可以新增页面;中部上方有文本、形状、多媒体、表格、课堂活动、思维导图、学科工具等;右侧是对当前选择对象的属性及动画的设置,如图 7 - 47 所示。

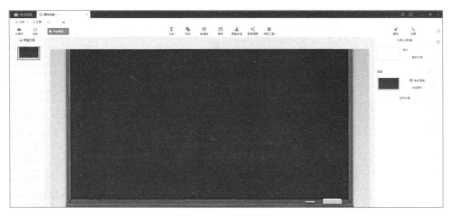

图 7 - 47　新建课件

第四步：单击"课堂活动"，可以创建一个互动课堂，如图7-48所示。这里提供了趣味分类、超级分类、选词填空、知识配对、分组竞争、判断对错、趣味选择等各种样式。你可以选择一种样式进行游戏化的教学设计与制作。

图7-48 课堂活动

第五步：比如选择"趣味分类"，让学生辨别水果和蔬菜。左侧类别中输入"名称—水果"，子类别"苹果、梨、橘子、香蕉"；在右侧类别中输入"名称—蔬菜"，子类别"白菜、萝卜、黄瓜、芹菜"，然后点击完成，游戏画面生成，如图7-49所示。

图7-49 趣味分类

第六步：单击"学科工具"，这里提供了各个学科的教学工具，主要包括"汉字""拼音""古诗词""几何""公式""函数""统计图表""听写""英汉词典""四线三格""物理线图""化学方程""元素周期""星球"等，非常有特色，如图 7 - 50 所示。单击其中的任何一种，即可使用此学科工具。另外，此处还为用户提供了大量的备课资源，包括"课程视频""题库""数学画板""数学小测""仿真实验"等。

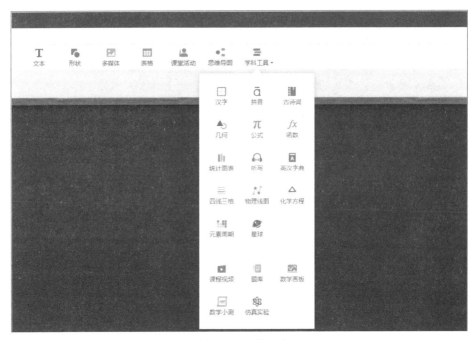

图 7 - 50 学科工具

第七步：若想查看课件当前页面或整体课件的效果，可单击软件界面左上方的"开始授课"观看播放效果，同时编辑的教学课件随时以同步的方式保存到"云课件"之中。

◇ 利用"课件库"

希沃白板 5 课件库中上传了大量的优秀教案及教学设计，教师可根据自己的教学需求挑选使用，也可将优秀教学作品上传至此，与同行分享。具体操作如下。

第一步：单击"课件库"，选定"部编版"的选段、学科、教材、年级等，如图 7 - 51 所示。

第二步：在打开的"课件库"中选择适合的教学课件，单击"获取"，就会自动存入"云课件"。

第三步：单击"云课件"，打开刚刚获取的课件，根据教学设计进行二次编辑。也可以直接利用他人课件进行授课。

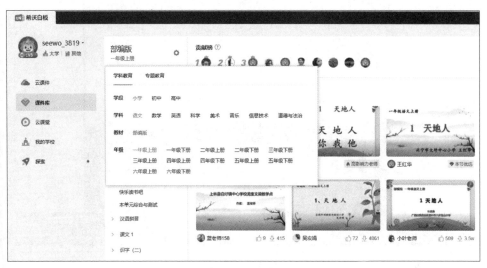

图 7 - 51 课件库

◇ 利用"开始授课"

第一步：在当前课件打开状态下,单击左上角的"开始授课",选择"从当前页授课"或"从第一页授课",即开始授课演播状态。

第二步：若选择"自定义授课工具栏",即可打开各类学科工具,比如选择"乐器""画板"等,点击完成,就会将其配置到授课工具中,如图 7 - 52 所示。

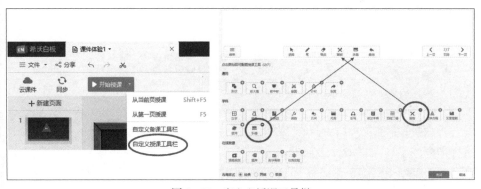

图 7 - 52 自定义授课工具栏

第三步：此时单击"开始授课","乐器""画板"工具会出现在下方的"授课工具"中,如图 7 - 53 所示。

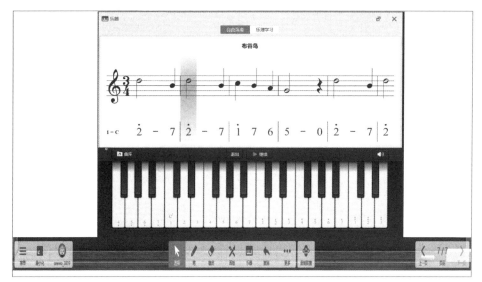

图 7 - 53   课堂工具

第四步：单击"乐器"，选择"曲库"中的乐曲进行学习；若选择"自由演奏"，就可以练习演奏你的曲子，若同时点击"录音"，当你自由演奏之后，就可以听你的演奏回放；若选择"乐理学习"，当你按下一个琴键时，即可显示对应的乐理知识，包括五线谱、简谱、音名、唱名。

第五步：单击"画板"，选中"笔形"和"颜色"，并进行调色，然后就可以在画板上涂鸦、绘画了，画好后，单击左侧的"保存"按钮，即可存储为图片，如图 7 - 54 所示。

图 7 - 54   画板工具

第六步：若需要使用更多的"授课工具"，可以单击"更多"，在弹出的工具面板中选择需要的工具，如图 7 - 55 所示。

若你希望学习到更多希沃白板 5 的使用方法、技巧以及教学案例，可单击"探索—希沃学院"学习更多的教程，如图 7 - 56 所示。

◇ 101 教育 PPT

"101 教育 PPT"是一款服务教师备授课一体化的教学软件，它可以根据教师的选择，智能推送适合教材版本的教学资源，包括教案、课件、试题等素材，目前覆盖学

图 7-55 更多工具

图 7-56 希沃学院

前阶段、K12 阶段、中高职及本科在内的语、数、英等多门学科,并提供电脑版和手机版下载。

下载并打开手机版"101 教育 PPT"APP,首页板块包括 101 资源库、园丁圈、直播日历、网盘、任务布置、传图识字、文件传输、录制微课等。要想将手机或平板上的演示在电脑上同步播放,需要事先先下载并打开电脑版"101 教育 PPT",让两个设备端同时运行,此时点击"连接电脑",即可实现同步演示效果。

在"101 资源库"中,选择你所教授的学科、年级及内容,比如小学数学三年级下册的面积和面积单位,软件会自动为你呈现相应的课件、教案、微课、图片、视频、音频等,以及学科工具、教学妙招、最美课件、AI 双师等教学资源,如图 7-57 所示。

图 7-57 "101 教育 PPT"APP

"传图识字"可以对拍照图片中的文字进行识别和编辑,然后通过连接电脑版"101 教育 PPT",直接将识别的文字插入到你备课的 PPT 中去。

点击"录制微课",开启你的麦克风,点击"开始直播",然后点击空白处,打开你的PPT 讲稿,进入录微课状态,点击结束录课,停止直播,完成微课录制。

手机版的"101 教育 PPT"方便教师随时随地备授课和查找资源,而电脑版在各项功能方面更加强大一些。

打开电脑版"101 教育 PPT",各项功能已经内嵌到 PPT 软件之中,点击右侧"章节选择",选择学段、教材、章节之后,点击"开始备课",系统会智能推送相应的教育资源,包括课件、教案、学案、学科工具、微课、多媒体、3D 资源、习题/试卷、PPT 主题、我的网盘;点击你认为合适的教学课件,插入当前空白 PPT 开始你的备课编辑,点击"学科工具",会出现一些学科工具,比如思维导图、算盘、面积比较、天平、摸球、圆心角定理、中心对称作图、计数小棒等,选择需要的学科工具,点击插入,学科工具即可插入到 PPT 之中,如图 7-58 所示。

详细的操作步骤和功能使用,可以下载电脑版和手机版"101 教育 PPT"或访问其官网:https://ppt.101.com。

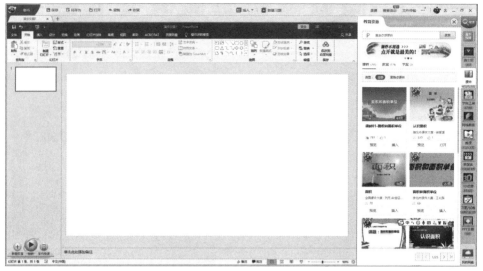

图 7-58 "101 教育 PPT"电脑版

■ 贝壳网

贝壳网是一个针对中小学教学的教学备课资源库,海量的教学资源节省了老师的备课时间,优课大师、优课资源、一课一网的展现形式让老师的教学手段更加丰富,同时贝壳网也提供科学的分层教学方案等。注册登录其官网,进入首页,如图 7-59所示,主要包括教学资源、在线教研、教师备课平台、教师听课平台、智能测评云、名师课堂、名师工作室、党史教育板块,学科资源涉及语文、数学、英语、地理、物理、化学、

图 7-59 "贝壳网,不止于备课"

生物、历史、道法/思政、足球、音乐/体育/美术/书法、科学学科。

单击教学资源,在学科资源导航栏中选择科目、学段、教材版本等,系统会智能推送相关课程,以及教材解读、教案中心、学案中心、课件中心、试题中心、教学图库、影音资源、延伸阅读、原创精品等丰富的教学资源,如图 7-60 所示。

图 7-60 学科资源

单击"教师备课平台",选择学段、学科、年级、学期、课程目录,系统会自动为你推荐已有的教学设计供参考。然后单击"开始备课",选择你的备课方式:模块化备课、在线编辑教案、上传已有教案。然后对教案、学案、课件、课堂实录、教学反思等进行编辑,还可以分享你的教学设计方案,如图 7-61 所示。

图 7-61 教师备课平台

详细的操作步骤和功能使用,可以下载手机版"贝壳网-精准教学互动平台"APP或访问其官网：https://www.bakclass.com。

7.4 人工智能应用开发初体验

7.4.1 百度 EasyDL 图片分类

EasyDL 是一款定制模型训练和服务平台,我们可以根据自己的需求来创建自己的模型,使用合适的训练集来进行训练,训练完成后校验训练结果,如果满足我们的需求就可以申请发布了,发布成功后就能获取 API 或 SDK,可以用于实际应用了。

简言之,我们不需要撰写代码,无需搞懂程序算法,进行简单操作即可实现特定功能。比如某张关于狗的图片,图片分类可以识别图片中的狗是什么品种,物体检测可以识别图片中有几只狗,分别是什么品种。

下面我们以猫狗图片识别为例进行讲解：首先获取 30 张猫的图片和 30 张狗的图片,将猫狗图片打包上传至 EasyDL 平台,利用"图片分类"模块进行猫狗识别项目训练,要求能自动识别随机上传的猫狗图片为猫或狗。具体操作如下。

第一步,分别获取 30 张猫和狗的图片。

◇ 建文件夹：分别建立以"cats_dogs"和"测试图片"为名的文件夹,其中"cats_dogs"包含"cats_train"和"dogs_train"两个子文件夹,分别用于存放猫和狗的训练数据,"测试图片"中包含"猫测试"和"狗测试"两个子文件夹,分别用于存放猫和狗的测试数据,如图 7 - 62 所示。

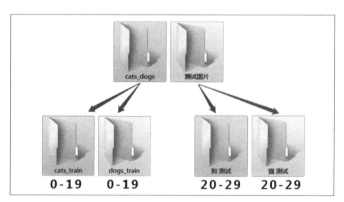

图 7 - 62 训练图片和测试图片

◇ 下载图片：搜索、进入百度图片(https://image.baidu.com/)官方网站,分别键入"猫""狗"关键字进行搜索,在结果页面里,鼠标放置在拟下载的图片上时,图片右下角显示下载按钮,点击下载即可(图片命名建议从 0 开始,分别为 0,1,2,3,……,29),如图 7 - 63 所示。

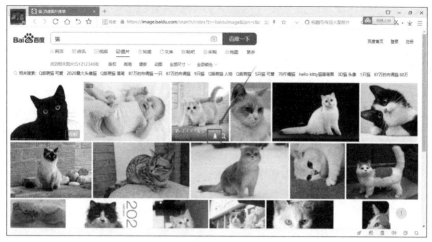

图 7 - 63　下载图片

其中,编号为 0—19 的猫的图片可直接下载至"cats_train"文件夹中,编号为 20—29 的猫的图片下载至"猫测试"文件夹中,狗的图片亦是如此。下载完成后,将 "cats_dogs"整体打包、压缩,如图 7 - 64 所示。

 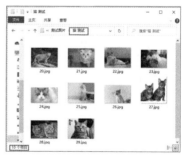

图 7 - 64　打包压缩

第二步,进入百度 EasyDL 平台,进行数据训练。

EasyDL 平台网址:http://ai. baidu. com/easydl/case。

初始操作:点击"立即使用"→选择"经典版""图片分类"→点击进入操作平台。

◇ 创建模型:进入 EasyDL 定制化图片识别,点击创建模型,填写模型名称后选择"个人",填写邮箱地址、联系方式和功能描述(10 个字以上)后,点击下一步,如图 7 - 65 所示。

图 7 - 65　创建模型

◇ 创建数据集：点击数据总览→创建数据集，填写数据集名称为"猫狗识别"，点击"完成"后默认进入"我的数据集"板块，点击"猫狗识别"数据集中的"导入"，如图 7 - 66 所示。数据集就是用来训练模型的数据集合，比如我们要做猫和狗的识别，就要准备包含很多猫狗图片的数据集。注意：上传的数据集中文件夹的名称不能是中文。

图 7 - 66　创建数据集

在导入数据板块,数据标注状态选择"有标注信息"(下载图片时已经对图片进行分类存储),导入方式选择为"本地导入""上传压缩包",标注格式选择"以文件夹命名分类",最后点击"上传压缩包",在本地选择准备好的"cats_dogs"的压缩文件,点击确认并返回即可,如图 7 - 67 所示。

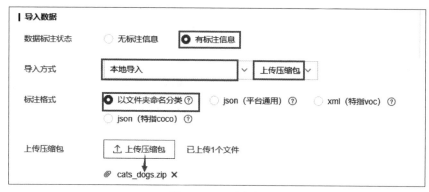

图 7 - 67 导入数据

确认并返回后稍等片刻,等待平台解析文件,当猫狗识别数据集显示导入完成,标注状态为 100％时,即数据上传成功,如图 7 - 68 所示。

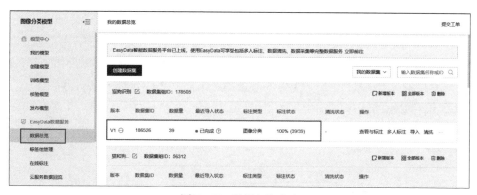

图 7 - 68 数据上传成功

◇ 训练模型:创建好模型和数据集之后我们就可以进行训练了,训练模型需要的时间长短主要由数据集的大小决定。具体操作是:点击训练模型→选择"猫和狗的识别"→添加训练数据后,跳出"选择分类数据集"对话框,全选后点击"添加"按钮→点击"开始训练"→"继续训练"(为保证训练速度,猫和狗暂各训练 20 张),如图 7 - 69 所示。

等训练状态由"训练中"变更为"训练完成"时(默认训练完成后会短信通知给预留的电话),即完成项目训练,如图 7 - 70 所示。

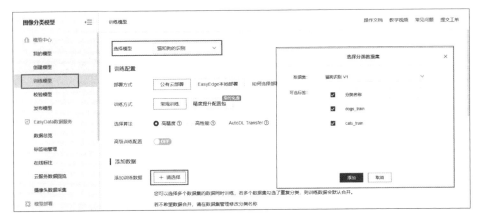

图 7 - 69　训练模型

图 7 - 70　训练完成

◇ 校验模型：等待模型训练完成就可以校验模型了。具体操作：点击校验模型→启动模型校验服务(约5分钟)→"点击添加图片"，添加"测试文件夹"中的任一图片，观察预测分类结果(图7-71中所测试的图片，狗的可能性为98.35％，识别结果显示为狗)，填写 EasyDL 猫狗识别验证结果统计表，项目完成，如图7-71、表7-1所示。

图 7 - 71　校验模型

表 7 - 1　**EasyDL 猫狗识别验证结果统计表**

模型准确率：　　　　　　　　　　　　　　　　　　　　　　　统计时间：

图片种类	图片名称	预测分类置信度		校验准确率
		cats_train(猫)	dogs_train(狗)	
	20. jpg	1.65%	98.35%	
狗				
猫				

7.4.2　词频统计

通常我们会通过"词频统计"，判断事情的热点、变化和发展趋势。例如"百度指数"就是以百度海量网民行为数据为基础的数据分享平台。在这里，你可以研究关键字关注趋势、洞察网民需求变化、监测媒体舆论趋势、定位数字消费者特征，还可以从行业视角来分析市场特点、洞悉品牌表现。比如，我们想了解有关"三国演义"的基本情况，就可以使用"百度指数"搜索"三国演义"，从而得到关键字图谱，通过调整时间轴去观察图的变化、趋势研究、需求分析、人群画像等，以体验"大数据"的具体应用。

第一步：进入"百度指数"官网

搜索"百度指数"关键词或在浏览器地址栏中输入"https://index. baidu. com/v2/index. html♯/"进入百度指数官网，如图 7 - 72 所示。

第二步：键入"三国演义"关键词

在百度指数官网搜索栏键入"三国演义"关键词后，点击"开始搜索"。在检索界面分别点击"趋势研究""需求分析"及"人群画像"，查看"三国演义"关键词的关注趋势、搜索现状和各网民地域分布、人群属性和兴趣分布等，如图 7 - 73 所示。

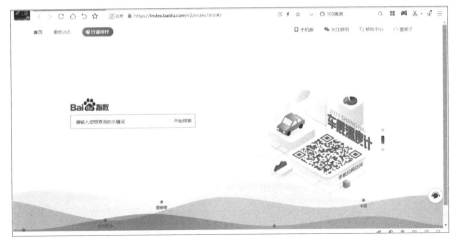

图 7 - 72　百度指数

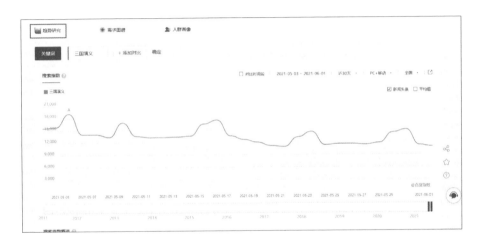

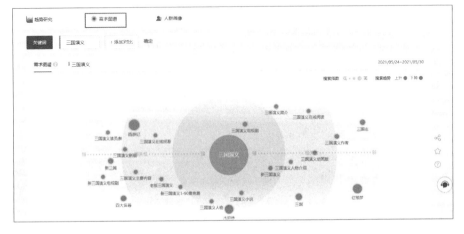

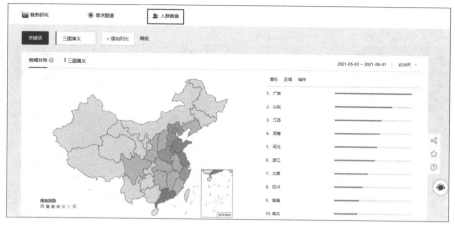

图 7 - 73　有关"趋势研究"等信息搜索

百度指数基于百度海量数据,一方面进行关键词搜索热度分析,另一方面深度挖掘舆情信息、市场需求、用户特征等多方面的数据特征。要完成大数据分析,必定先有数据分析的工具和技术,最基本的技术工具是"词频统计"。

"词频"指词的频率,即词在一定的语料中出现的次数。词频统计是指输入一些字符串(手动输入或者从指定的文件读取),用程序来统计这些字符串中总共有多少个单词,每个单词出现的次数。单词的总数为不重复的单词数总和。

我们也可以利用"海龟编辑器"中的 jieba 库,完成《三国演义》(上卷)的分词,并统计文章中出现频次最高的前 15 个关键词。

◇ 下载并安装"海龟编辑器"及 jieba 库。(安装 Python 软件与利用"pip install jieba"指令安装 jieba 库效果相同。考虑到环境搭建问题,本案例以"海龟编辑器"为例进行演示)。百度搜索"编程猫海龟编辑器"或输入"https://python. codemao. cn/"网址,进入"海龟编辑器"客户端下载界面,下载后安装并运行,如图 7 - 74 所示。

安装成功后,双击进入海龟编辑器界面。在最上面工具栏里选择"库管理"→搜索"jieba"→点击"安装",等待其自行安装成功即可,如图 7 - 75 所示。

◇ 下载 threekingdoms. txt。新建记事本文件,命名为 threekingdoms. txt。打开"https://python123. io/resources/pye/threekingdoms. txt"网址,全选(Ctrl + A)文档内容,复制(Ctrl + C)文字,粘贴(Ctrl + V)到 threekingdoms. txt 文件里[注意:txt 文件保存类型设置为"所有文件(＊. ＊)",编码设置为"UTF - 8"],如图 7 - 76 所示。

◇ 完成程序编写。利用"海龟编辑器"中的"文件"→"新建"功能,新建作品,作

图 7 - 74　编程猫海龟编辑器

图 7 - 75　"jieba"安装

品同 threekingdoms. txt 保存至同一文件夹,命名为"词频统计(三国演义)"。在程序编写时需要声明库(行 2),行 3 表示从 threekingdoms. txt 文件中读取文本,并利用 jieba. lcut(s)函数返回一个列表类型的分词结果(行 4),在分别统计列表中词语出现的频率、排序后(行 5—14),输出排名前 15 的关键词(行 15)。代码如图 7 - 77所示。

运行结果,见图 7 - 78。

分词原理:jieba 分词依靠中文词库,确定中文字符之间的关联概率。中文字符间概率大的组成词组,形成分词结果。除了分词,用户还可以添加自定义词组,通常通过 jieba 库常用函数实现,如图 7 - 79 所示。

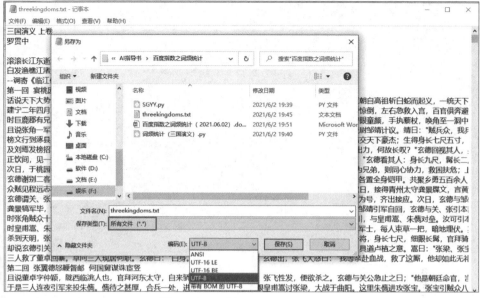

图 7-76 下载 threekingdoms. txt

```
1  #ThreeKingdomsV1.py
2  import jieba
3  txt = open("threekingdoms.txt", "r", encoding="utf-8").read()
4  words = jieba.lcut(txt)
5  counts = {}
6  for word in words:
7      if len(word) == 1:
8          continue
9      else:
10         counts[word] = counts.get(word, 0) + 1
11 items = list(counts.items())
12 items.sort(key=lambda x: x[1], reverse=True)
13 for i in range(15):
14     word, count = items[i]
15     print("{0:<10}{1:>5}".format(word, count))
```

图 7-77 程序编写

从结果中发现一些问题,"孔明"和"孔明曰"都代表孔明,"玄德"和"玄德曰"也代表同一个人,因此还需要对程序进行优化,优化《三国演义》(上卷)的词频统计操作如下。

```
控制台
Dumping model to file cache C:\Users\1\AppData\Local\Temp\jieba.cache
Loading model cost 1.693 seconds.
Prefix dict has been built successfully.
曹操        953
孔明        836
将军        772
却说        656
玄德        585
关公        510
丞相        491
二人        469
不可        440
荆州        425
玄德曰      390
孔明曰      390
不能        384
如此        378
张飞        358
程序运行结束
```

图 7 - 78　运行结果

jieba 库常用函数

函数	描述
jieba.lcut(s)	精确模式，返回一个列表类型的分词结果
jieba.lcut(s, cut_all=True)	全模式，返回一个列表类型的分词结果，存在冗余
jieba.lcut_for_search	全模式，返回一个列表类型的分词结果，存在冗余
jieba.add_word(w)	向分词词典增加新词 w

图 7 - 79　jieba 库常用函数

　　首先增加一个排除(excludes)列表，里面存放一些需要排除的关键字，比方说从上面的结果发现"二人""不能""如此"等一些词并不是人名，所以我们将这些词添加进排除列表，在统计结果之后，程序会将列表中关键词在排除列表中的词都删掉；对于表示同一个人的说法，比方说"玄德"和"玄德曰"，我们可以给其赋一个新的关键词，叫"刘备"。再比如"诸葛亮"和"孔明曰"，我们给其赋新的关键词叫"孔明"。优化后的代码，如图 7 - 80 所示。

　　运行结果，如图 7 - 81 所示。

　　至此，我们初步完成了《三国演义》(上卷)中的高频词统计，也能从数据中轻松地分析、获取《三国演义》(上卷)中几位重要的主人公姓名，甚至还能因人而异做更深入的分析。

```
#ThreeKingdomsV2.py
from jieba import *
txt = open("threekingdoms.txt","r",encoding = "utf-8").read()
excludes = {"将军","却说","荆州","二人","不可","不能","如此","如何","商议","左右","军马","一人",
"次日","引兵","大喜","军士","天下","东吴","于是","今日","不敢","魏兵"}
words = lcut(txt)
counts = {}
for word in words:
    if len(word) == 1:
        continue
    elif word == "诸葛亮" or word == "孔明曰":
        rword = "孔明"
    elif word == "关公" or word == "云长":
        rword = "关羽"
    elif word == "玄德" or word == "玄德曰":
        rword = "刘备"
    elif word == "孟德" or word == "丞相":
        rword = "曹操"
    else:
        rword = word
    counts[rword] = counts.get(rword,0) + 1
for word in excludes:
    del counts[word]
items = list(counts.items())
items.sort(key = lambda x : x[1], reverse = True)
for i in range(10): #取排名前十
    word,count = items[i]
    print("{0:<10}{1:>5}".format(word, count))
```

图 7-80　优化后的代码

```
控制台
Building prefix dict from the default dictionary ...
Loading model from cache C:\Users\1\AppData\Local\Temp\jieba.cache
Loading model cost 1.248 seconds.
Prefix dict has been built successfully.
曹操          953
孔明          836
张飞          358
王公          331
吕布          300
赵云          278
刘备          277
孙权          264
陛下          223
都督          221
程序运行结束
```

图 7-81　人物词频统计结果

　　除了百度指数、某篇文章中的用词频率统计,生活中常见的网络热点词汇、音乐排行榜以及热门旅游景点排行榜等都离不开"词频统计"技术。当然,我们也可以在词频统计的基础上改变内容的呈现形式,如以百度指数中的表格、词云图等形式显示数据结果。更深层面上讲,只要赋予这些基础程序以自动执行、更新、分析和"学习"的语句,其便拥有了"智能"。

7.4.3 语音识别

■ 米思齐之垃圾分类助手(一)

Mixly(米思齐,全称 Mixly_Arduino),是一款由北京师范大学教育学部创客教育实验室傅骞教授团队开发的图形化编程软件。受技术门槛的限制,创意电子类、人工智能等课程的开设给广大师生提出了巨大的挑战,米思齐团队开发了"Mixly"图形化编程工具(界面模块化和图形化),并通过"爱上米思齐"官方网站分享课程及资源。

利用 Mixly 编写程序,制作一个简单的垃圾分类语音助手:对于说出的一个垃圾,垃圾分类助手可以自动识别语音并判断该垃圾所属种类,这其中包括能准确将所需识别的垃圾归类于干垃圾、湿垃圾、可回收垃圾和有害垃圾的其中一种。本模块完成平台注册、软件下载和初步进行垃圾名称语音的录制和内容识别。操作步骤如下。

第一步,百度 AI 开放平台注册,获取 API 等。

本案例是基于百度 AI 开放平台的"百度语音—语音识别"中的"Python SDK",SDK(Software Development Kit,软件开发工具包)是辅助开发某一类软件的相关文档、范例和工具的集合,我们可以把 SDK 想象成一个虚拟的程序包,在这个程序包中有一份做好的软件功能,这份程序包几乎是全封闭的,只有一个小小的 API 接口可以联通外界。SDK 通常用来售卖,但我们能通过领取百度 AI 开放平台提供的免费额度,初步使用该程序包。

◇ 在浏览器地址栏中输入"https://ai.baidu.com/",点击右上角的"控制台"按钮,如图 7 - 82 所示。

图 7 - 82　控制台

◇ 输入百度账号和密码登录。若无百度账号,请单击"立即注册"注册一个账号后登录。单击"登录"后,出现控制台界面。

◇ 单击"语音技术",进入"概览"界面,如图7-83所示。

图7-83 "概览"界面

◇ 领取免费额度。单击"创建应用",弹出"创建新应用"对话框,在"接口选择"右侧红字提示中点击"去领取",分别领取"语音识别"和"语音合成"的"全部"(或部分普通话)的免费额度(30分钟后生效),如图7-84所示。

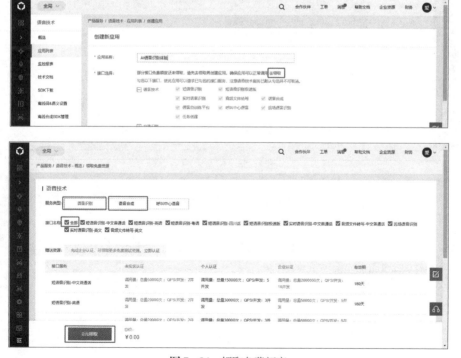

图7-84 领取免费额度

◇ 重新单击"创建应用",弹出"创建新应用"对话框。在对话框中输入应用名称"AI语音识别体验",选择"文字识别"和"图片识别"中的全部接口,"自然语言处理"中除"定制"标记的全部接口。"文字识别包"和"语音包"均选择"不需要",填写"应用描述"后单击"立即创建",如图 7 - 85 所示。

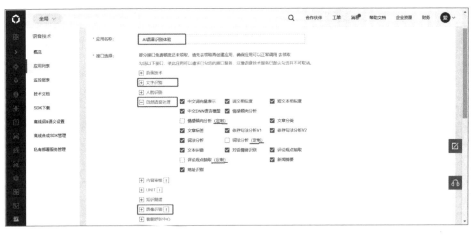

图 7 - 85 创建应用

◇ 创建完毕后,在弹出界面中单击"查看应用详情",可以看到刚刚创建的应用,页面下方显示可调用的接口列表。后续需要使用 AppID、API Key 和 Secret Key 的属性值,请提前保存。在此界面中可以点击"查看文档",单击"Python SDK"查看帮助手册(按需查看),如图 7 - 86 所示。

第二步,Mixly 软件安装。

◇ 下 载 Mixly。软件下载链接: http://mixly. org/explore/software/mixly-arduino? n = 10,或搜索并进入"爱上米思齐(http://mixly. org/)"官方网站,在"软件

图 7 - 86　属性值

平台"—"Mixly 官方版"模块中,下载适合自己的版本,如图 7 - 87 所示。

图 7 - 87　下载 Mixly

◇ 安装 Mixly。将压缩包解压到某硬盘的根目录,如 D 盘(目录中不要包含中文、空格、括号等特殊字符),如图 7 - 88 所示。

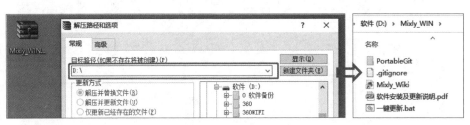

图 7 - 88　安装 Mixly

首次安装 Mixly 需要运行"一键更新. bat"文件,运行后会进入提示"Mixly 安装
& 升级助手"的使用方法界面。本案例除 Mixly 的基础功能外,仅需要 Python 语言
环境,因此除在 Python 后输入"y"和"回车键"外,剩余分别输入三次"n"和"回车键",
之后软件会自动下载,如图 7 - 89 所示。

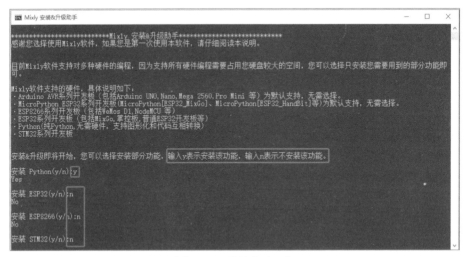

图 7 - 89 软件自动下载

稍等片刻,会显示"请按任意键继续",点击任意键完成安装。安装完成后就可以
在安装文件夹中看到完整的 Mixly 软件目录,运行 Mixly. exe 即可开启软件,如图 7 -
90 所示。

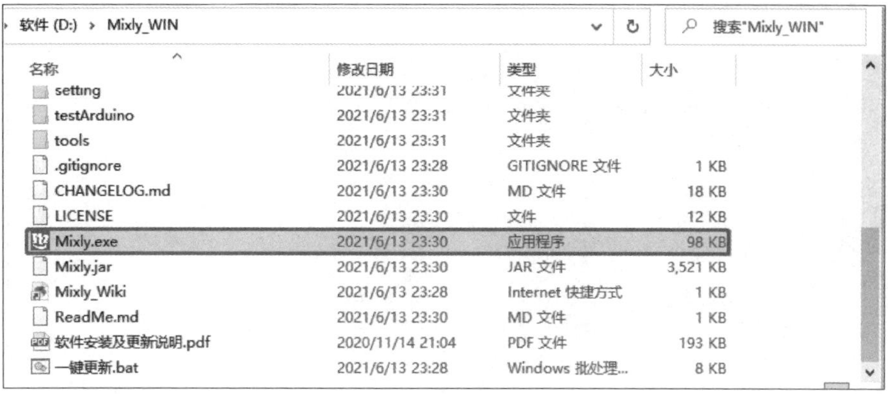

图 7-90 运行 Mixly. exe

第三步,录音识别。

利用人工智能中的录音模块录制我们说出的垃圾种类,并且借助文件的"二进制读"操作对录音内容进行语音识别。

◇ 打开软件。运行 Mixly. exe 即打开软件。进入软件后,选择"mixpy"版本,如图 7-91 所示。

图 7-91 Mixly 主面板

◇ 人工智能初始化。语音识别与语音合成同属于语音技术,因此我们从"人工智能"板块拖出"初始化(默认图片识别)"至面板上,在面板中将"图片识别"更改为"语音技术",并将刚刚创建的新应用 AppID、API Key 和 Secret Key 的属性值分别复制到对应的属性栏中。(注:该软件调用及操作多采用拖拽的方式,找到相应模块,拖至面板空白处即可。)

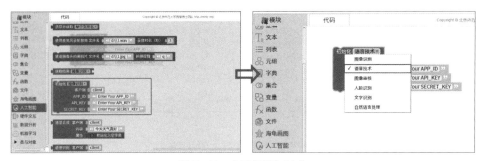

图 7 - 92　人工智能初始化

◇ 语音录制。程序首先要完成语音的录制。点击"人工智能"分类,将"使用麦克风录制音频文件名"模块拖拽出来,当程序执行到这一模块式时会自动调用系统的麦克风,录制一段指定时长的音频文件,如图 7 - 93 所示。

图 7 - 93　语音录制

◇ 语音识别。录音完成后我们需要对它进行语音识别,点击"人工智能"分类,将"语音识别"这一模块拖拽出来,语音识别的"音频文件"这一参数中,需要放入读取出来的二进制文件,可以借助 Python 的文件操作,即点击"文件"分类,将"(f 赋值为)打开文件"这一模块拖拽出来,并将第一个参数(默认 filename. txt)修改为麦克风录制的文件名"d: \1. wav",模式修改为"二进制读"。修改后将"文件"分类中的"从文件 f 中读取内容"拖拽出来,放入语音识别的"音频文件"参数中,如图 7 - 94 所示。

◇ 初步检测。点击"输入输出"分类,将"打印(自动换行)"模块拖出,将语音识别的结果连接到打印(自动换行)的参数上(直接拖过去)。点击"运行"按钮后,对着

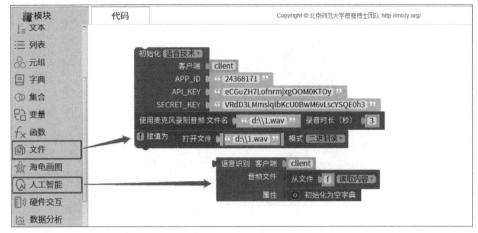

图7-94　语音识别

电脑麦克风(建议戴耳机)读"湿垃圾",结果中出现"湿垃圾"三个字则表明程序无误,如图7-95所示。

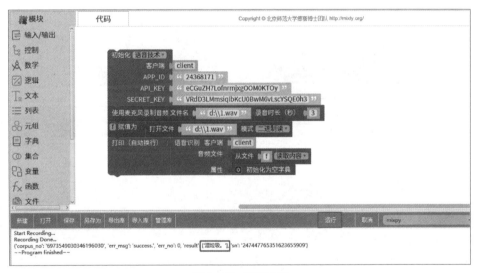

图7-95　初步检测

◇ 关键词提取。想提取结果中的"湿纸巾"三个关键词,我们只需要提取字典中"result"这个键的对应值。点击"字典"分类,拖出"……获取键……对应值"模块,将语音识别的结果作为第一个参数,键的名称(默认"key")修改为"result",如图7-96所示。

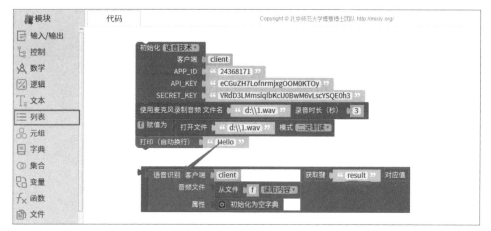

图 7 - 96 关键字提取

这个对应值是个列表,我们需要获取这个列表的第 0 项。点击"列表"分类,拖出"……获取第……项"模块,将语音识别后"result"的对应值整体作为其第一个属性值,如图 7 - 97 所示。

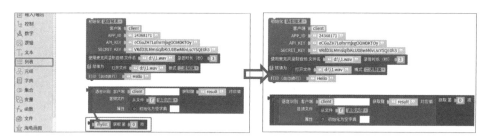

图 7 - 97 列表功能

为方便后续使用提取出的"湿纸巾"等关键词,我们将整体列表赋值给一个变量(后续该变量便指代"湿纸巾"三个字)。点击"变量"分类,拖出"……赋值为……"模块,将第一个属性(变量名)命名为"garbage",表示我们说出的垃圾种类,列表整体作为第二个属性值。将该模块连接到程序中来,如图 7 - 98 所示。

◇ 录音识别。为了确认"湿垃圾"关键字是否被提取,我们可以将"garbage"这个变量"打印"看一下。点击"变量"分类,从中拖出"garbage"变量,将其放入最后一行"打印(自动换行)"的属性值中。"运行"程序,再次读"湿纸巾",查看运行结果,如图 7 - 99 所示。

至此,程序已经能够"识别"所读的垃圾名称,并将其赋值给"garbage"变量。

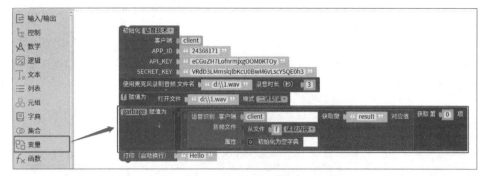

图 7 - 98　"变量"分类

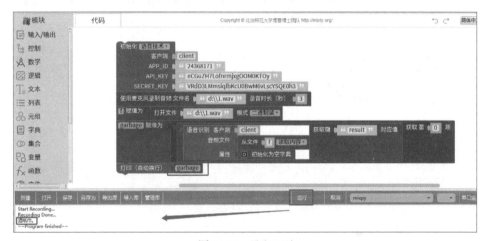

图 7 - 99　录音识别

■ 米思齐之垃圾分类助手(二)

利用 Mixly 编写程序,制作一个简单的垃圾分类语音助手:对于说出的一个垃圾,垃圾分类助手可以自动识别语音并判断该垃圾所属种类,这其中包括能准确将所需识别的垃圾归类于干垃圾、湿垃圾、可回收垃圾和有害垃圾的其中一种。本模块将通过垃圾分类算法和语音合成技术,将语音识别出来的垃圾划分种类,并语音播报出该垃圾及其所属类别。操作步骤如下。

第四步,垃圾分类算法。

利用控制模块中的条件判断和逻辑中的相关模块,完成垃圾分类算法的编写,根据语音识别的结果得到垃圾的类型。由于垃圾种类和具体垃圾是一对多的关系,在此使用"列表"的数据类型,如可回收垃圾包含"废纸""废弃塑料瓶""废包装物""废旧纺织物"等。

◇ 初始化列表。我们应该建立四个列表，每个列表中放入若干类别一致的垃圾种类。首先打开"列表"分类，拖出"初始化列表为"模块，第一个属性命名为"recyclable"(可回收垃圾)；点击左上角的小齿轮，通过拖拽左列的"item"至右列中，增加该列表的条目(方便多放入一些可回收垃圾的种类)；再次点击齿轮，可关闭条目控制窗口，如图 7 - 100 所示。

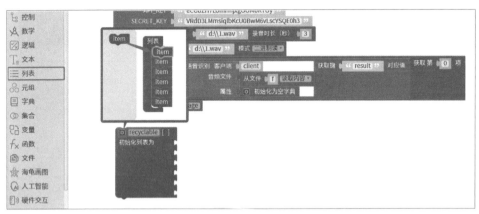

图 7 - 100 初始化列表

◇ 建立 4 个垃圾列表。提取常见的可回收垃圾的关键词后，点击"文本"分类，拖出"字符串的输入框"(文本列表中的第一个)至"recyclable"列表的属性值中，"Ctrl + C"(复制)和"Ctrl + V"(粘贴)字符串的输入框，并填写"塑料""玻璃"等关键词，如图 7 - 101 所示。

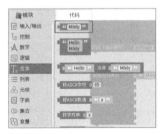

图 7 - 101 建立垃圾列表

通过复制"recyclable"(可回收垃圾)列表的方式，快速建立"hazardous"(有害垃圾)、"wet"(湿垃圾)和"dry"(干垃圾)列表，并分别将每种垃圾的关键词填写至相应种类的列表中，如图 7 - 102 所示。

将 4 个列表分别折叠(选中列表—右击—"折叠块")，上下连接后放入程序中。

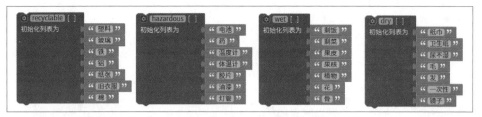

图 7 - 102　具体列表内容

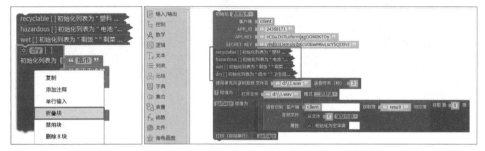

图 7 - 103　将列表放入程序中

◇ 条件判断。目前我们已经有了 4 个包含各类垃圾的列表,同样也能完成语音输入垃圾名称,并将名称赋值给"garbage"变量。接下来我们只需要借助条件判断,判断"garbage"具体属于 4 个列表中的哪类垃圾。

点击"控制"分类,拖出"对于……中的每个项目……执行……""如果……执行……"模块,删除"如果……执行……"中"生成序列从 0 到 5 间隔为 1"参数;点击"变量"分类,找到"recyclable"和"garbage"变量,分别作为两个模块的参数;点击"逻辑"分类,拖出"x 在[0,1,2,3,]中"模块,修改"x"为"i"后,按右图进行连接,如图 7 - 104 所示。

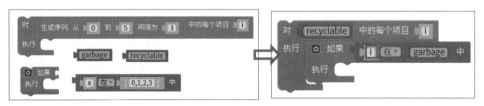

图 7 - 104　条件判断

点击"变量"分类,拖出"……赋值为……"模块,将变量名命名为"tag";点击"数学"分类,拖出分类中的第一个模块"0"(名为:一个数字)为赋值的第二个属性。将数值设置为1,表示"tag"为1时,此垃圾是"recyclable"(可回收垃圾)。完成后复制3次,分别修改变量为"hazardous""wet"和"dry",并将"tag"值对应修改为"2""3""4",如图7-105所示。

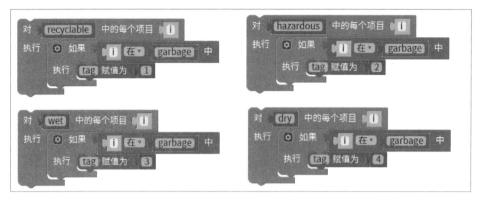

图7-105　变量赋值

将4个模块分别连接、折叠后,连接到程序中,如图7-106所示。

图7-106　将模块连接到程序中

第五步,得到结果,语音合成。

根据垃圾分类结果将垃圾的种类和类型连接成一个完整的字符串,通过语音合成得到音频文件并播放出来。

◇ 确定输出内容。"tag"的不同值对应着不同的垃圾类型,我们可以利用判断出来的"tag"值输出不同的内容。分别点击"控制""逻辑""变量""数学""文本"分类,拖出下图左边的模块,并按照右图的排列方式组合模块,实现:如果"tag"值为1,则将"garbage"同"是可回收垃圾"连接,并将输出结果赋值给"answer"变量,如图7-107所示。

制作好的输出模块复制3次,分别对"tag"值和垃圾类别进行更改,完成后连接

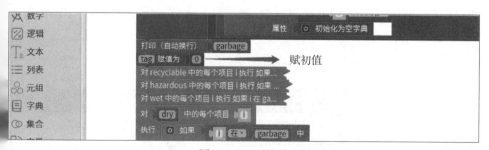

图7-107 确定输出内容

到程序中,如图7-108所示。

图7-108 将模块连接到程序中

◇ 第五种输出。目前,对于语音输入的垃圾名称,程序已经能够将其划分到4个种类中,但是当出现没有提前预设到的垃圾种类时,语音助手同样需要给出一个结果。因此,我们可以在条件判断之前给"tag"变量赋一个初始的值"0",即当给出的垃圾名称不属于4个类别时,"tag"不变(即 tag = 0),如图7-109所示。

图7-109 赋初值

在最后输出时增加一条:当 tag = 0 时,语音助手提示"对不起,我无法判断'garbage'属于哪种垃圾"即可(点击"文本"分类,增加一个"连接"模块即可实现"文本＋变量＋文本"形式的连接），如图 7 - 110 所示。

图 7 - 110 增加一条输出

◇ 语音合成。将"answer"变量中的内容通过语音合成的方式播放出来。点击"人工智能"，拖出"语音合成"模块，将"answer"变量拖入"语音合成—内容"属性中。语音合成之后得到的是以二进制字符串形式表示的音频文件，同样需要借助 Python 的文件操作，以"二进制写"的方式打开音频文件，如图 7 - 111 所示。

图 7 - 111 语音合成

点击"文件"分类，拖出"打开文件……模式……为……"，我们可以设置音频文件名为"answer. mp3"，模式设置为"二进制写"，再点击"文件"分类，拖拽出"将……写入文件……"模块，将语音合成模块拖入后，为避免与最初的文件名重合，将文件命名为"f1"。最后我们需要使用系统默认的音频软件打开该音频，点击"文件"分类，拖拽"使用系统默认文件打开……"，属性中填入"answer. mp3"，并将这段代码连接到程序即可，如图 7 - 112 所示。

图 7 - 112 打开文件"answer. mp3"

◇ 程序测试。点击右下角的"运行"按钮,对着电脑麦克风读"湿纸巾",会自动跳出音频文件,听到"湿纸巾是干垃圾",用同种方法测试"塑料瓶""过期药品""花朵""笔记本电脑"等内容,分别对应"塑料瓶是可回收垃圾""过期药品是有害垃圾""花朵是湿垃圾"及"对不起,我无法判断笔记本电脑属于哪种垃圾",即完成测试,如图7-113所示。

图 7 - 113　程序测试

当然,由于初始化列表中我们列举的垃圾种类较少,程序将未录入的垃圾均输出为无法识别。现在的语音技术在大数据、深度学习的基础上,已经囊括大多数的垃圾种类,例如支付宝的"垃圾分类指南"2019 年已经包含了 4 000 多种垃圾种类,且准确率高,能够满足居民的日常所需。

垃圾分类助手程序截图,如图 7 - 114 所示。

■ **研习任务**

◇ 如何对手势图片(石头、剪刀和布)进行图片识别?

提示:首先拍摄石头、剪刀和布的手势图片各 20 张或更多(自主选择拍摄角度),将图片分类、打包、压缩后上传至 EasyDL 平台,利用"图片分类"模块进行手势识别项目训练,要求随机上传新拍的手势图片能被自动识别为剪刀、石头或布,并记录项目的验证结果。数据集和结果示例如图 7 - 115 所示。

◇ 运用 jieba 库对"大数据技术是关键技术"进行简单的分词、添词和删除词语等操作。

初始化 语音技术 ▾
　　　　客户端　　client
　　　　APP_ID　　" 24368171 "
　　　　API_KEY　　" eCGuZH7LofnrmjxgOOM0KTOy "
　　　　SECRET_KEY　" VRdD3LMmsiqlbKcU0BwM6vLscYSQE0h3 "

⚙ recyclable [ ]
初始化列表为　　" 塑料瓶 "
　　　　　　　　" 玻璃 "
　　　　　　　　" 铁 "
　　　　　　　　" 铝 "
　　　　　　　　" 纸张 "
　　　　　　　　" 旧衣服 "
　　　　　　　　" 棉 "

⚙ hazardous [ ]
初始化列表为　　" 电池 "
　　　　　　　　" 过期药品 "
　　　　　　　　" 温度计 "
　　　　　　　　" 体温计 "
　　　　　　　　" 胶片 "
　　　　　　　　" 油漆 "
　　　　　　　　" 灯管 "

⚙ wet [ ]
初始化列表为　　" 剩饭 "
　　　　　　　　" 剩菜 "
　　　　　　　　" 果皮 "
　　　　　　　　" 果核 "
　　　　　　　　" 植物 "
　　　　　　　　" 花朵 "
　　　　　　　　" 骨 "

⚙ dry [ ]
初始化列表为　　" 湿纸巾 "
　　　　　　　　" 卫生纸 "
　　　　　　　　" 尿不湿 "
　　　　　　　　" 毛 "
　　　　　　　　" 发 "
　　　　　　　　" 一次性 "
　　　　　　　　" 镜子 "

使用麦克风录制音频 文件名　" d:\\1.wav "　录音时长（秒）　3

f 赋值为　打开文件　" d:\\1.wav "　模式　二进制读 ▾

garbage 赋值为　语音识别 客户端　client　　　获取键　" result "　对应值　获取第 0 项
　　　　　　　　音频文件　从文件 f 读取内容 ▾
　　　　　　　　属性　　⚙ 初始化为空字典

打印（自动换行）　garbage

tag 赋值为　0

对 recyclable 中的每个项目 i
执行 ⚙ 如果 i 在▼ garbage 中
        执行 tag 赋值为 1

对 hazardous 中的每个项目 i
执行 ⚙ 如果 i 在▼ garbage 中
        执行 tag 赋值为 2

对 wet 中的每个项目 i
执行 ⚙ 如果 i 在▼ garbage 中
        执行 tag 赋值为 3

对 dry 中的每个项目 i
执行 ⚙ 如果 i 在▼ garbage 中
        执行 tag 赋值为 4

⚙ 如果 tag =▼ 1
执行 answer 赋值为 garbage 连接 " 是可回收垃圾 "

⚙ 如果 tag =▼ 2
执行 answer 赋值为 garbage 连接 " 是有害垃圾 "

⚙ 如果 tag =▼ 3
执行 answer 赋值为 garbage 连接 " 是湿垃圾 "

⚙ 如果 tag =▼ 4
执行 answer 赋值为 garbage 连接 " 是干垃圾 "

⚙ 如果 tag =▼ 0
执行 answer 赋值为 " 对不起,我无法判断 " 连接 garbage 连接 " 属于哪种垃圾 "

f1 赋值为 打开文件 " answer.mp3 " 模式 二进制写▼

将 语音合成 客户端 client   写入文件 f1
         内容 answer
         属性 ⚙ 初始化为空字典

使用系统默认软件打开文件(For Windows) " answer.mp3 "

图 7 - 114 垃圾分类助手程序截图

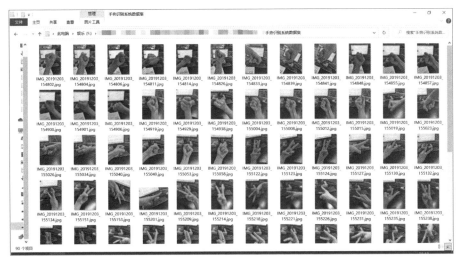

图 7 - 115 数据集和结果示例

代码提示：

```
import jieba
sentence = '大数据技术是关键技术'
# 创建【Tokenizer.cut生成器】对象
generator = jieba.cut(sentence)
# 遍历生成器，打印分词结果
words = '/'.join(generator)
print('原始数据：',words)
# 添词
jieba.add_word('大数据')
print('添加【大数据】：', jieba.lcut(sentence))
# 删词
jieba.del_word('关键技术')
print('删除【关键技术】：', jieba.lcut(sentence))
```

运行结果：

```
控制台
Building prefix dict from the default dictionary ...
Loading model from cache C:\Users\ADMINI~1\AppData\Local\Temp\jieba.cache
Loading model cost 3.926 seconds.
Prefix dict has been built succesfully.
原始数据：大/数据/技术/是/关键技术
添加【大数据】：['大数据', '技术', '是', '关键技术']
删除【关键技术】：['大数据', '技术', '是', '关键', '技术']
程序运行结束

```

参考文献

［1］张倩苇.信息素养与信息素养教育[J].电化教育研究,2001(02)：9-14.

［2］焦建利.技术精明教师的10个特征[EB/OL].（2018-8-1）[2021-10-25].http://www.jiaojianli.com/7320.html.

［3］顾非石.信息素养：当代教师专业化的必备素质[J].课程.教材.教法,2004(05)：75-77.

［4］Xu A-X, Chen G-S. A Study on the Effects of Teachers' Information Literacy on Information Technology Integrated Instruction and Teaching Effectiveness ［J］. Eurasia Journal of Mathematics Science & Technology Education, 2016,12(2)：335-346.

［5］Davis F D. A Technology Acceptance Model for Empirically Testing New End-user Information Systems：Theory and Results［D］. Cambridge：Massachusetts Institute of Technology, 1985.

［6］Wurman R S.信息饥渴：信息选取、表达与透析[M].李银胜,等,译.北京：电子工业出版社,2001.

［7］徐晓雄,桑新民.地方本科院校慕课建设的困境与出路[J].教育发展研究,2016(09)：39-43.

［8］王新颖,李少勇.中文版 InDesign＋Photoshop 印前技术与图文设计标准教程[M].北京：中国铁道出版社,2012：9.

［9］向华,喻晓和,胡中亚.三维动画制作[M].武汉：武汉大学出版社,2007.

［10］秋叶,杨伟洲.说服力——让你的 PPT 会说话[M].北京：人民邮电出版社,2018.

［11］本书编委会.教师信息技术高级培训操作实例[M].长春市：吉林教育出版社,2003.07.

［12］陈燕燕.可视化教学资源设计与制作案例精粹——从幻灯演示到增强现实(微课版)[M].北京：清华大学出版社,2017.

［13］张剑平.现代教育技术(第4版)[M].北京：高等教育出版社,2016.

［14］杨宁.现代教育技术——为有效教学而使用技术[M].上海：上海交通大学出版社,2017.

［15］龚沛曾,李湘梅,等.多媒体技术及应用(第2版)[M].北京：高等教育出版社,2012.

［16］关中засеmicrophone中窓.微课程[J].中国信息技术教育,2011(17)：14.

［17］胡铁生."微课"：区域教育信息资源发展的新趋势[J].电化教育研究,2011(10)：61-65.

［18］焦建利.微课及其应用与影响[J].中小学信息技术教育,2013(04)：13-14.

［19］黎加厚.微课的含义与发展[J].中小学信息技术教育,2013,(04)：9-12.

［20］金陵.建构中国特色的"微课程教学法"[J].中国信息技术教育,2013(12)：5-11.

［21］黄建军,郭绍青.论微课程的设计与开发[J].现代教育技术,2013,23(05)：31-35.

［22］Glaser R. Psychology and Instructional Technology［M］// Glaser R. Training Research and Education. Pittsburgh：University of Pittsburgh Press, 1962.

［23］王丽华.论迪克-凯瑞的系统教学设计模式[J].外国教育研究,2004(08)：38-41.

［24］P·L·史密斯,T·J·雷根.教学设计(第三版)[M].庞维国,等,译.上海：华东师范大学出版社,2008：14.

［25］王皓璇,徐晓雄(通讯作者),李天天,陈玉婷.基于设计研究的在线与混合教学实践探索—以疫情期间 N 大《现代教育技术》课程为例[J].中国教育信息化,2021(21)：76-82.

［26］教育部.疫情防控期间做好高校在线教学组织与管理工作开[EB/OL].（2020-02-05）[2021-12-29].http://www.moe.gov.cn/jyb_xwfb/gzdt_gzdt/s5987/202002/t20200205_418131.html.

［27］任友群,闫寒冰,李笑樱.《师范生信息化教学能力标准》解读[J].电化教育研究,2018,39(10)：5-14+40.

［28］Davis F D. Perceived Usefulness, Perceived Ease of Use, and User Acceptance of Information Technology[J]. MIS Quarterly, 1989,13(3).319-340.

［29］詹泽慧,李晓华.混合学习：定义、策略、现状与发展趋势——与美国印第安纳大学柯蒂斯·邦克教授的对话[J].中国电化教育,2009(12)：1-5.

［30］Bonk C J, Graham C R. Handbook of blended learning：Global Perspectives, local designs［M］. San Francisco, CA：Pfeiffer Publishing. in press. http://curtbonk.com/toc_section_intros2.pdf.

［31］何克抗.从 Blending Learning 看教育技术理论的新发展(上)[J].中国电化教育,2004(03)：1-6.

［32］黄荣怀,马丁,郑兰琴,等.基于混合式学习的课程设计理论[J].电化教育研究,2009(01)：9-14.

[33] 白雪梅,马红亮,张立国.美国K-12混合学习的实践及启示[J].现代教育技术,2016,178(02)：54-60.

[34] 于歆杰.论混合式教学的六大关系[J].中国大学教学,2019(05)：14-18+28.

[35] 胡小勇,伍文臣,饶敏.面向私播课的混合学习设计与实证研究[J].电化教育研究,2017,38(08)：70-77.

[36] 郭小荟,梁银,杜明.基于在线网络教学平台的程序设计课程混合学习模式及实践[J].计算机教育,2018(9)：140-144.

[37] 张跃国,张渝江.透视"翻转课堂"[J].中小学信息技术教育,2012(03)：9-10.

[38] 钟晓流,宋述强,焦丽珍.信息化环境中基于翻转课堂理念的教学设计研究[J].开放教育研究,2013,19(01)：58-64.

[39] 施良方.学习论——学习心理学的理论与原理[M].北京：人民教育出版社,1994.

[40] 杨刚,杨文正,陈立.十大"翻转课堂"精彩案例[J].中小学信息技术教育,2012(03)：11-13.

[41] 王红,赵蔚,孙立会,刘红霞.翻转课堂教学模型的设计——基于国内外典型案例分析[J].现代教育技术,2013,23(08)：5-10.

[42] 李敬川,王中林,张渝江.让课改的阳光照进教育的现实——重庆聚奎中学"翻转课堂"掠影[J].中小学信息技术教育,2012(03)：16-18.

[43] 理查德·E.梅耶.应用学习科学——心理学大师给教师的建议[M].盛群力,等,译.北京：中国轻工业出版社,2016：99.

[44] 吕婧.在线作业平台在小学高年级数学中的应用研究[D].天津：天津师范大学,2017.

[45] 陈剑华.关于中小学作业形式、作业评价问题的思考[J].上海教育,2001(24)：33-34.

[46] 陈华,聂钢.美国在线作业系统WebAssign及其启示[J].中国远程教育,2005(10)：74-76.

[47] 钟启泉.建构主义"学习观"与"档案袋评价"[J].课程.教材.教法,2004(10)：20-24.

[48] 黄光扬.正确认识和科学使用档案袋评价方法[J].课程.教材.教法,2003(02)：50-55.

[49] 谢安邦,李晓.电子档案袋在教师评价中的应用[J].全球教育展望,2005,34(11)：76-80.

[50] 桑新民.学习科学与技术：信息时代大学生学习能力培养[M].北京：高等教育出版社,2006：189,201.

[51] 钟志贤,王觅,林安琪.量规：一种现代教学评价的方法[J].中国远程教育,2007(10)：43-46.

[52] 钟志贤,林安琪,王觅.学习契约：远程学习效果评价的书面协议[J].中国远程教育,2007(12)：36-39.

[53] 孟小峰,慈祥.大数据管理：概念、技术与挑战[J].计算机研究与发展,2013,50(01)：146-169.

[54] 李葆萍,周颖.基于大数据的教学评价研究[J].现代教育技术,2016,26(06)：5-12.

[55] 章怡,牟智佳.电子书包中的教育大数据及其应用[J].科技与出版,2014(05)：117-119.

[56] Wright A, De Filippi P. Decentralized Blockchain Technology and the Rise of lex crytographia. Available at SSRN 2580664, 2015.

[57] 杨现民,李新,吴焕庆,赵可云.区块链技术在教育领域的应用模式与现实挑战[J].现代远程教育研究,2017(02)：34-45.

[58] Luckin R, Holmes W, Griffiths M, et al. Intelligence Unleashed：An argument for AI in education, 2016.

[59] 中国电子技术标准研究院.人工智能标准化白皮书(2018版)[C].2018人工智能标准化论坛,2018.

[60] 李德毅,于剑.人工智能导论[M].北京：中国科学技术出版社,2018：09.

[61] Faggella D. What is Artificial Intelligence? An Informed Definition [EB/OL]. (2018-12-21)[2021-09-24]. https://emerj.com/ai-glossary-terms/what-is-artificial-intelligence-an-informed-definition.

[62] 国家标准化管理委员会,中央网信办,国家发展改革委,等.五部门联合印发《国家新一代人工智能标准体系建设指南》[J].智能制造,2020(09)：10-16.

[63] 深圳市人工智能行业协会.2021人工智能发展白皮书[EB/OL].(2021-05)[2021-06-29]. http://www.gaie.com.cn/companyfile/4.

[64] 莫宏伟.类脑计算与类脑智能[EB/OL].(2018-02-01)[2021-09-24]. https://mp.weixin.qq.com/s/pMnxYYhKZOz9Lj6IRq0zGw.

[65] 唐豪,金贤敏.量子人工智能：量子计算和人工智能相遇恰逢其时[J].自然杂志,2020,42(04)：288-294.

[66] 张学工.模式识别(第三版)[M].北京：清华大学出版社,2010：3.

[67] 安之ccy.人工智能之模式识别(一)[EB/OL].(2019-10-26)[2021-07-04]. https://blog.csdn.net/qq_43523725/article/details/102753789.

[68] 高曼.利用"英语趣配音"APP改善中职生英语口语石化现象的应用研究[D].宁波：宁波大学,2019.